校企合作汽车专业系列丛书

互联网+创新型“十四五”精品教材

汽车电气设备检修

主　编　唐兰民　高艳平　牛朋朋

主　审　赫燕鹏

哈爾濱工程大學出版社
Harbin Engineering University Press

内 容 简 介

本书是以培养汽车检测与维修专业学生的综合职业能力为出发点，参考汽车维修高级工职业资格标准编写而成的。本书共七个项目，主要包括汽车电气设备基本知识、汽车电源系统的检修、汽车启动系统的检修、汽车点火系统的检修、汽车照明及信号系统的检修、汽车仪表报警系统的检修、汽车辅助电器系统的检修。

本书既可作为应用型本科、职业院校汽车专业的通用教材，也可作为汽车修理厂、汽车制造与装配技术人员的参考用书。

图书在版编目（CIP）数据

汽车电气设备检修 / 唐兰民，高艳平，牛朋朋主编.
哈尔滨 : 哈尔滨工程大学出版社，2024. 8. -- ISBN
978-7-5661-4548-2

Ⅰ. U472.41

中国国家版本馆 CIP 数据核字第 20244RU111 号

汽车电气设备检修
QICHE DIANQI SHEBEI JIANXIU

策划编辑 张林峰
责任编辑 张林峰

出版发行 哈尔滨工程大学出版社
社　　址 哈尔滨市南岗区南通大街 145 号
邮政编码 150001
发行电话 0451-82519328
传　　真 0451-82519699
经　　销 新华书店
印　　刷 三河市中晟雅豪印务有限公司
开　　本 889 mm×1 194 mm　1/16
印　　张 12
字　　数 345 千字
版　　次 2024 年 8 月第 1 版
印　　次 2024 年 8 月第 1 次印刷
书　　号 ISBN 978-7-5661-4548-2
定　　价 49.80 元

http://www.hrbeupress.com
E-mail:heupress@hrbeu.edu.cn

前　言

党的二十大报告指出，“坚持尊重劳动、尊重知识、尊重人才、尊重创造，实施更加积极、更加开放、更加有效的人才政策”“着力形成人才国际竞争的比较优势”“深化人才发展体制机制改革……把各方面优秀人才集聚到党和人民事业中来”。

“汽车电气设备检修”是职业教育汽车类专业群的主干课程之一，是学习后续课程的重要基础。在汽车类人才培养计划中，掌握汽车电气的结构、原理，掌握汽车电气的检测与维修技术是对汽车类专业毕业生的基本要求。“汽车电气设备检修”课程在汽车类人才培养计划中占有举足轻重的地位，课程质量的高低直接影响人才培养的质量。

根据国家中等职业教育改革发展示范学校建设计划的指导精神，为培养汽车检测与维修专业学生的综合职业能力，落实“以就业为导向、以全面素质为基础、以能力为本位”的职业教育办学指导思想，我们特组织专家、一线骨干老师编写了本书。本书具有以下特色。

（1）与专业教学标准紧密衔接，立足先进的职业教育理念，注重理论与实践相结合，突出实践应用能力的培养，体现“工学结合”的人才培养理念，注重学生技能的提升。

（2）打破了传统教材的章节体例，采取项目＋任务式编写体例，内容全面、条理清晰、通俗易懂，充分体现理实一体化教学理念。为了突出实用性和针对性，培养学生的实践技能，每个项目后都附有项目实训。

（3）在确定教材编写大纲时，充分考虑了课时对教学内容的限制，对教学内容进行优化整合，避免教学冗余。

本书由唐兰民、高艳平、牛朋朋担任主编，赫燕鹏担任主审。本书的相关资料和售后服务可扫描封底微信二维码或登录 www.bjzzwh.com 下载获得。

在本书编写过程中，编者引用了大量原厂手册及文献资料，在此向原作者们表示衷心的感谢！由于新能源汽车领域的技术日新月异，同时编者的知识和能力也存在不足，书中难免存在疏漏之处，敬请读者及时反馈，以便后期修订。

编　者

本书编委会

主　编　唐兰民（菏泽工程技师学院）

　　　　高艳平（菏泽工程技师学院）

　　　　牛朋朋（菏泽工程技师学院）

副主编　赵献勋（菏泽工程技师学院）

　　　　常　宽（菏泽工程技师学院）

　　　　聂志会（菏泽工程技师学院）

　　　　王亭亭（菏泽工程技师学院）

　　　　王钦雷（菏泽工程技师学院）

　　　　段雪源（菏泽工程技师学院）

编　委　鹿心创（菏泽工程技师学院）

　　　　韩志敏（菏泽工程技师学院）

　　　　周晶晶（菏泽工程技师学院）

　　　　李　曾（菏泽工程技师学院）

　　　　王　宽（菏泽工程技师学院）

　　　　黄　腾（菏泽工程技师学院）

　　　　王金良（菏泽工程技师学院）

　　　　任　鹏（菏泽工程技师学院）

　　　　付力志（菏泽工程技师学院）

　　　　赵胜杰（菏泽工程技师学院）

　　　　魏明玉（菏泽工程技师学院）

　　　　徐　臻（菏泽工程技师学院）

主　审　赫燕鹏（菏泽工程技师学院）

CONTENTS 目录

项目一

汽车电气设备基本知识

项目导读

汽车的电气设备涵盖了多个核心系统，包括启动系统、点火装置、照明设备、信号设备、仪表和警报系统、辅助电气设施以及电子控制系统。随着汽车电子科技的日益精进，越来越多的电子设备被集成到汽车中，旨在提升汽车的动力性、经济性、安全性、可靠性、舒适性、排气净化以及便捷性。

学习目标

知识目标

- 了解汽车电气设备的发展历程。
- 掌握汽车电气系统的组成及其特点。
- 掌握汽车电器基础元件的作用。
- 掌握汽车常用检测工具的特点和使用方法。

能力目标

- 能够简单运用各种检测仪器。
- 能够简述汽车电气设备的发展过程。

素质目标

- 提升学生全面思考能力，增强学生逻辑思维。
- 培养学生勇于负责、敢于创新、敢于承担风险的精神。

思政目标

- 培养学生创新意识，提高学生的动手能力，让学生体会到工匠精神，明确工匠精神的重要性。
- 激发学生国家情怀与民族荣誉感，进而将自身职业发展和价值理念与社会主义高质量建设统一。

任务一 汽车电气系统概述

自汽车问世 130 多年以来，汽车的发展给整个世界和人类的生活带来了巨大的变化，汽车技术也取得了令人瞩目的进步，汽车设计和机械生产工艺水平都达到了成熟水平。因而近年来汽车机械部分变化很小，而汽车的另一个重要组成部分——汽车电气设备变化极大。随着汽车技术的进步，汽车电气设备的结构与性能也在不断地进步，车载电子设备的数量越来越多，特别是电子技术在汽车上的广泛应用，在解决汽车节能降耗、行车安全、减少排放污染等方面起着越来越重要的作用。

一、汽车电气设备的发展历程

汽车电子技术始于 20 世纪 60 年代，其发展大致可分为三个阶段。

(1) 1965—1975 年，汽车电子产品是由分立元件和集成电路 IC 组成的，如晶体管收音机、集成电路调节器等。

(2) 1975—1985 年，主要发展专用的独立系统，如电子控制汽油喷射、制动防抱死装置等。

(3) 1985—2000 年，主要开发可完成各种功能的综合系统及各种车辆整体系统的集中控制，这个时代称为汽车的电子时代。

目前，微处理器重点应用于以下几个方面：最佳点火时刻控制、最佳空燃比控制、怠速控制、废气再循环控制、安全系统、减振控制系统、操纵系统、信息交换和报警系统、汽车导航系统、语音系统等。

未来的汽车设计将朝着环保、节能、操作简单、智能化的方向发展。随着新技术、新材料的不断应用，汽车电气设备将会体积更小、性能更高、维修更简便、更好地满足汽车用户的要求。

二、汽车电气系统的特点

汽车的种类很多，各种汽车电气设备的数量不等，其安装位置、接线方法等也各有差异，但无论进口汽车还是国产汽车，也无论是大车还是小车，其电气电路的设计一般都遵循一定的规律。这些特点，对了解汽车电气系统有很大的帮助。其特点如下。

1. 单线制

单线制，是指利用汽车发动机、底盘、车身等金属机件作为各种电气设备的共用连线（俗称搭铁），而用电设备到电源只需另设一根导线。任何一个电路中的电流都是从电源的正极出发，经导线流入用电设备，再由搭铁的负极通过金属车架流回电源负极而成回路。采用单线制不仅可以节省材料（铜导线）、使电路简化，而且也便于安装、检修，同时也可使故障率大大降低。

2. 电源负极搭铁

电源负极搭铁，是指将蓄电池的负极用搭铁线连接到发动机或底盘等金属体上。我国标准中规定发电机、蓄电池必须以负极搭铁。目前世界各国生产的汽车也大多采用负极搭铁方式。

采用负极搭铁方式的好处是，由于电化学的作用，不仅使汽车车架和车身均不易锈蚀，而且汽车电器对无线电设备（如汽车音响、通信系统等）的干扰也比电源正极搭铁方式小。

3. 两个电源

两个电源，是指蓄电池和发电机。前者在发动机未运转时可以向有关用电设备供电，后者在发动机运转到一定转速后取代蓄电池向有关用电设备供电，同时也对蓄电池进行充电。两者互补可以有效地使用电设备在不同的情况下都能正常工作，同时也延长了蓄电池的供电时间。

4. 用电设备并联

用电设备并联，是指汽车上的各种用电设备都采用并联方式与电源连接，每个用电设备都由各自串联在其支路中的专用开关控制，互不产生干扰。

5. 低压直流供电

为了简化结构和保证安全，汽车电气设备采用低压直流（DC）供电。柴油车大多采用 24 V（DC）供电（有两个 12 V 蓄电池串联供电），汽油车大都采用 12 V（DC）供电。汽车运行中的电压，一般 12 V 系统的为 14 V，24 V 系统的为 28 V。

6. 安装有保险装置

为了防止电路和元器件因搭铁或短路而烧坏电线束和用电设备，各种类型的汽车上均安装有保险装置。这些保险装置有的串接在元器件（或零部件）回路中，有的串接在支路中。

7. 大电流开关通常加装中间继电器

汽车中大电流的用电器如启动机、电喇叭等，工作时的电流很大（例如，汽油机车启动机的电流一般为 100～200 A），如果直接用开关控制它们的工作状态，往往会使控制开关过早损坏。因此，控制大电流用电设备的开关常采用加装中间继电器的方法，即采用小电流控制继电器线圈，由继电器闭合后的触点为用电设备提供大电流。

8. 具有充放电指示

汽车上蓄电池的充电、放电情况一般由电压指示，也有的用指示灯指示。对于前者，当蓄电池向外供电、发电机向蓄电池充电时，都可从电压表上显示出来。对于后者，发动机未启动或低速运转时指示灯点亮，一旦发动机运转带动发电机转速超过 1 000 r/min 以上，充电指示灯熄灭，表示处于充电状态。

9. 汽车电路上有颜色和编号特征

随着汽车用电设备的增加，导线数目也在不断增多，为便于识别和检修汽车电气设备，电路中的低压线通常由不同的颜色组成，并在汽车电气线路图上由不同颜色的字母代号标注出。

三、汽车电气系统的组成

现代汽车电气系统，按其用途可划分为以下四部分。

1. 电源系统

电源系统包括蓄电池、发电机及其调节器（图 1-1）。前两者是并联工作，发电机是主电源，蓄电池是辅助电源。发电机配有调节器，其作用是在发电机转速升高时，自动调节发电机的输出电压并使之保持稳定。

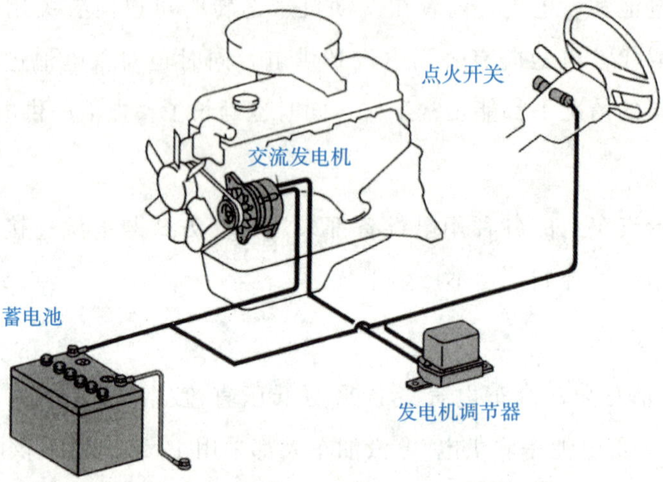

图 1-1　汽车电源系统的组成

2. 用电系统

汽车上用电系统大致可分为以下几类。

(1) 启动系统。汽车启动系统的组成如图 1-2 所示，主要总成是启动机，其任务仅是启动发动机。发动机启动后，启动系统自动断电停止工作。

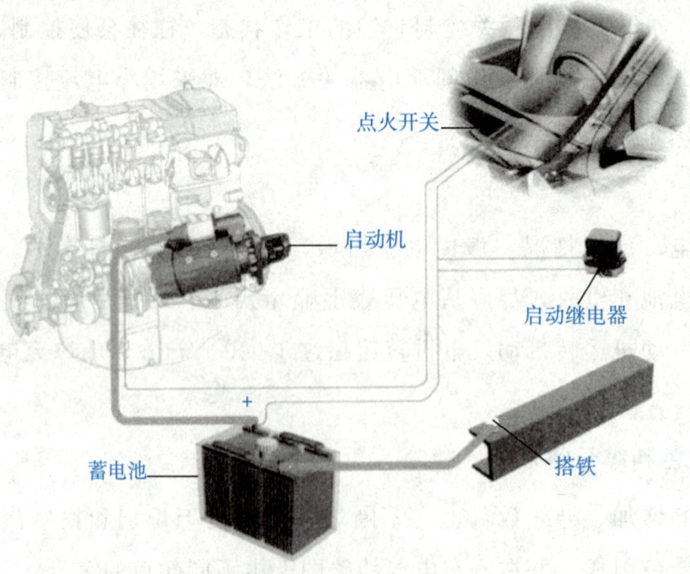

图 1-2　汽车启动系统的组成

(2) 点火系统。点火系统是汽油发动机的组成部分，包括电子点火系统或传统点火系统的全部组件（图 1-3）。其任务是产生高压电火花，按发动机各缸的工作顺序点燃气缸内的可燃混合气。

(3) 照明系统。照明系统的作用是确保车辆内外一定范围内合适的亮度，包括车内外各种照明灯以及保证夜间安全行车所必需的灯光，其中以前照明灯最为重要。军用车辆还增设了防空照明。

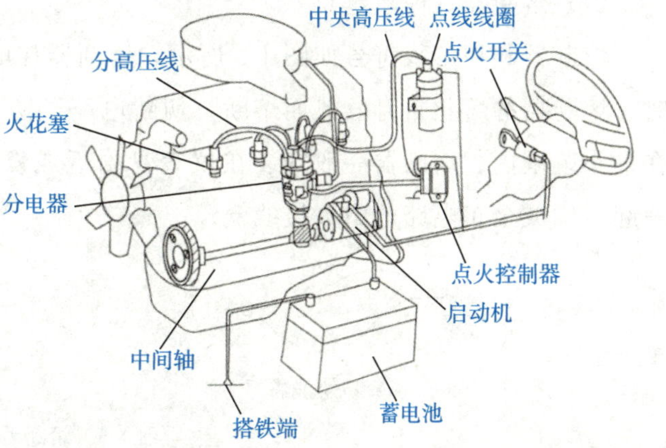

图 1-3　汽车点火系统的组成

(4) 信号系统。信号系统包括电喇叭、蜂鸣器、闪光器及各种信号灯等，主要用来告示行人、车辆驾驶人等，引起注意，是保证安全行车所必要的信号。

(5) 电子控制系统。电子控制系统主要指由微机控制的装置，包括电子控制点火装置、电子控制燃油喷射装置、电子控制制动防抱死装置、电子控制自动变速装置等，分别用来提高汽车的动力性、经济性、安全性、排气净化和操纵自动化等性能。

(6) 辅助电器系统。辅助电器系统包括电动刮水器、低温启动预热装置、空调器、收录机、点烟器、防盗装置、玻璃升降器、座椅调节器等。辅助电器有日益增多的趋势，主要向舒适、娱乐、保障安全方面发展。

3. 检测系统

检测系统包括各种检测仪表如电压表、电流表、冷却液温度表、油压表、燃油表、车速里程表、发动机转速表和各种报警灯，用来监测发动机和其他装置的工作情况。图 1-4 为某汽车仪表盘的组成。

图 1-4　某汽车仪表盘的组成

4. 配电系统

配电系统包括中央接线盒、电路开关、熔断装置、插接件和导线等，以保证汽车电器及线路工作的可靠性和安全性。

任务二　汽车电气设备常见维修工具使用

一、汽车电器基础元件

1. 熔断装置

当电路中流过超过规定的过大电流时，汽车电路熔断装置能够切断电路，从而防止烧坏电路连接导线和用电设备，并把故障限制在最小范围内。汽车上的熔断装置主要有熔断器、易熔线和断路器。

(1) 熔断器(保险丝)

熔断器和易熔线符号如图 1-5 所示，熔断器在电路中起保护作用。当电路中流过超过规定的电流时，熔断器的熔丝自身发热而熔断，切断电路，防止烧坏电路连接导线和用电设备，并把故障限制在最小范围内。熔断器一般安装在仪表盘附近或发动机舱盖下面的熔断器盒内，常与继电器组装在一起，构成全车电路的中央接线盒。

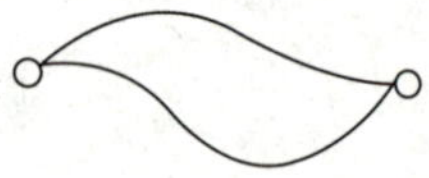

(a) 易熔线符号

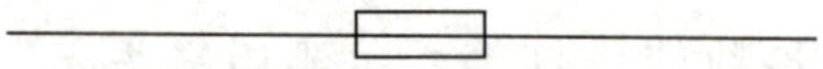

(b) 熔断器符号

图 1-5 熔断器和易熔线符号

熔断器外观如图 1-6 所示。橘黄色的为 5 A、咖啡色的为 7.5 A、红色的为 10 A、蓝色的为 15 A、黄色的为 20 A、透明色的为 25 A、绿色的为 30 A、深橘色的为 40 A。

一般情况下，环境温度在 18～32 ℃时，流过熔断器的电流为额定电流的 1.1 倍时，熔丝不熔断。达到 1.35 倍时，熔丝在 60 s 内熔断。达到 1.5 倍时，20 A 以内的熔丝在 15 s 内熔断，30 A 的熔丝在 30 s 内熔断。

图 1-6 熔断器外观

熔断器在使用中应注意以下几点。

① 熔断器熔断后，必须真正找到故障原因，彻底排除故障。

② 更换熔断器时，一定要与原规格相同。

③ 熔断器支架与熔断器接触不良会产生电压降和发热现象，安装时要保证良好接触。

(2) 易熔线

易熔线是一种大容量的熔断器，用于保护电源电路和大电流电路，如图 1-7 所示。

(a)

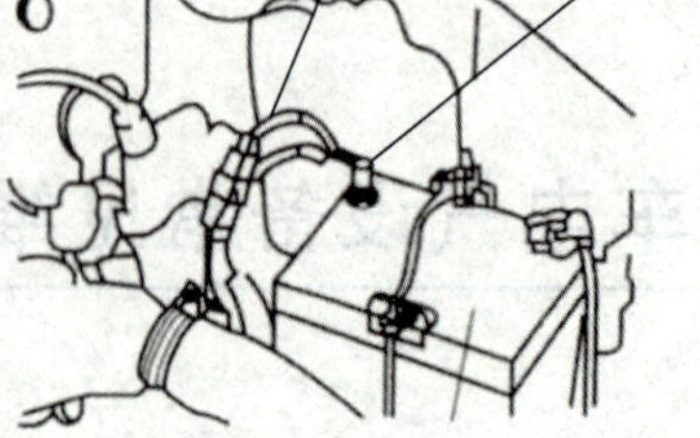

(b)

图 1-7 易熔线

易熔线在使用中应注意以下几点。

① 绝对不允许换用比规定容量大的易熔线。

② 易熔线熔断，可能是主要电路发生短路，因此，需要仔细检查，彻底排除隐患。

③ 不能和其他导线绞合在一起。

（3）断路器

在电路中用于防止有害的过载电流（额外的电流）。断路器是机械装置，它利用两种不同金属（双金属）的热效应断开电路（图 1-8）。如果额外的电流经过双金属带，双金属带弯曲，触点开路，阻止电流通过。当电路断路器冷却时，触点再次闭合，电路导通。当无电流时，双金属带冷却而使电路重新闭合，电路断路器复位。

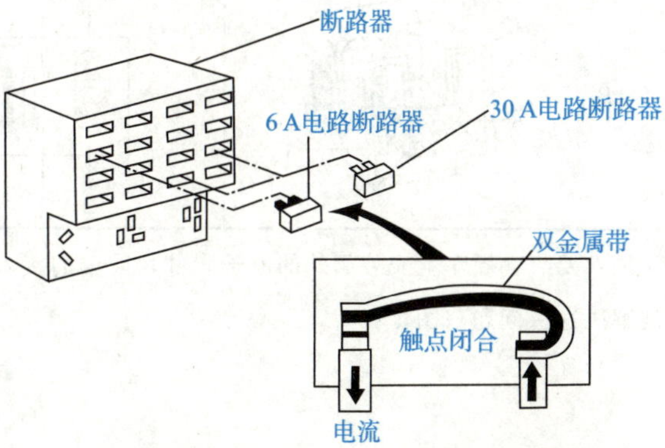

图 1-8　断路器

2. 继电器

一般情况下，汽车上使用的操纵开关的触点容量较小，不能直接控制工作电流较大的用电设备，常采用继电器来控制它的接通与断开。继电器可以实现自动接通或切断一对或多对触点，完成用小电流控制大电流，可以减小控制开关的电流负荷，保护电路中的控制开关。如进气预热继电器、空调继电器、喇叭继电器、雾灯继电器、中间继电器等，如图 1-9 所示。

图 1-9　继电器

汽车上的继电器有很多，常见的有三类：常开继电器、常闭继电器和混合型继电器。继电器的每个插脚都有标号，与中央接线盒正面板的继电器插座的插孔标号相对应，常见类型见表 1-1。

表 1-1　继电器常见类型

型号	外型	电路	引线标号	颜色
1T	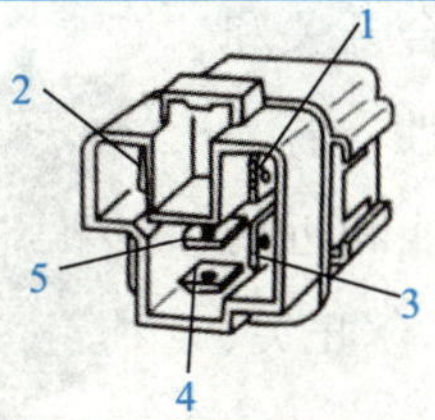	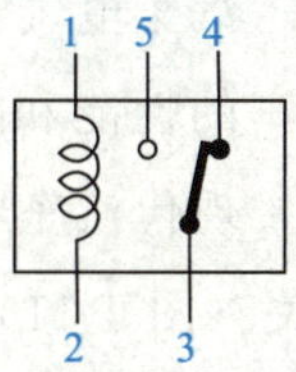	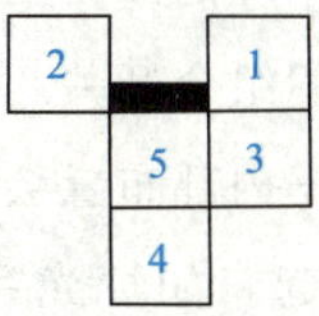	黑
1M	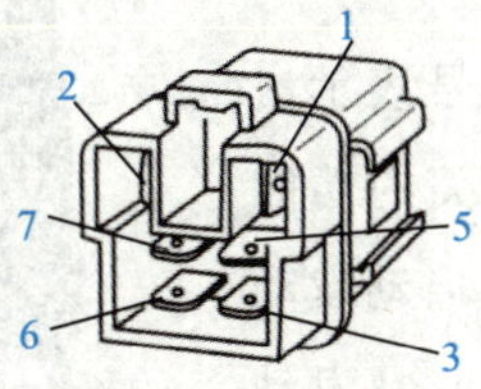	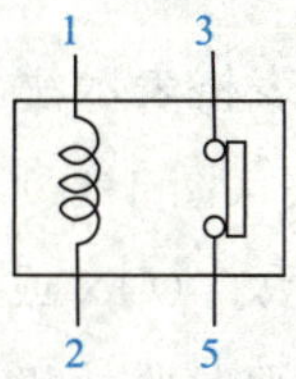	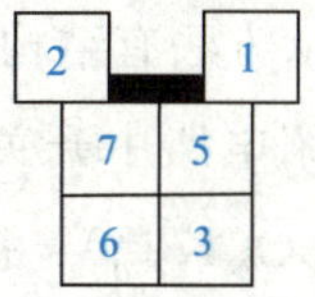	蓝
2M	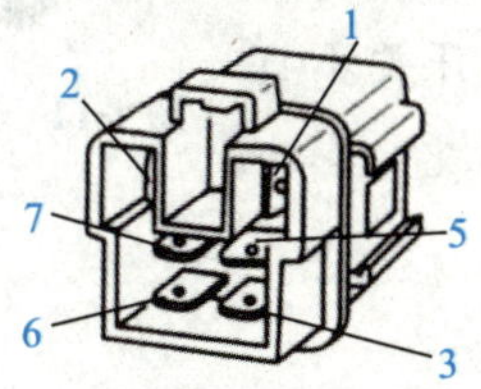	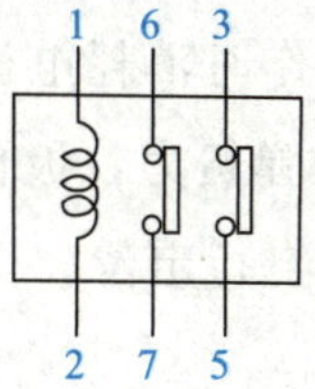	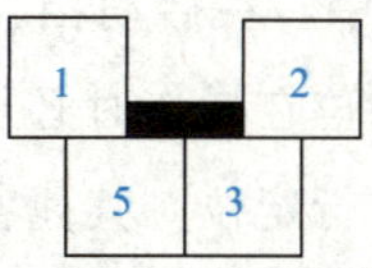	棕色

（续表）

型号	外型	电路	引线标号	颜色
1M. 1B	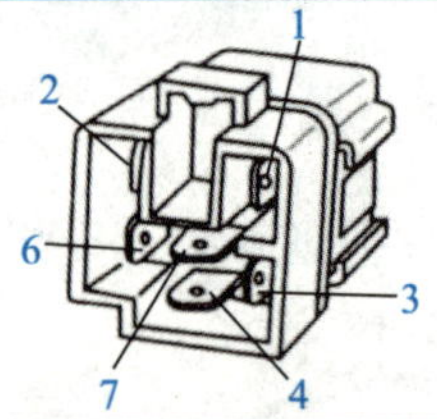	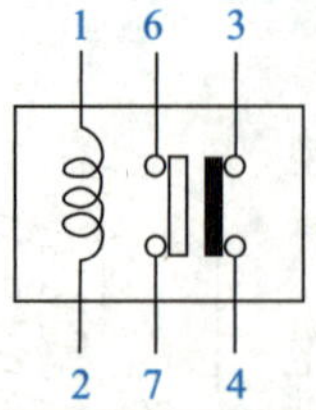		灰色

注：要想在原车上安装额外的电子附件，简单的接入已有的电路中可能会使熔断装置或配线过载。采用继电器扩展可有效解决这一问题（图 1-10）。

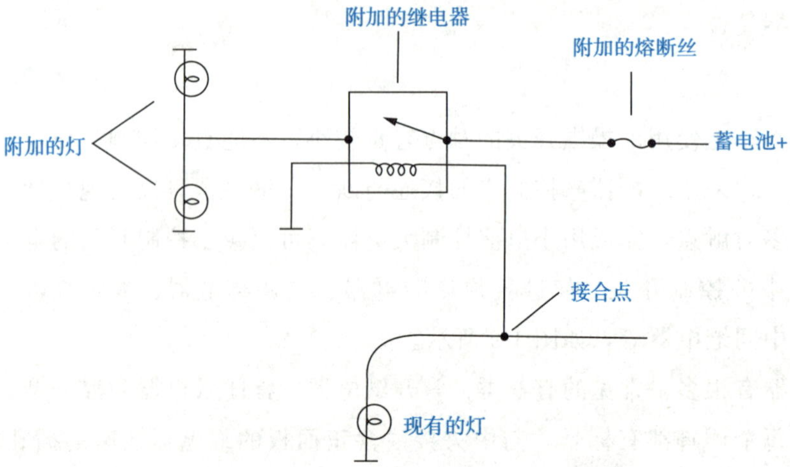

图 1-10　继电器的运用

3. 开关

汽车上各种电器控制系统的工作均受控于开关，汽车电气开关有组合开关和单体开关，现代汽车多采用组合开关，用于提高汽车的性能和乘坐舒适性，若采用较多的单体开关，则汽车内部布置会很乱，因此，现代汽车将很多功能相近的控制系统的开关组合在一起，如灯光系统组合开关（图 1-11）、音响组合开关、空调组合开关、驾驶人车门组合开关等。

图 1-11　组合开关

开关在电路图中的表示方法有结构图表示法、表格表示法和图形符号表示法等。以点火开关为例，介绍电路中开关的表示方法（图 1-12）。点火开关的功能主要有锁住转向盘转轴（LOCK 挡）、接通仪表指示灯（ON 或 IG 挡）、启动发动机（ST 或 START 挡）、给附件供电（ACC 挡，主要是收放机、点烟器）及发动机预热（HEAT 挡）。其中，在启动挡、预热挡工作时消耗电流很大，开关不宜接通过久，所以这两个挡位在操作时必须用手克服弹簧力，扳住点火钥匙，一松手就弹回点火挡，不能自行定位，其他各挡位均可自行定位。

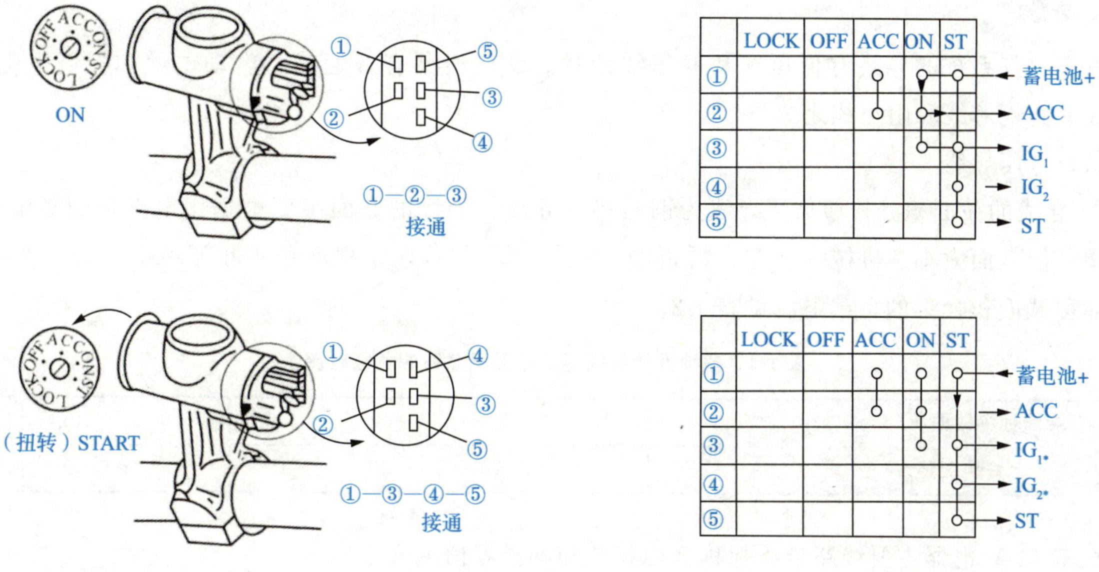

图 1-12　开关的表示方法

4. 插接器

插接器就是通常所说的插头与插座，用于线束与线束或导线与导线间的相互连接。为了防止插接器在汽车行驶中脱开，所有的插接器均采用了闭锁装置（图 1-13）。

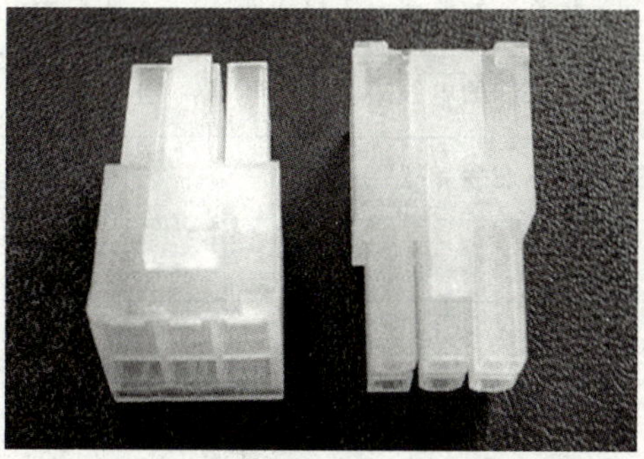

图 1-13　插接器

要拆开插接器时，首先要解除闭锁（图 1-14），然后把插接器拉开，不允许在未解除闭锁的情况下用力拉导线，这样会损坏闭锁装置或导线。有些插接器用钢丝扣锁止，取下钢丝扣后才能将插接器拔开。在插接器端子有接触不良或断线故障时，可将插接器分解，用小“一”字型螺丝刀或专用工具从壳体中取出导线及端子进行修理或更换。

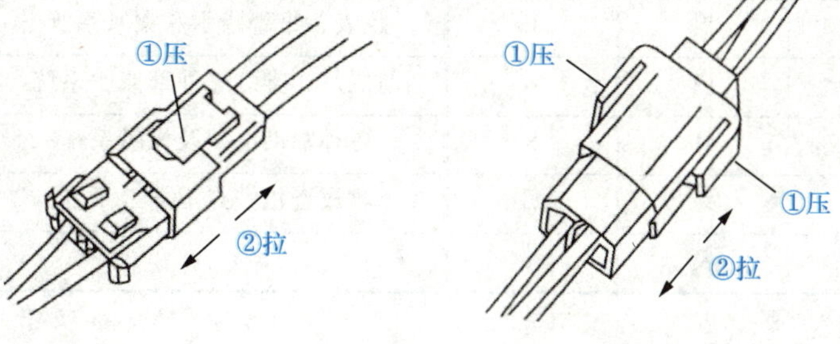

（a）　　（b）

图 1-14　插接器的拆卸

5. 导线

汽车电气系统的导线有低压线和高压线两种。低压线又有普通线、启动电缆和控制电缆之分。高压线又有铜芯线和阻尼线之分。

(1) 低压导线

① 导线的截面积。普通低压导线为铜质多丝导线，导线的截面主要根据用电设备的额定电流进行选择。但截面太小，机械强度差，易折断。一般汽车电器导线截面积不小于 0.5 mm^2。各种低压导线标称截面积允许的负载电流见表 1-2。

表 1-2 各种低压导线标称截面积允许的负载电流值

导线标称截面积/mm^2	1.0	1.5	2.5	3.0	4.0	6.0	10	13
允许电流值/A	11	14	20	22	25	35	50	60

汽车 12 V 电器主要线路导线标称截面积选择的推荐值见表 1-3。

表 1-3 12 V 电器主要线路导线标称截面积选择的推荐值

汽车类型	截面积/mm^2	用途
轿车 货车 挂车	0.5	尾灯、顶灯、指示灯、仪表灯、牌照灯、燃油表、刮水器电动机
	0.8	转向灯、制动灯、停车灯、分电器
	1.0	前照灯的单线（不接熔断器）、电喇叭（3 A 以下）
	1.5	前照灯的电线束（接熔断器）、电喇叭（3 A 以上）
	1.5～4	其他连接导线
	4～6	电热塞
	4～25	电源线
	16～95	启动机电缆

② 导线的颜色。为便于安装和检修，汽车采用双色导线，主色为基础色，辅色为环布导线的条色带或螺旋色带，且标注时主色在前，辅色在后。以双色为基础选用时，各用电系统的电源线为单色，其余为双色，双色线的主色见表 1-4。

表 1-4 汽车电器各系统导线颜色代号

系统名称	电线主色	代号	系统名称	电线主色	代号
电器装置搭铁线	黑	B	仪表、报警指示和喇叭系统	棕	Br
点火启动系统	白	W	前照灯、雾灯等外部照明系统	蓝	Bl
电源系统	红	R	各种辅助电器及操纵系统	灰	Gr
灯光信号系统	绿	G	收放音机、点烟器等系统	紫	V
车身内部照明系统	黄	Y			

③ 线束。为使全车线路规整，安装方便及保护导线的绝缘，汽车上的全车线路除高压线、蓄电池电缆和启动机电缆之外，一般将同区域的不同规格的导线用棉纱或薄聚氯乙烯带缠绕包扎成束，称为线束。

线束安装与检修的注意事项。

• 线束应用卡簧或绊钉固定，以免松动磨坏。

• 线束不可拉得过紧，尤其在拐弯处，在绕过锐角或穿过金属孔时，应用橡皮或套管保护，否则，容易磨坏线束而发生短路、搭铁，以至烧毁全车线束。

• 连接电器时，应根据插接器的规格及导线或插接头的颜色，分别接于电器上并插接到位。难以辨别时，一般可用试灯区分，而不要用刮火法。

（2）高压导线

高压导线使用于汽车点火线圈至火花塞之间的电路，如图 1-15 所示。高压导线分为普通铜芯高压导线和高压阻尼点火导线，带阻尼的高压导线可抑制和衰减点火系产生的高频电磁波，降低对电控装置和无线电设备的干扰。

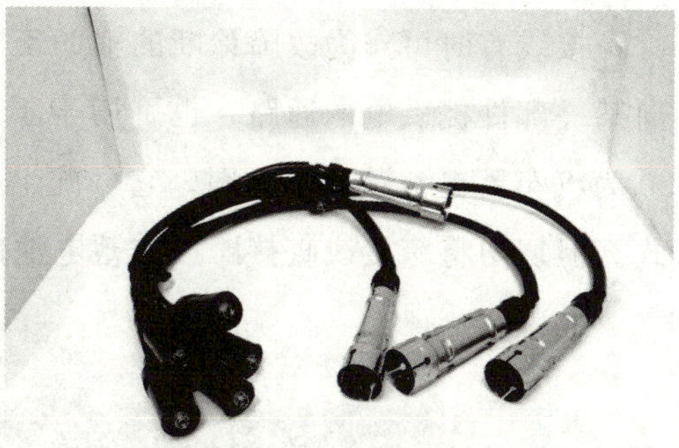

图 1-15　高压导线

二、汽车常用检测工具

1. 试灯

汽车电路的检测试灯分无源试灯和有源试灯两种。

（1）无源试灯。无源试灯就是在一段导线中连接一个 12 V 灯泡（图 1-16）。当试灯一端搭铁另一端接触到带电的导体时，灯泡就会点亮（图 1-17），它不能像电压表显示出被检电路点的电压，只能显示是否有电压。

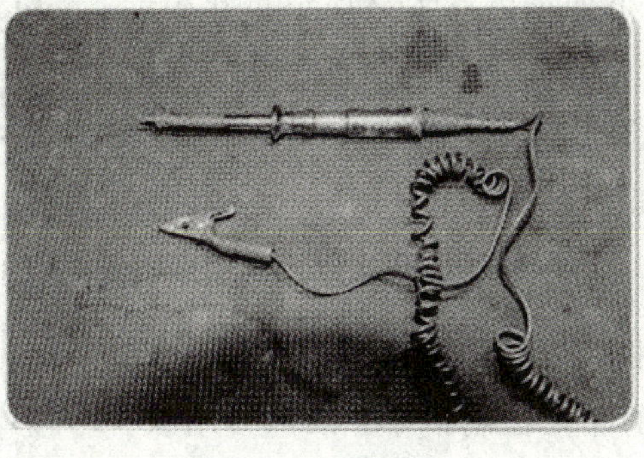

图 1-16　无源试灯

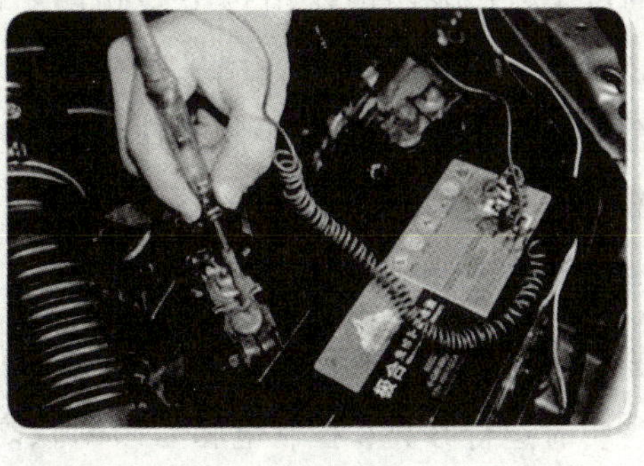

图 1-17　无源试灯的使用

警告：不提倡用试灯检测计算机控制的电路，容易烧坏电脑的内部控制电路。

（2）有源试灯。有源试灯同无源示灯类似，只是自带一个电池电源，连接到一条导线的两端上时，试灯内灯泡点亮，可用于测试线路的通（图 1-18）。不能用有源试灯测试带电电路，否则会损坏试灯。

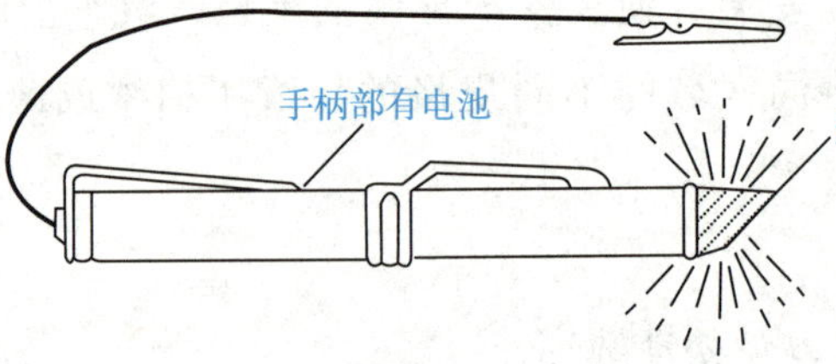

图 1-18　有源试灯

2. 跨接线

跨接线有时可作为故障诊断的辅助工具（图 1-19），可用于跨过某段被怀疑已断开的导线，而直接向某一部件提供电的通路，也可用于不依赖于电路中的开关或导线而向电路中加上电池电压。图 1-20 为汽车蓄电池跨接示意图，它可配上与通导性测试笔相同的探针和夹子，也可设计为各种特殊形式。但切勿将跨接线直接跨接在蓄电池的两端或蓄电池正极和搭铁之间。

图 1-19　跨接线

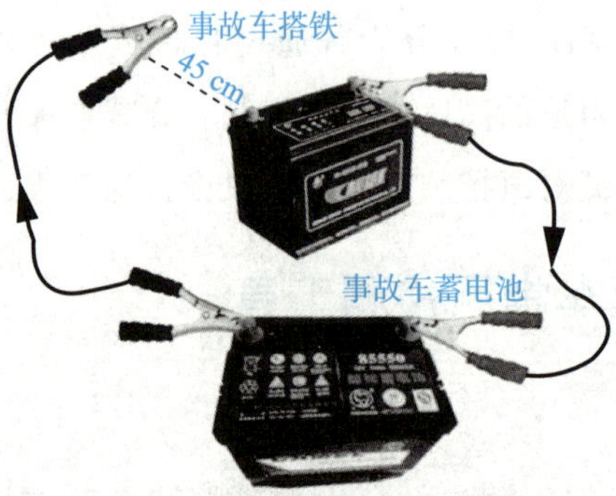

图 1-20　汽车蓄电池跨接示意图

3. 数字式万用表

不同的汽车万用表功能及结构不尽相同，但基本都是由数字及模拟量显示屏、功能按钮、测试项目选择开关、温度测量插孔、公用插孔（用于测量电压、电阻、频率、闭合角、频宽比和转速等）、搭铁插孔、电流测量插孔、测试探针（或大电流钳）等全部或部分构成的。普通汽车数字式万用表如图 1-21 所示。

数字式万用表

4. 汽车故障诊断仪

故障诊断仪通过数据通信线以串行的方式获得控制电脑的实时数据参数，包括故障信息、实时运行参数、控制电脑与诊断仪之间的相互控制指令。故障诊断仪有两种：通用诊断仪和专用诊断仪。

（1）通用诊断仪。通用诊断仪的主要功能：控制电脑版本的识别、故障码的读取和清除、动态数据参数显示、传感器和部分执行器的功能测试与调整、某些特殊参数的设定、维修资料及故障诊断提示、路试记录等。通用诊断仪可测试的车型较多，使用范围较宽，但它与专用诊断仪相比，无法完成某些特殊功能。常用通用诊断仪如图 1-22 和图 1-23 所示。

图 1-21　普通汽车数字式万用表

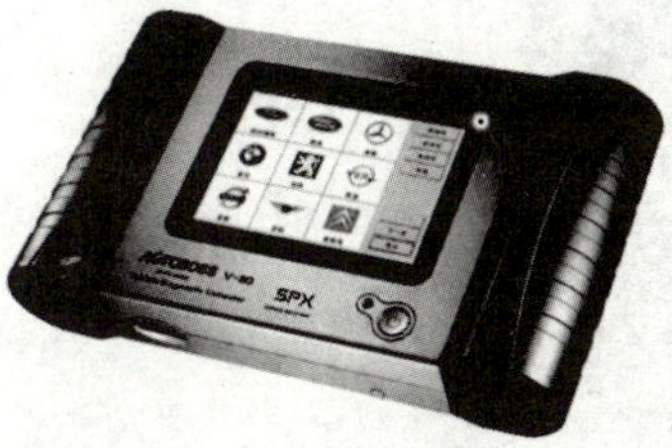

图 1-22　车博仕 V-30

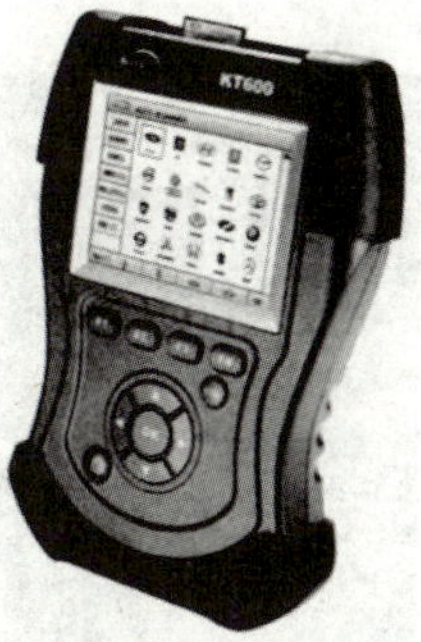

图 1-23　金德 KT600

(2) 专用诊断仪。专用诊断仪除具有通用诊断仪的功能外，还能完成某些特殊功能，诊断的内容更多、更完善。常用专用诊断仪如图 1-24 和图 1-25 所示。

图 1-24　大众 VAG1552 诊断仪

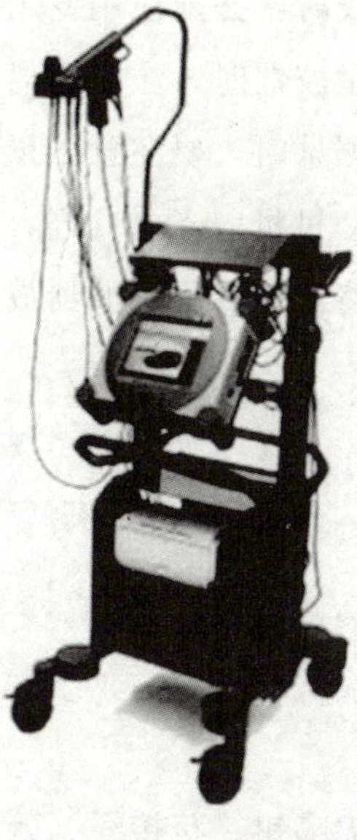

图 1-25　大众 VAG5051 诊断仪

5. 汽车专用示波器

常见的汽车专用示波器按功能一般可分为专用型示波器和综合型示波器两种。

(1) 专用型示波器（图 1-26）。这类示波器专用性比较强，可以精确地显示各种波形的变化，如点火初级，次级波形、各种传感器的输入/输出电压波形、各种执行器的电流或电压波形、脉冲宽度和占空比等，缺点是功能比较单一。

(2) 综合型示波器（图 1-27）。除了具有专用型示波器的一般功能外，通常还具有读取与消除故障码功能和动态数据分析功能等，部分诊断仪还具有发动机动力性能测试功能等，缺点是系统稳定性差及精度略低。

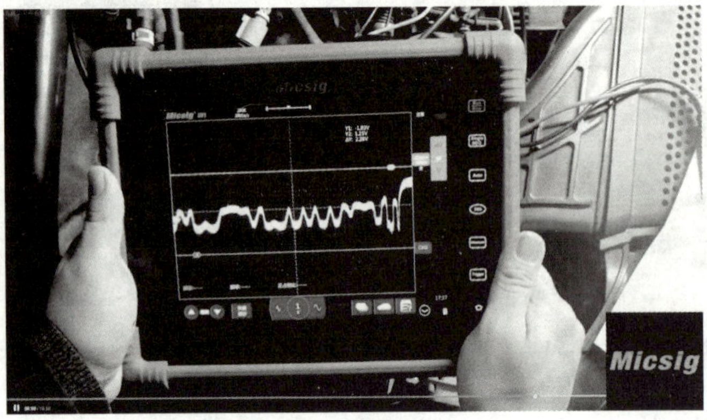

图 1-26　专用示波器

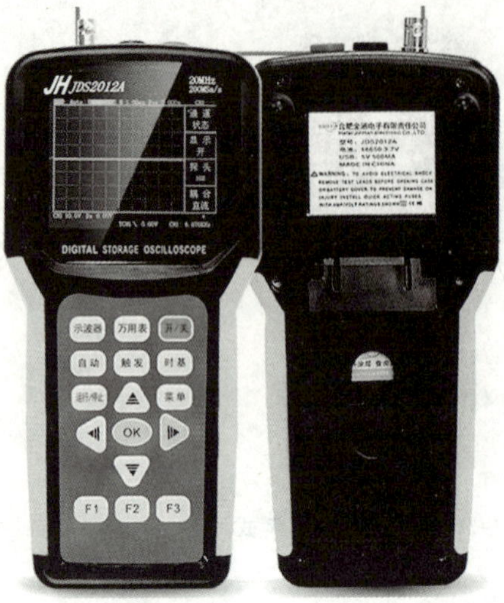

图 1-27　综合型示波器

使用综合型示波器需要注意如下事项。

① 测试点火高压线时，必须使用专用探头，不能将示波器探头直接接入点火次级电路。

② 使用汽车专用示波器时，注意远离热源，如排气管、催化器等，温度过高会损坏仪器。

③ 汽车示波器在测试时，要注意尽量离开风扇叶片、皮带等转动部件。

④ 测试时确认发动机机盖支撑良好，防止发动机机盖自动下降时伤及头部或示波器。

⑤ 路试时，不要将汽车专用示波器放在仪表台上方，最好是拿在手中测试。

项目实训

继电器检测

一、实训准备

1. 扳手、旋具、尖嘴钳、跨接线、万用表、继电器、游标卡尺。
2. 翼子板护裙、转向盘护套、变速杆护套、座椅护套和脚垫。
3. 各种开关、保护装置、灯泡、蓄电池、电烙铁、导线。
4. 别克威朗轿车维修手册。

二、实训过程

1. 静态检测

可用万用表测量电阻法检查判断继电器的好坏。用万用表 R×100 Ω 挡检查线圈（85）脚与（86）脚、（87）脚与（87a）脚应导通。而开关（87）脚与（30）脚间电阻应为∞（无穷大）。如检得结果与上述规律不符，说明继电器有问题。

2. 通电检测

如果上述检查无问题，可在线圈（85）与（86）脚间加 12 V 供电，用万用表检查开关（87）脚与（30）脚应导通，并且能够听到一声“咔嗒”的吸合声。如检查结果不符合上述规律，或通电后继电器发热，均说明其已损坏。其他各种继电器均可按上述方法进行检测判断。

3. 数据记录

（1）静态检测：线圈____________________开关____________________。

（2）通电检测：开关____________________。

（3）结果分析____。

三、评价反馈

对本学习任务进行评价，填写表 1-5。

表 1-5　评分表

考核项目	评分标准	分数	学生自评	小组评价	教师评价	小计
活动参与	是否积极主动	5				
安全生产	有无安全隐患	10				
现场 5S	是否做到	10				
任务方案	是否合理	15				
操作过程	（1）继电器静态测试 （2）继电器通电测试 （3）结果分析	30				
任务完成情况	是否圆满完成	5				
工具和设备使用	是否规范、标准	10				
劳动纪律	是否违反	10				
工单填写	是否完整、规范	5				
总分		100				
教师签名：			年　　月　　日		得分	

项目总结

本项目主要介绍了汽车电气设备的相关知识。首先介绍了汽车电气设备的发展历程；其次介绍了汽车电气系统的特点和组成；最后介绍了汽车常用检测工具。通过本项目的学习，读者能够更好地了解汽车电气设备的基础知识，为后续的学习奠定基础。

思考练习

一、填空题

1. 汽车电路由______________、______________、______________和连接导线组成。

2. 为了防止电路或元件因______________或______________而烧坏线束和用电设备，电路中均设置______________装置。

3. ______________之间的连接、______________之间的连接、______________之间的连接均采用插接器。

二、操作题

1. 用灯泡、导线、熔断丝、继电器、小开关、点火开关、蓄电池制作一个简易的灯泡控制电路并画出电路简图。

2. 用万用表进行电路检测并记录。

项目二

汽车电源系统的检修

项目导读

汽车电源系统向全车所有的用电设备供电。如果汽车缺少了电源系统，将无法启动，用电设备也都无法工作，如夜间行驶没有照明，夏季车内无法使用空调制冷等。无论是从安全还是从舒适度的角度来考虑，电源系统都是至关重要，必不可少的。

学习目标

知识目标

- 掌握蓄电池的作用、分类和工作原理，掌握蓄电池型号的含义。
- 熟悉蓄电池的使用、检测与维护方法。
- 了解交流发电机的分类和功用、结构、工作原理及检测维修方法。
- 掌握电压调节器的原理，掌握电压调节器的检测方法。
- 掌握充电指示灯常见的故障诊断与排除方法。

能力目标

- 会识读汽车电源系统电路。
- 能对汽车电源系统各部件进行就车部位查找。
- 能完成“汽车充电指示灯亮故障检修”的工作任务。

素质目标

- 增强对汽车电器结构的认识，训练逻辑思维的能力、想象能力。
- 使学生形成明确学习目的，学习态度端正，培养科学精神、科学态度，学习科学的学习方法。

思政目标

- 坚定理想信念，传承中华优秀传统文化，树立社会主义主流意识形态。以培养“三有”青年为任务，提高学生使命感与责任感，强化学生自身教育能力和社会实践能力。

任务一 汽车电源系统概述

汽车电源系统主要由蓄电池、交流发电机、电压调节器等组成，如图 2-1 所示。蓄电池与发电机并联向用电设备供电。交流发电机与发电机调节器互相配合工作，其主要任务是对除启动机以外的所有用电设备供电，并向蓄电池充电。

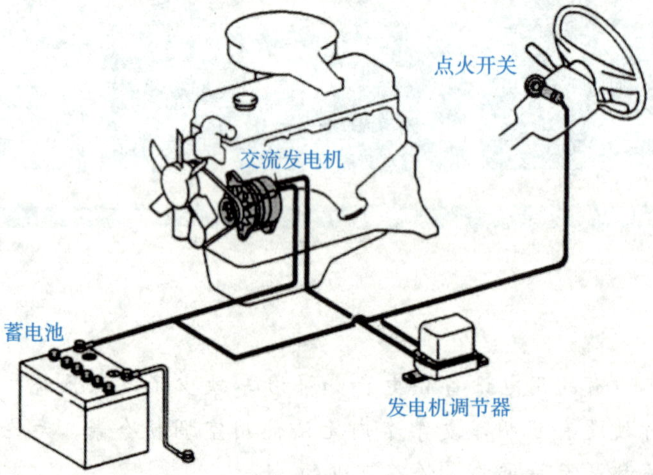

图 2-1　汽车电源系统

一、汽车电源系统的分类

汽车电源系统的分类如图 2-2 所示。

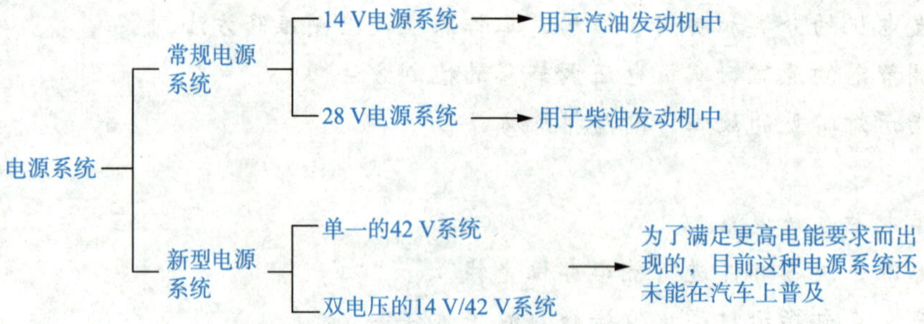

图 2-2　汽车电源系统的分类

二、汽车电源系统组成及工作原理

1. 系统组成

汽车电源系统的组成如图 2-3 所示。

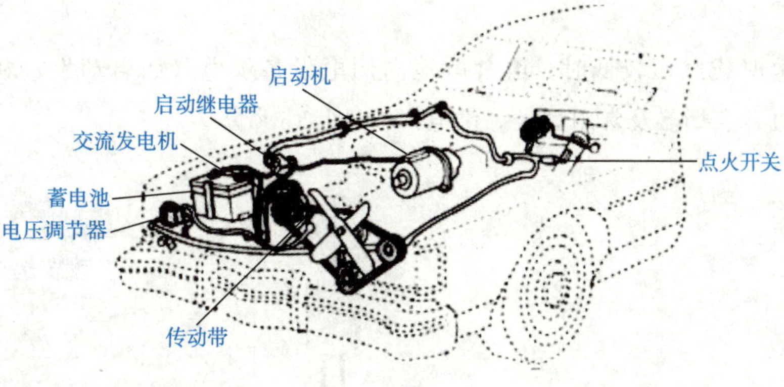

图 2-3　汽车电源系统的组成

2. 工作原理

在汽车上，蓄电池、发电机并联连接，并向所有用电设备供电。发电机是主电源，蓄电池是辅助电源。调节器是一种电压调节装置，其功用是在发电机转速变化时自动调节发电机的输出电压，并使输出电压保持稳定，如图 2-4 所示。

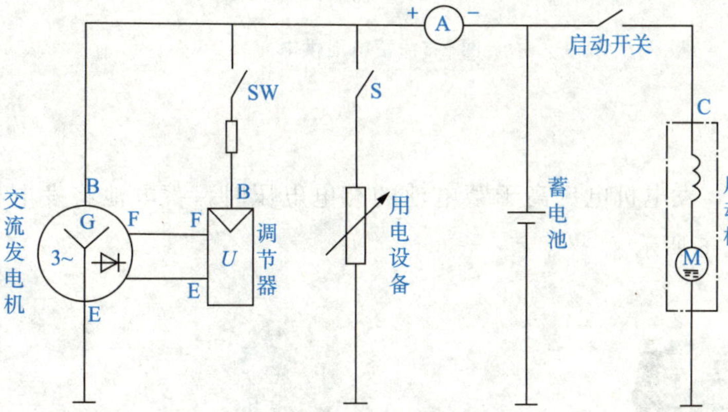

图 2-4　汽车电源系统工作原理

任务二　蓄电池的构造与检修

一、蓄电池的作用

蓄电池是一种将电能以化学能的形式储存并可将化学能转化为电能的装置。蓄电池是汽车上的两个电源之一，是一种可逆直流电源，其功能主要有三种：供电、储电和稳压。

1. 供电

在发电机不发电时或电压较低时，由蓄电池向用电设备供电（如启动发动机时，向启动系统、点火系统以及收音机、点烟器及常用灯光等供电），如图 2-5 所示。

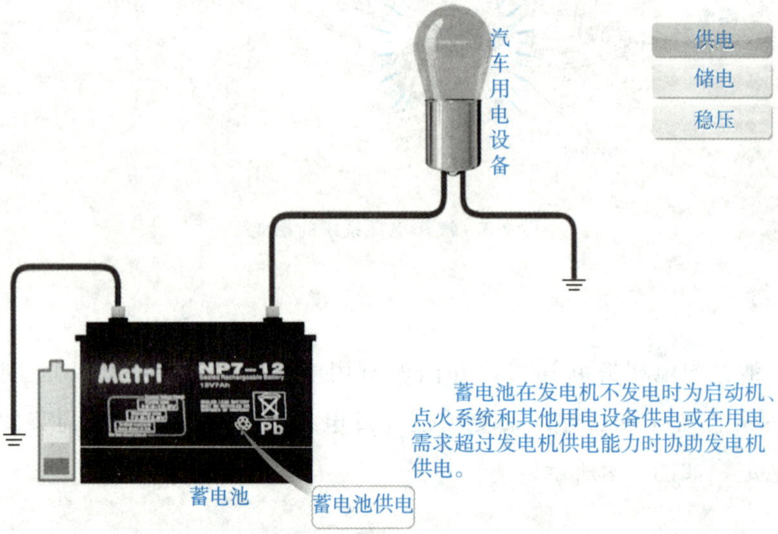

图 2-5　蓄电池供电

2. 储电

当发动机高速运转，发电机电压高于蓄电池的充电电压时，蓄电池将发电机发出的多余电能存储起来（充电），如图 2-6 所示。

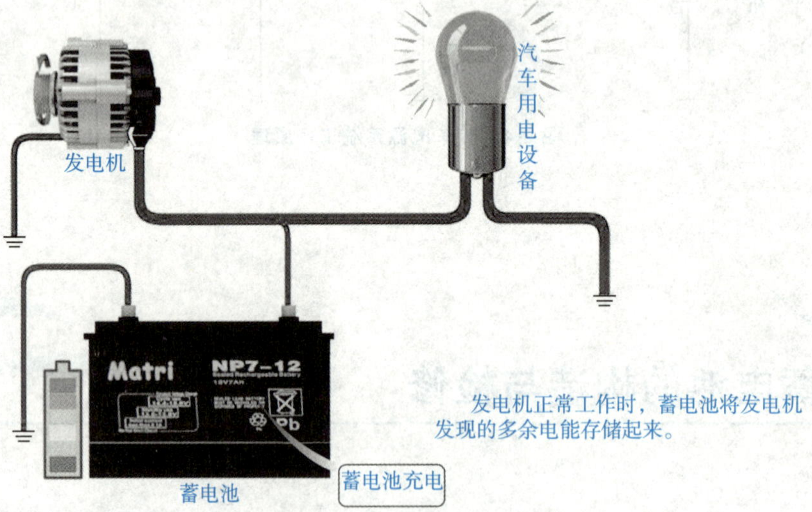

图 2-6　蓄电池储电

3. 稳压

蓄电池起到整车电气系统的电压稳定器作用。它可以吸收电路中的瞬时电压、缓和电气系统的冲击电压，保持汽车电气系统电压的稳定，保护汽车上的电子元件，如图 2-7 所示。

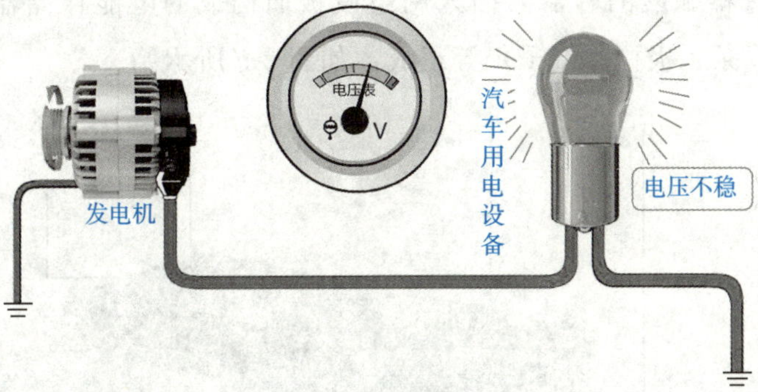

图 2-7　蓄电池稳压

二、蓄电池的类型

目前汽车上常用的蓄电池主要有三种：普通蓄电池、干荷蓄电池和免维护蓄电池，如图 2-8 所示。

(1) 普通蓄电池：现应用较少。

(2) 干荷蓄电池：全称是干荷式铅酸蓄电池，初次使用时无须充电，加入电解液即可。其主要优点是负极板有较高的储电能力，完全干燥情况下能在两年内保存所得到的电量。使用时加入电解液 20～30 分钟即可使用。

(3) 免维护蓄电池：由于自身结构上的优势，电解液的消耗量非常小，使用时无须加注和补充电解液，使用寿命一般为普通蓄电池的两倍。它还具有耐震、耐高温、体积小、自放电小、维护方便的特点。

(a) 普通蓄电池　(b) 干荷蓄电池　(c) 免维护蓄电池

图 2-8　常见蓄电池的类型

三、蓄电池的结构

现代汽车用铅酸蓄电池由六只单格电池串联而成，每只单格电池的电压为 2 V，串联后蓄电池的电压为 12 V。目前国内外汽油机汽车均选用 12 V 蓄电池；多数柴油机汽车电源电压设计为 24 V，用两只 12 V 蓄电池串联供电。

铅酸蓄电池是在盛有稀硫酸的容器内插入两组极板而构成的电能存储器，其构件主要有极板、隔板、电解液、外壳、联条、极柱（端子）等组成，如图 2-9 所示。

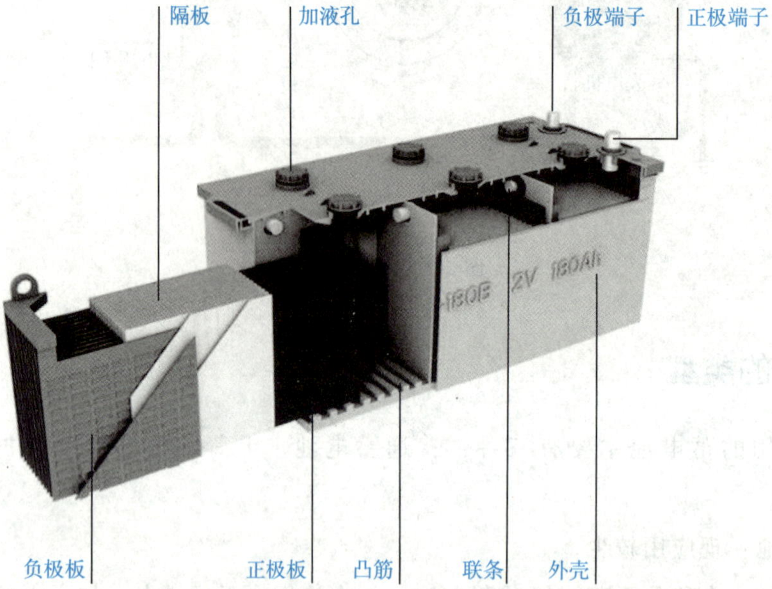

图 2-9　铅酸蓄电池的构件

1. 极板

极板是蓄电池的核心，由栅架和活性物质组成。在蓄电池充、放电过程中，电能与化学能的转换通过正、负极板上的活性物质与电解液中的硫酸进行电化学反应来实现。

极板分正极板和负极板两种。正极板上的活性物质是二氧化铅，呈棕红色；负极板上的活性物质是海绵状纯铅，呈青灰色；正、负极板上的活性物质分别填充在栅架上。极板的结构如图 2-10 所示。

栅架一般由铅锑合金铸成，其作用是固结活性物质。铅锑合金中，铅占 94%，锑占 6%。加入少量的锑是为了提高栅架的机械强度并改善浇注性能。安装时各片正、负极板相互嵌合，中间插入隔板后装入蓄电池单格内便形成单格电池。在每个单格电池中负极板总比正极板多一片。因为正极板活性物质比较疏松，且正极板处的化学反应剧烈，反应前后活性物质体积变化较大，所以正极板夹在负极板之间，如图 2-11 所示。这样可使其两侧放电均匀，从而减轻正极板的翘曲和活性物质脱落。

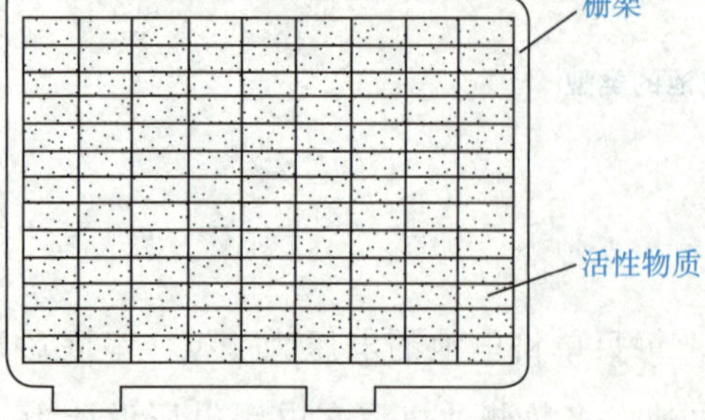

图 2-10　极板的结构

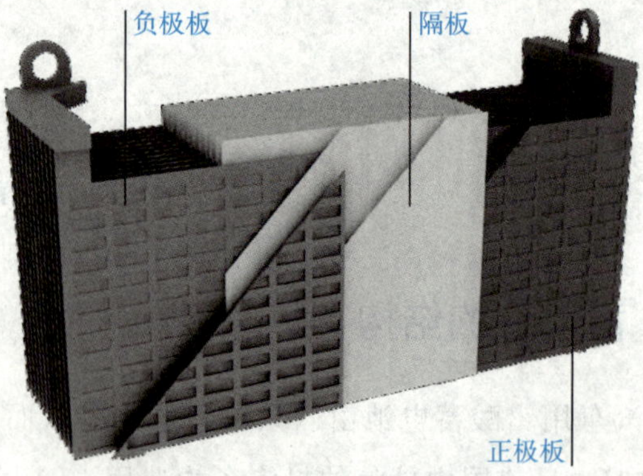

图 2-11　单个蓄电池极板组

2. 隔板

为了减少蓄电池内部尺寸，降低蓄电池的内阻，蓄电池内部正、负极板应尽可能靠近。但为了避免相互接触而短路，正、负极板之间要用绝缘的隔板隔开。由于电化学反应在液体中进行，有离子迁移运动，为使电解液渗透，隔板应具有多孔性和良好的耐酸性。因此常见的隔板材料为木材、微孔塑料、玻璃纤维纸浆和玻璃丝棉几类。

3. 电解液

电解液是蓄电池内部发生化学反应的主要物质，一般由密度为 1.84 g/cm^3 的专用硫酸和蒸馏水按一定比例配制而成，为电化学反应提供必要的离子。

电解液的密度对蓄电池的工作有重要影响，密度大，可减少结冰的危险并提高蓄电池的容量；但密度过大，黏度会增加，蓄电池的容量反而会降低，缩短使用寿命。汽车用铅蓄电池的电解液密度一般为 1.24 g/mL～1.30 g/mL，使用中电解液密度应根据地区、气候条件和制造厂家的要求而定。

4. 外壳

蓄电池外壳用来盛放电解液和极板组，并使蓄电池构成一个整体。外壳的材料有硬质橡胶和聚丙烯塑料两种，由间壁将其分为 3 个或 6 个相互分离的单格，底部有凸起的筋条支撑极板组，凸筋之间用来容纳脱落的活性物质，以防极板短路。橡胶外壳的每一单格有一个小盖，塑料外壳采用整体盖。普通蓄电池每格的中间有一电解液加液孔，平时拧装一个螺塞，螺塞上有一个通气小孔，在使用时应保持其畅通，使蓄电池内化学反应产生的氢气（H_2）和氧气（O_2）能随时排出。

5. 联条

联条用于连接蓄电池各单格。各单格电池串联连接，目的是提高蓄电池的供电电压。一个单格电池的正极桩与相邻单格电池的负极桩采用联条焊接。联条连接方式一般分为外露式、内部穿壁式或跨接式等。

6. 极柱

极柱的作用是将蓄电池的电压引出，第一个单格电池的正极板联条与正极柱相连，最后一个单格电池的负极板联条与负极柱相连。

四、蓄电池的工作原理

汽车蓄电池是一种存储电能的装置，一旦连接外部负载或接通充电电路，便开始其能量转换过程，其工作原理就是化学能与电能之间的相互转化。铅酸蓄电池在充电和放电过程中的化学反应是可逆的，其电化学反应方程式可简化为

$$\underset{\text{正极板}}{PbO_2} + \underset{\text{负极板}}{Pb} + \underset{\text{电解液}}{2H_2SO_4} \underset{\text{充电}}{\overset{\text{放电}}{\rightleftharpoons}} \underset{\text{正极板}}{PbSO_4} + \underset{\text{负极板}}{PbSO_4} + \underset{\text{电解液}}{2H_2O}$$

将两种不同的金属放入电解液中，因化学作用产生电离子，两板之间会产生电动势。若有导线连接，则有电流通过，这个过程称之为电离过程，如图 2-12 所示。

蓄电池在工作过程中有放电和充电两个过程，并且蓄电池的充放电过程是可逆的。

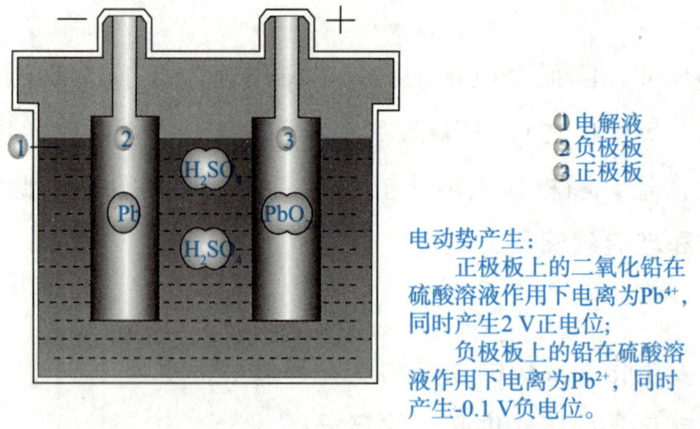

图 2-12　蓄电池的电离过程

在放电过程中，在电解液（成分是纯硫酸加蒸馏水）的作用下，正负极板上的含铅物质与电解液发生化学反应，蓄电池将化学能转化为电能而向外供电。蓄电池的放电过程如图 2-13 所示。

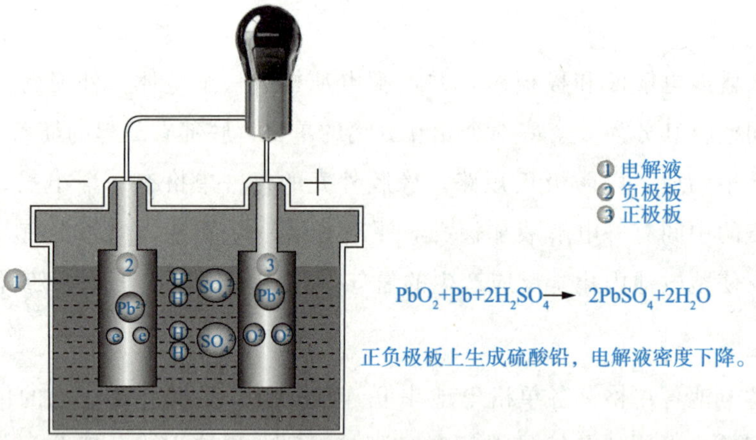

图 2-13　蓄电池的放电过程

蓄电池与外界直流电源相连而将电能转化为化学能存储起来的过程称为充电过程。在发动机正常工作时，发出的多余的电能由蓄电池存储起来。在充电过程中，正负极板上的硫酸铅在电解液的作用下发生反应，将电能转化为化学能存储在蓄电池中，同时电解液的密度增大。蓄电池的充电过程如图 2-14 所示。

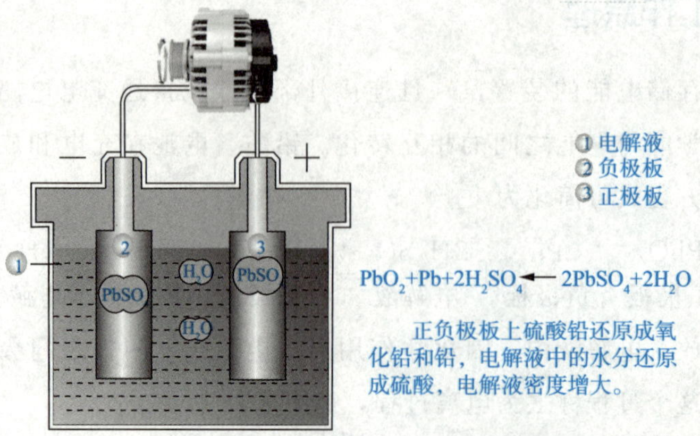

图 2-14　蓄电池的充电过程

五、蓄电池的主要性能参数

蓄电池的主要性能包括额定容量，额定电压，充、放电速率，阻抗，寿命和自放率。下面只介绍额定容量和额定电压。

1. 额定容量

在设计规定的条件（如温度、放电率、终止电压等）下，电池应能放出的最低容量，单位为安·小时，以符号 C 表示。容量受放电率的影响较大，所以常在字母 C 的右下角以阿拉伯数字标明放电率，如 $C_{20}=50$，表明在 20 时率下的容量为 50A/h。由于电池中可能发生的副反应以及设计时的特殊需要，电池的实际容量往往低于理论容量。

2. 额定电压

电池在常温下的典型工作电压，又称标称电压，是选用不同种类电池时的参考。电池的实际工作电压随不同使用条件而异。电池的开路电压等于正、负电极的平衡电极电势之差。它只与电极活性物质的种类有关，而与活性物质的数量无关。

六、蓄电池的工作特性

1. 静止电动势

蓄电池处于静止状态（不充电也不放电）时，正、负极板间的电位差（即开路电压）称为静止电动势。蓄电池端电压包括开路电压、充电电压和放电电压，取决于蓄电池的工作状况。

（1）开路电压：在发电机未正常工作时测量的蓄电池端电压为开路电压。一般为 12 V。

（2）充电电压：在发电机正常工作时测量的蓄电池端电压为充电电压。一般为 14 V。

（3）放电电压：启动发动机时测量的蓄电池端电压为放电电压。一般为 8～11 V。实际测量时采用高率放电计模拟启动状态。

2. 放电特性

铅酸蓄电池的放电特性是指在恒流放电过程中，铅酸蓄电池的端电压和电解液密度随放电时间而变化的规律。放电终了的特征如下。

（1）单格电池电压下降到放电终止电压（以 20 h 放电率放电时终止电压为 1.75 V）。

（2）电解液密度下降到最小允许值 1.10～1.12 g/cm^3。

3. 充电特性

铅酸蓄电池的充电特性是指在恒流充电过程中，铅酸蓄电池的端电压和电解液密度随充电时间而变化的规律。

注意：充电电源必须采用直流电源，以一定的电流强度向完全放电的蓄电池进行充电。

蓄电池充足电的标志如下。

（1）端电压上升到最大值 2.7 V，并在 2～3 h 不再增加。

（2）电解液相对密度上升到最大值 1.27 g/cm，并在 2～3 h 不再增加。

(3) 蓄电池内产生大量气泡，停充 1 h 后再接通充电电源时，蓄电池电解液会立刻沸腾。

七、蓄电池的充电方法

目前汽车广泛应用的蓄电池类型是干荷蓄电池和免维护蓄电池，首次使用均无须充电，用户只需进行放电后的补充充电即可。放电后的蓄电池必须及时充电，否则影响蓄电池的寿命和电源系的正常工作。补充充电一般分为两种，一种是汽车运行过程中的补充充电，采用定压充电的方法；另一种是在修理厂进行的补充充电，采用定流充电或脉冲充电方法。蓄电池的充电方法主要有定流充电、定压充电。

1. 定流充电

定流充电是指在充电过程中，保持充电电流恒定的充电方法。定流充电的接线方法如图 2-15 所示。采用这种定电流充电方法具有较大的适用性，可任意选择和调整电流，适用于各种不同条件（新蓄电池的初充电，使用中的蓄电池补充充电以及去硫化充电等）下的蓄电池充电。其主要缺点是充电时间长，需经常人工调节充电电流。

在使用定流充电时，先采用较大的充电电流，使蓄电池的容量得到迅速恢复。当蓄电池电量基本充足，单格电池电压达到 2.4 V，电解液开始产生气泡时，再将充电电流减小一半，直到电解液密度和蓄电池端电压达到最大值且在 2 ～3 h 不再上升为止。

采用定流充电可以将不同电压等级的蓄电池串在一起充电，充电电流应按照容量最小的电池来选择，当小容量蓄电池充足电后，应及时摘除，然后再继续给大容量蓄电池充电。

2. 定压充电

在充电过程中，加在蓄电池两端的充电电压保持恒定不变的充电方法，称为定压充电。定压充电的接线方法如图 2-16 所示。

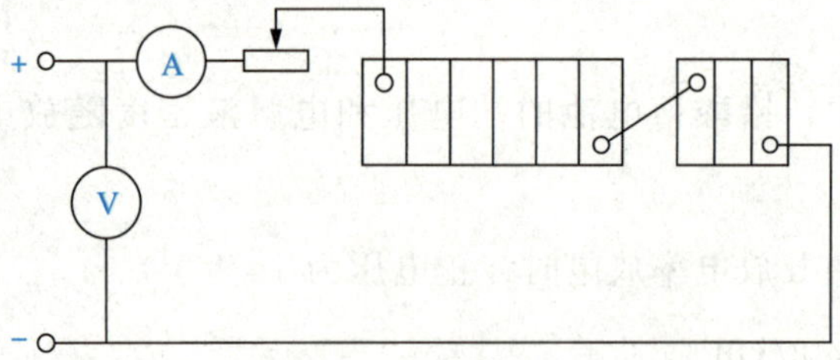

图 2-15 定流充电的接线方法

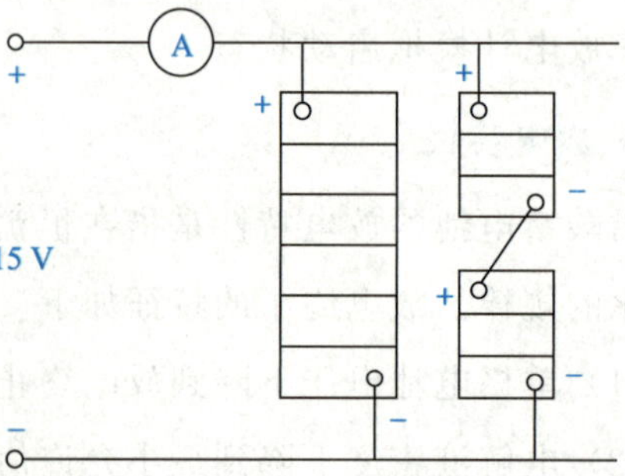

图 2-16 定压充电的接线方法

定压充电的特点是充电开始，充电电流很大，随着蓄电池电动势的不断提高，充电电流逐渐减小。充电终了，充电电流将自动减小到零，因而不需要人照管。而且定压充电速度快、效率高，4 ～5 h 内蓄电池就可获得本身容量的 90%～95%，可大大缩短充电时间，所以适合对不同容量蓄电池的补充充电。其主要缺点是不能调整充电电流，不能保证蓄电池充足电，因此不适合初充电和去硫化充电。

定压充电电压选择方法：一般每单格电池约需 2.5 V，即 6 V 电池需要充电电压约为 7.5 V，12 V 电池需要充电电压约为 15 V。

八、蓄电池的常见故障

蓄电池在使用中，常出现各种故障。外部故障有容器或盖子产生裂纹，封口胶的破裂，电桩的腐蚀等。内部故障有极板硫化，极板活性物质脱落，自行放电，极板间短路和极板弯曲等。

1. 极板硫化

蓄电池使用过程中，由于种种原因在极板上逐渐生成一层白色的粗晶粒硫酸铅，正常充电时不能转变为二氧化铅和纯铅，这一现象称为“硫酸铅硬化”，俗称“硫化”。其故障原因如下。

（1）在充电不足的状态下长期放置。

（2）液面高度过低。

（3）电解液不纯。

极板硫化较轻时，可用“去硫充电法”消除硫化；硫化严重时不易恢复，则应报废。

2. 自行放电

充足电的蓄电池放置不用时逐渐失去电量的现象，称为“自行放电”。每昼夜的容量损失不超过0.7%时，属于蓄电池的正常自放电，否则属于故障性自放电。

3. 极板活性物质脱落和极板翘曲

铅蓄电池采用的是涂浆式极板，在使用中活性物质逐渐脱落是正常现象。如果短时间内发生极板活性物质脱落和极板翘曲损坏，则属于故障，应查找原因预以排除。其具体表现为：电解液变为褐色，充电时电压上升过快、沸腾过早、密度达不到规定值；放电时电压下降快、容量下降。其故障原因如下。

（1）充放电电流过大，充电过量。

（2）电解液温度、比重经常过高。

4. 内部短路

蓄电池开路端电压过低，启动机运转无力，或启动时电压迅速下降；充电时，某单格电池电解液相对密度上升很慢，充电末期产生气泡很少，温度上升很快，电压很低或者是零。其故障原因如下。

（1）蓄电池严重地进行过量充电或充电温度过高，使极板上活性物质脱落，形成短路。

（2）使用时过量大电流放电，接着大电流充电，导致极板急剧弯曲变形，使活性物质脱落。

（3）隔板腐坏，电解液不清洁或长期使用中沉淀物积聚过多。

九、就车检测判断蓄电池容量等性能

1. 蓄电池的检查

（1）蓄电池外观检查，检查蓄电池外观是否有损伤或损坏，是否有鼓包等情况。蓄电池外形如图 2-17 所示。

图 2-17　蓄电池外形

（2）通过蓄电池观察镜，用于检查充电状态或者电解液液位。通过蓄电池观察镜观察到蓄电池的颜色结果为“暗”或“清晰或淡黄”时则表示蓄电池性能不正常，见表 2-1。

表 2-1　判断蓄电池性能情况

观察镜的颜色	蓄电池的情况
绿色	良好
暗	需要充电
清晰或淡黄	需要更换

（3）使用蓄电池容量测试仪测试蓄电池容量，如图 2-18 所示。蓄电池容量测试仪是通过短时间放电方式来测试蓄电池的容量的一种仪器。

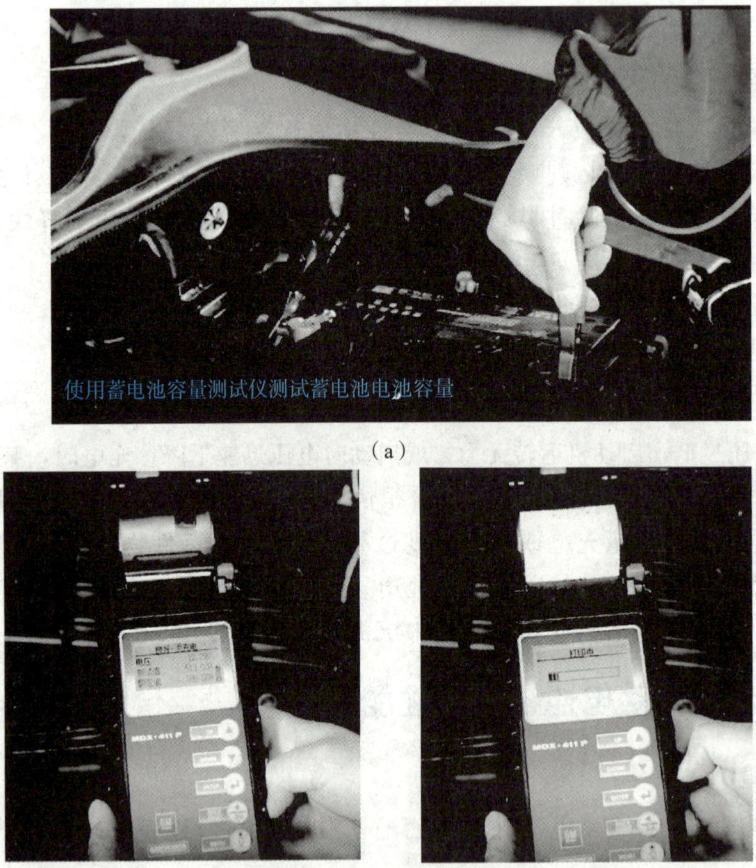

（a）

（b）　（c）

图 2-18　使用蓄电池容量测试仪测量蓄电池

使用蓄电池容量测试仪测量蓄电池的步骤：点击菜单→开始测试→电池位置在车外→选择普通铅酸蓄电池→电池标准为 CCA→电池冷启动电流额定值为 500 CCA→测试出电压为 12.28 V→电池冷启动电流实际值为 513 CCA→打印蓄电池电池容量的测试结果。

2. 使用蓄电池容量测试仪过程中注意事项

（1）在使用蓄电池容量测试仪过程中注意控制测量的时间不能太长，否则会影响到该仪器的使用寿命。

（2）若两次测量过程间发现仪器过热的，则仪器不能够正常测量，需等候一定的时间让其散热至温度下降后方可进行下一次测量。

（3）当容量测试仪的两个测试接线柱接触蓄电池端子时因有较大电流流过，故需保证两个端子均接触良好。

任务三　交流发电机的构造与检修

一、交流发电机的功用

汽车发电机在发动机的驱动下将机械能转变为电能，它是汽车主要的行车供电电源。发电机是充电系统的主要设备，也是汽车的主要电源，其功用是在发动机在怠速转速以上运转时向除启动机以外的所有用电设备供电，同时向蓄电池充电。发电机功用如图 2-19 所示。

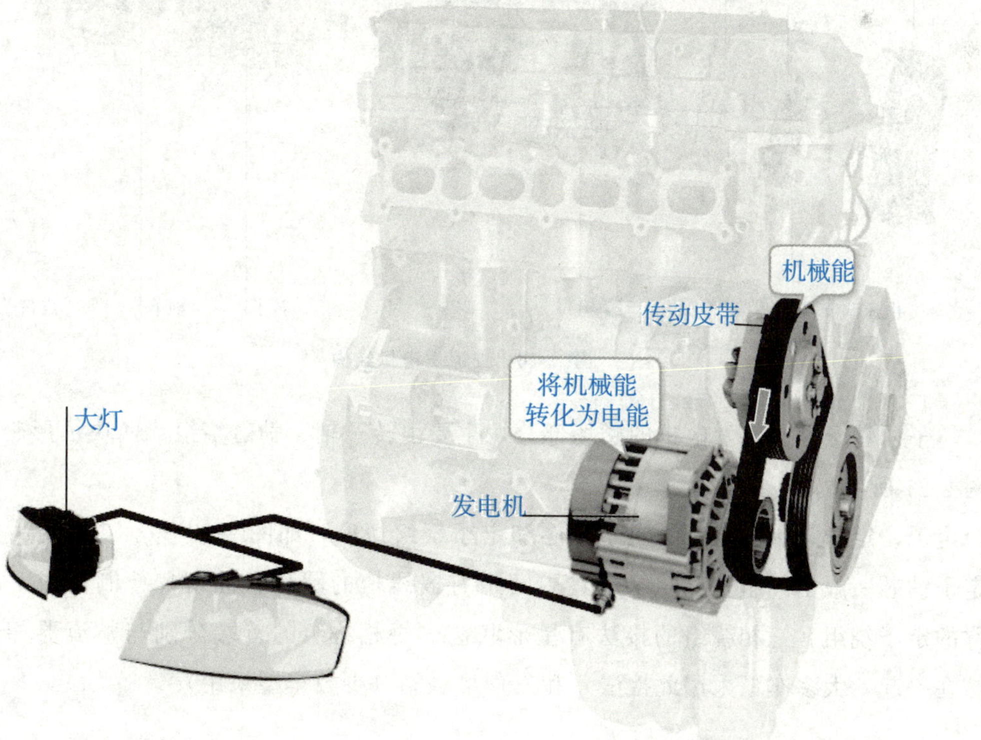

图 2-19　发电机功用

由于交流发电机具有发电性能好、使用寿命长及其他优点，所以目前汽车一般都使用交流发电机。交流发电机有 3 个功能：发电、整流和调节电压。

（1）发电。用多槽皮带把发动机的旋转传输到皮带轮，转动电磁化的转子，在定子线圈中产生交流电流。

（2）整流。因为定子线圈中产生的电是交流电，它不能直接用于车辆上安装的直流电器使用，所以利用整流器将交流电转变为直流电。

（3）调节电压。利用调节器调节发电机的电压，在发电机转速或负载发生变化时也能保持电压稳定。

二、交流发电机的结构

交流发电机的主要部件是：产生磁场的转子、产生交流电的定子以及整流用的二极管。此外，还有为了产生磁场而将电流提供给转子的电刷和滑环，使转子平滑转动的轴承、冷却转子、定子及二极管的风扇。所有这些部件均装在前后机架上。交流发电机结构如图 2-20 所示。

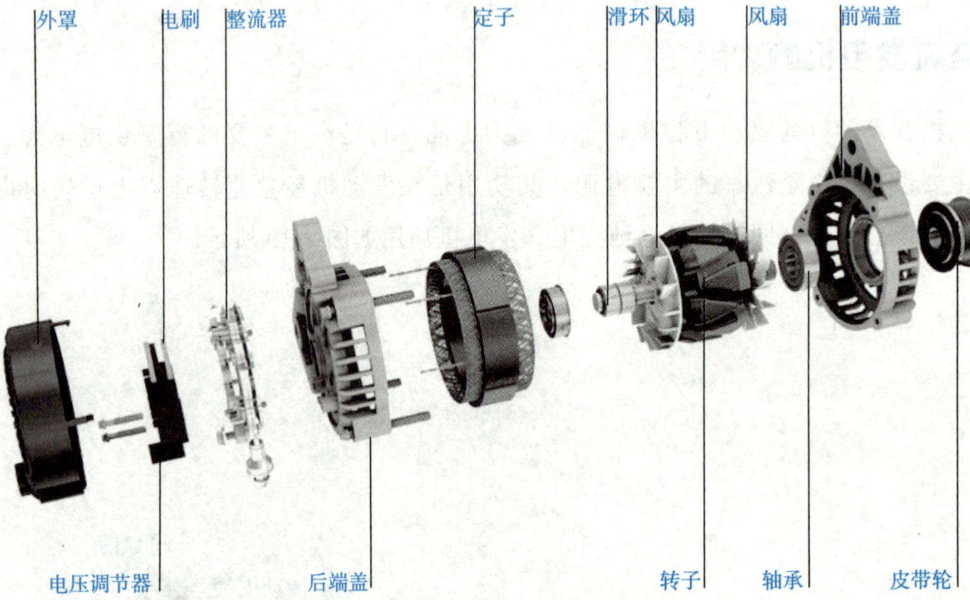

图 2-20　交流发电机结构

（1）转子。转子是交流发电机的磁场部分，主要由转子轴、励磁绕组、两块爪形磁极、滑块等组成，如图 2-21 所示。

（2）定子。定子又称电枢，由定子铁芯和定子绕组组成，如图 2-22 所示。其功用是产生三相交流电。定子铁芯一般由一组相互绝缘的且内圈带有嵌线槽的圆环状硅钢片叠制而成，嵌线槽内嵌入三相对称的定子绕组。三相绕组的接法有星形联结（每相绕组的首端分别与整流器相连，每相绕组尾端联结在一起，大多车型采用此接法）和三角形联结（少数车型采用）。

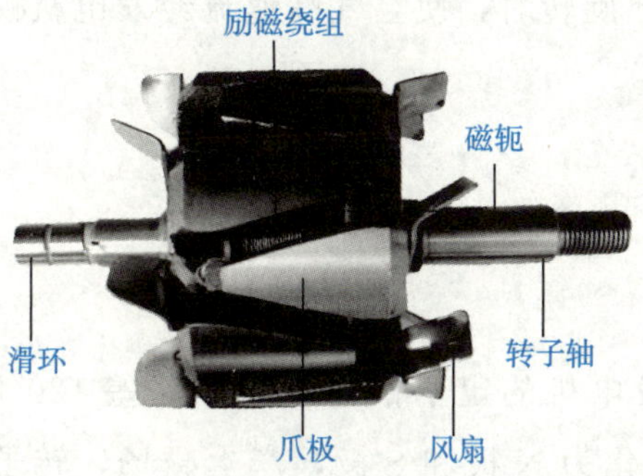

图 2-21　转子

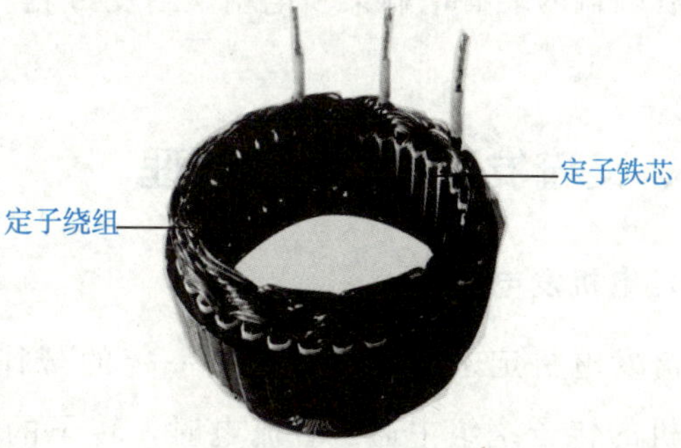

图 2-22　定子

(3) 整流器。整流器的功用是把定子绕组产生的三相交流电变为直流电输出，并阻止蓄电池的电流向发电机倒流。

整流器由整流板和整流二极管组成，桑塔纳 2000 型轿车发电机整流器的外形如图 2-23 所示，该整流器设有 11 只二极管，其中包括三只正二极管、三只负二极管、三只磁场二极管和两只中性点二极管。整流器上的各元器件的安装位置如图 2-23 所示。

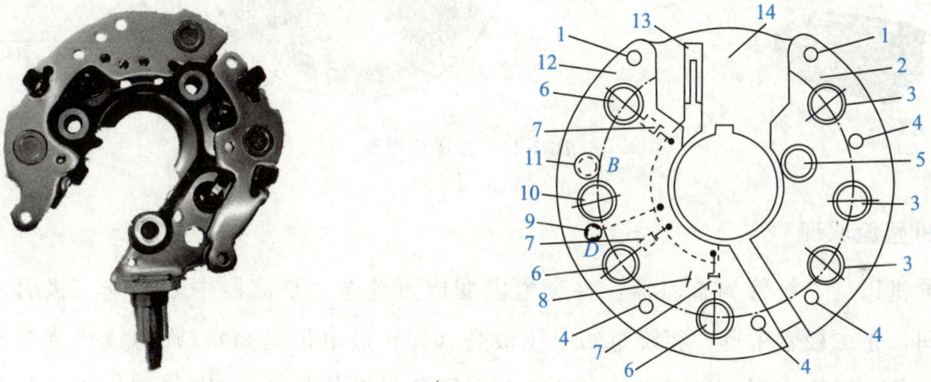

1—IC 调节器安装孔（两个）；2—负整流板；3—负二极管；4—整流器总成安装孔；
5—中性点二极管（负二极管）；6—正二极管；7—磁场二极管；8—防干扰电容器连接；
9—“D+”端子；10-中性点二极管（负二极管）；11—“B+”端子；12—正整流板；
13—电刷架压紧弹簧；14—硬树脂绝缘板。

图 2-23　整流器外形及部件安装位置

(4) 风扇。一般用 1.5 mm 厚的钢板冲制或用铝合金压铸而成，并用半圆键装在前端盖外侧的转轴上。发电机工作时，对发电机进行冷却。

(5) 电刷与电刷架。两只电刷装在电刷架的方孔内，利用弹簧的压力使其与集电环保持良好的接触。电刷与电刷架的结构有外装式和内装式两种。搭铁电刷的引出线用螺钉直接固定在后端盖上（标记“－”），此方式称为内搭铁；如果此电刷的引出线与机壳绝缘接到后端盖外部的接线柱上（标记“F”），这种方式称为外搭铁。

(6) 皮带轮。通常用铸铁或铝合金制成，分单槽和双槽两种，利用风扇的半圆键装在风扇外侧的转轴上，再用弹簧垫片和螺母紧固。发动机工作时，通过风扇皮带带动皮带轮，并传给发电机。

(7) 前后端盖。前后端盖采用非导磁性材料铝合金制成，漏磁少，并具有轻便、散热性好等优点。在后端盖内装有电刷架和电刷。当皮带轮和风扇一起旋转时，使空气高速流经发电机内部而进行冷却。

三、交流发电机的工作原理

1. 发电机发电原理

交流发电机定子的三项绕组按一定的规律嵌套在发电机的定子槽内，彼此互差 120°电角度。当发电机的转子绕组中通入直流电时，转子的爪极被磁化为 N 极和 S 极，产生磁场，转子在发动机的带动下旋转，定子绕组切割转子磁场，从而产生感应三相交流电动势。发电机原理如图 2-24 所示。

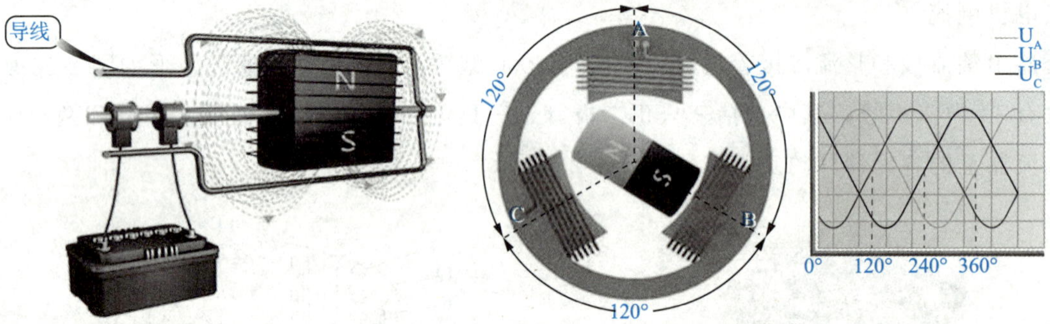

图 2-24　发电机原理

2. 发电机整流原理

交流发电机以硅二极管为整流器，将交流电变成直流电。整流器中 6 个硅二极管分正、负二极管。任一瞬间，正二极管中哪一相绕组的电压最高（即正极电位最高），则与该相绕组相连的二极管导通。同时，负二极管中哪一相绕组的电压最低（即负极电位最低），则与该相绕组相连的二极管导通。如此不断循环，输出较平稳的脉冲直流电压。发电机整流原理如图 2-25 所示。

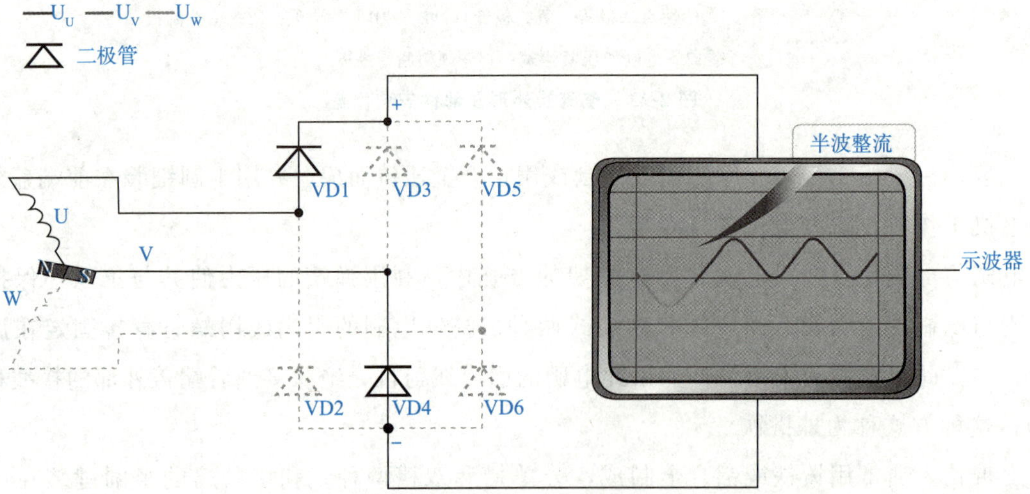

图 2-25　发电机整流原理

3. 电压调节器的结构

电压调节器的作用是保持发电机在转速和负荷变化时输出电压稳定。交流发电机产生的电压会随发电机转速和负载变化而变化，为使交流发电机以稳定电压输出供电，必须利用电压调节器控制输出电压。

电压调节器

交流发电机电压调节器根据结构和工作原理分为触点式电压调节器、集成式电压调节器（称为IC调节器）、电子式电压调节器、晶体管式电压调节器，如图2-26所示。

（a）触点式电压调节器

（b）电子式电压调节器

图2-26　电压调节器

4. 电压调节器的工作原理

在发电机电压较低的情况下，稳压管处于截止状态，此状态经放大器放大，给三极管的基极一个高电位信号，使三极管导通，励磁电流可以通过三极管流入发电机励磁绕组，使发电机电压上升；当电压上升到调节器电压调整值时，稳压管被击穿，此信号经放大器放大后给三极管一个低电位信号，使三极管截止，切断了励磁电流，发电机无励磁电流，电压便下降，使三极管导通。如此反复，使发电机的电压稳定在一定值。电子式电压调节器工作原理如图2-27所示。

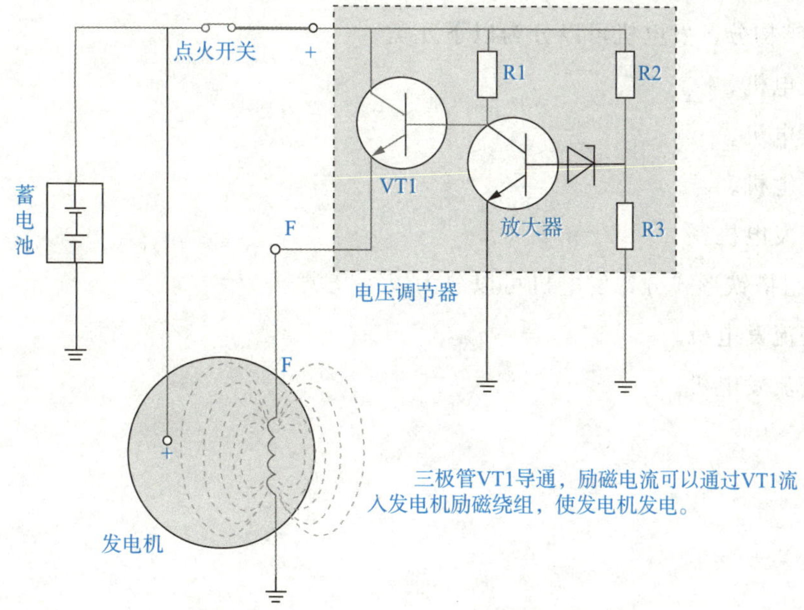

（a）电压正常状态

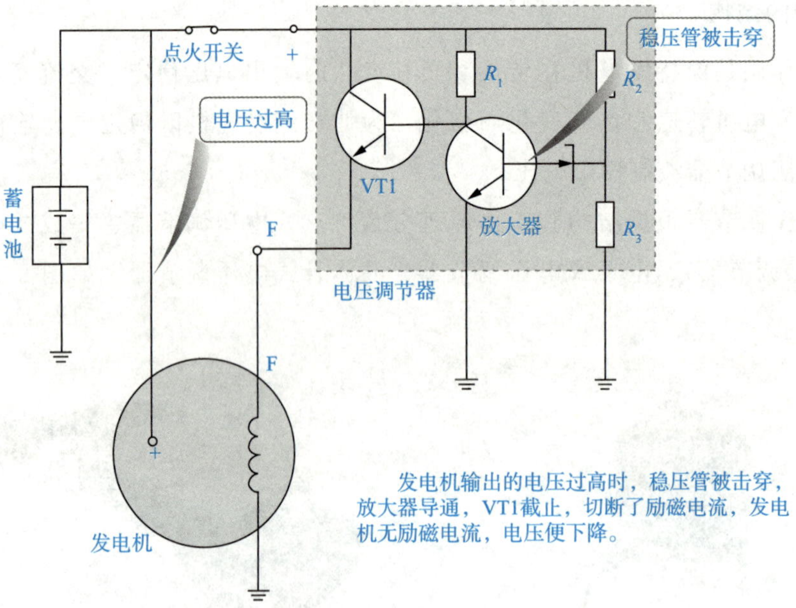

（b）电压过高状态

图 2-27 电子式电压调节器工作原理

四、发电机的分类

（1）按总体结构分，发电机可以分为以下几类。

① 普通交流发电机：无特殊装置，无特殊功能。

② 整体式交流发电机：发电机和调节器制成一个整体式发电机。

③ 带泵交流发电机：发电机和汽车制动系统用真空助力泵安装在一起的发电机。

④ 无刷交流发电机：不需要电刷的发电机。

⑤ 永磁交流发电机：磁极为永磁铁制成的发电机。

（2）按整流器结构分，发电机可以分为以下几类。

① 六管交流发电机。

② 八管交流发电机。

③ 九管交流发电机。

④ 十一管交流发电机。

（3）按励磁绕组搭铁形式分，发电机可以分为以下几类。

① 内搭铁型交流发电机。

② 外搭铁型交流发电机。

五、发电机机械故障分析

1. 故障点分析

当发电机机械部分出现故障时，故障点存在的区域有外部传动故障和内部故障。外部故障主要有传动带轮与轴的松旷及发电机安装不到位等故障，会引起发电机工作时的异响；传动带过松或传动带打滑则会引起不充电、充电电流小或充电不稳故障。内部故障主要为转子或定子的短路或断路，电刷与滑环的接触不良、电刷磨损大等，也会引起不充电、充电电流小或充电不稳的故障；当转子与定子相碰撞、电刷磨损大或发电机轴承损坏或磨损时，会导致发电机工作有异响。发电机机械部分故障的故障点见表 2-2。

表 2-2　发电机机械部分故障的故障点

发电机部分故障	
外部故障	内部故障
传动带轮与轴旷	转子或定子短路或断路
发电机安装不到位	电刷与滑环接触不良
传送带过松	转子定子碰撞
传动带打滑	电刷磨损过大
	发丝氨基轴承损坏或磨损

2. 故障现象

以上故障点主要引起的故障现象主要有发电机异响、发电机不发电或发电电压低导致的不充电、充电电流小或充电不稳。

任务四　电压调节器的构造与检测

一、电压调节器概述

发电机在汽车上是按固定的传动比由发动机驱动旋转的，其转速随发动机转速变化而变化，且范围较大。

根据电磁感应原理，交流发电机发出的电压，随发电机速度和负载（输出电流）而变化。由于发动机的转速不断变化，交流发电机转速很难保持不变。因此，为了使发电机能提供稳定的电压，必须采用调节器来控制电压。一般充电系统使用发电机的电压调节器来保持充电系统的电压稳定，如图 2-28 所示。

1. 电压调节器的功用

当发电机转速变化时，自动对发电机的电压进行调节，维持发电机的电压稳定，以满足汽车用电设备的要求。

图 2-28　电压调节器

2. 电压调节器的工作原理

根据电磁感应原理，发电机的感应电动势为 $E_{\Phi}=C_{e}n\Phi$，即感应电动势 E_{Φ} 与发电机转速 n 和磁通 Φ 成正比。发电机的空载电压 $U=E_{\Phi}$，发电机在汽车上是按固定的传动比驱动旋转的，其转速 n 随发动机转速变化在很大范围内变动。如果要在转速 n 变化时维持发电机电压恒定，就必须相应地改变磁极磁通 Φ。因为磁极磁通 Φ 取决于励磁 I_{f} 电流的大小，所以在发电机转速变化时，只要自动调节励磁电流 I_{f}，就能使发电机电压保持恒定。电压调节器就是利用自动调节励磁电流使磁极磁通改变这一原理来调节发电机电压的。

（1）晶体管式电压调节器的工作原理

晶体管式电压调节器，也称电子调节器，以稳压管作为电压感受元件，通过控制晶体三极管的通断来调节励磁电流 I_{f}，使发电机电压保持稳定。这种调节器没有触点，使用过程中无须保养和维护，结构简单、体积小、质量小。

晶体管式电压调节器有多种形式，其电路各不相同，基本结构一般由 2～4 个晶体管、1～2 个稳压管和一些电阻、电容、二极管组成。调节器对外引出有“+”（或“S”“点火”）、“F”（或“励磁”）、“E”（或“搭铁”“—”）等的接线柱或引线，分别与交流发电机等连接构成汽车电气装置的充电系统。图 2-29 为晶体管式电压调节器基本原理。

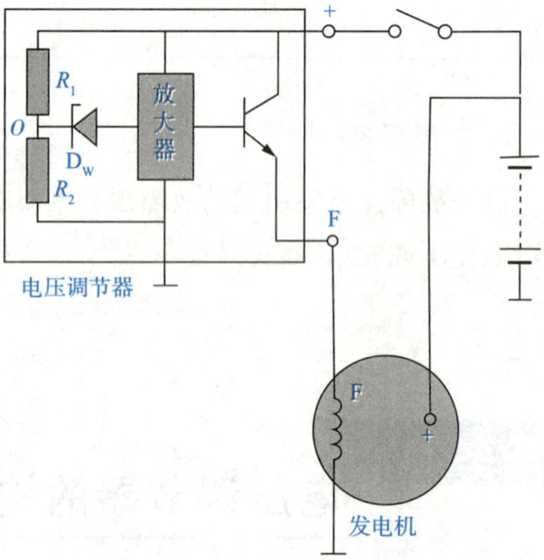

图 2-29　晶体管式电压调节器基本原理

调节器的“+”接线柱接点火开关，“F”接线柱接发电机励磁绕组，“+”和“F”之间为三极管的集电极与发射极之间形成的开关电路，“+”与“—”之间有两个电阻 R_1、R_2 组成的分压器，其 O 点电压正比于发电机电压，O 点与放大器之间接有稳压管 D_W，用来感受电压，其工作过程如下。

在发电机电压较低的情况下，分压器中间 O 点电压也较低，此时稳压管处于截止状态，此状态经放大器放大后，给三极管的基极一个高电位信号，使三极管导通，励磁电流可以通过三极管流入发电机励磁绕组，使发电机电压上升，当电压上升到电压调节器调整值时，O 点电压升高至稳压管的击穿电压，稳压管被击穿，此信号经放大器放大后给三极管一个低电位信号，使三极管截止，切断励磁电流，发电机无励磁电流，电压下降，这样又使三极管导通，如此反复，使发电机的电压稳定在某个调定值。

晶体管式电压调节器与具有内、外搭铁形式的交流发电机配套使用，使用前一定要判断其搭铁形式，并与发电机相应的接线柱正确连接。图 2-30 为发电机和电压调节器的两种接线方式。这两种形式的发电机与电压调节器不能互换，否则将会造成发电机电压失调或不发电。

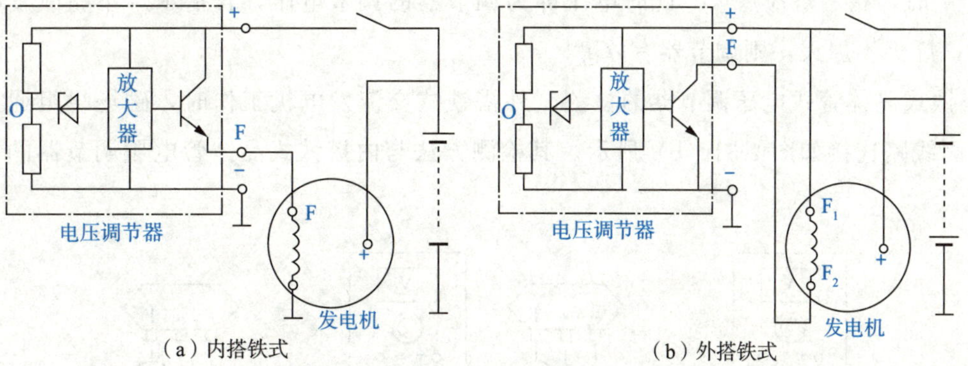

图 2-30　发电机和电压调节器的两种接线方式

内搭铁式调节器装在发电机与点火开关之间，发电机励磁绕组有一端搭铁。

外搭铁式调节器装在发电机励磁绕组与搭铁之间，发电机励磁绕组无搭铁端，电压调节器控制励磁绕组搭铁。

(2) 集成电路式电压调节器的工作原理

集成电路式电压调节器是利用集成电路（IC）组成的调节器，可分为全集成电路电压调节器和混合集成电路电压调节器两类。前者是将二极管、三极管、电阻、电容等电子元件同时装在一块硅基片上。后者是用厚膜或薄膜电阻与集成的单片芯片或分立元件组装而成的，使用最广泛的是厚膜混合集成电路调节器。

集成电路式电压调节器除具有晶体管电压调节器的优点外，还有以下特点。

① 体积小、质量小，因此可以直接装在发电机内部或壳体上成为整体式交流发电机的一个零件，这样可以省去调节器和发电机之间的导线，减小了线路损失与故障，使调节器的精度可达±0.3 V，工作更为可靠。

② 高温性能好，可在 130 ℃高温下正常工作。

③ 更加耐振，使用寿命长。

集成电路式电压调节器的基本工作原理与晶体管电压调节器完全一样，都是利用晶体三极管的开关特性控制发电机磁场电流来达到稳定发电机输出电压的目的。也有内搭铁和外搭铁之分，而且外搭铁式使用较多。

目前汽车上已大量采用集成电路式电压调节器。

二、电压调节器检测

1. 电压调节器的检测

(1) 晶体管式电压调节器的检测

对晶体管式电压调节器进行检测前，应先了解调节器的电路特点及搭铁极性，再确定相应的检测方法。

① 内搭铁式晶体管式电压调节器的检测。将可调直流电源与调节器按图 2-31（a）所示的线路接好，再逐渐提高电源电压。当电压达到 6 V 左右时，指示灯亮。继续提高电源电压，当电压达到 13.5～14.5 V 时，指示灯应熄灭。此时电压即为调节器的调节电压，若指示灯不亮或发电机电压超过规定值后，灯仍不熄灭，则调节器有故障。

② 外搭铁式晶体管式电压调节器的检测。外搭铁式交流发电机工作时，磁场绕组通过调节器搭铁，具体检测线路连接如图 2-31（b）所示。其检测方法与内搭铁式晶体管电压调节器的检测方法完全相同。

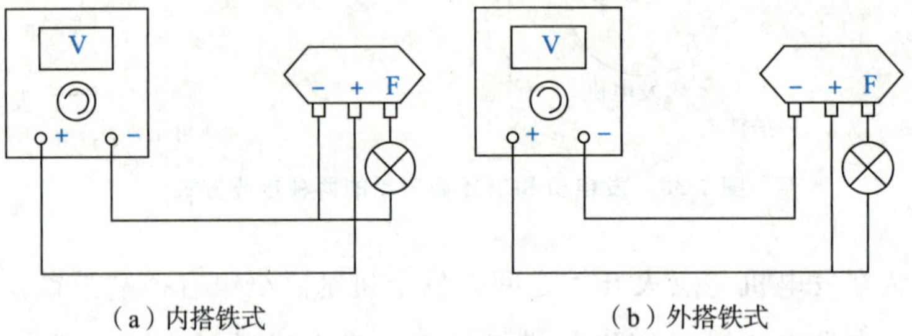

图 2-31　晶体管式电压调节器的测试

（2）集成电路式电压调节器的检测

① 发电机电压检测法。集成电路调节器直接在发电机上检测发电机的输出电压，称为发电机电压检测法，如图 2-32 所示。加在分压器 R_1 和 R_2 上的电压是励磁二极管输出端 L 的电压 U_L，$U_L=U_B$，因此，检测点 P 的电压加在稳压管 VZ_1 上，其电压与发电机的端电压 U_B 成正比，所以该检测法称为发电机电压检测法。

② 蓄电池电压检测法。如果用连接导线检测蓄电池的端电压来检测发电机的输出电压，称为蓄电池电压检测法，如图 2-33 所示。加在分压器 R_1 和 R_2 上的电压为蓄电池端电压，由于通过检测点 P 加到稳压管 VZ_1 上的反向电压与蓄电池成正比，所以该检测法称为蓄电池电压检测法。

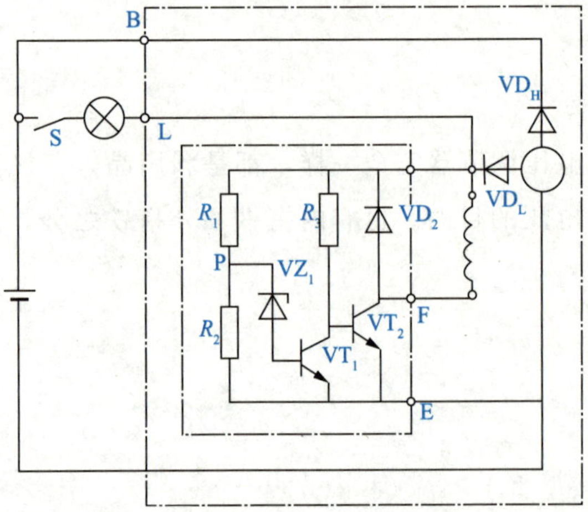

图 2-32　发电机电压检测电路

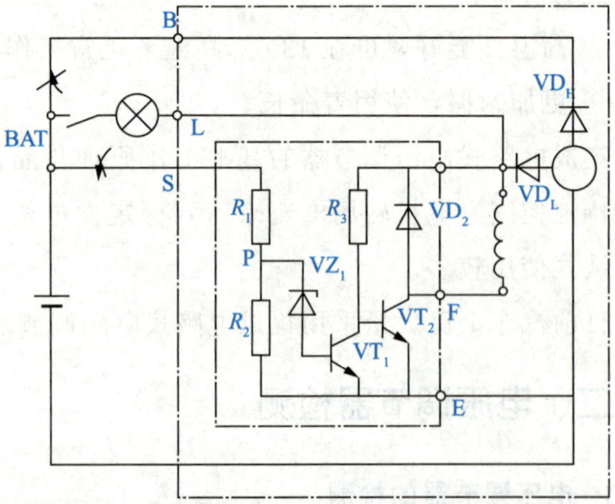

图 2-33　蓄电池电压检测电路

在这两种基本检测法中，前者发电机的引线可以少一根，但是发电机 B 端到蓄电池的接线柱之间的电压降较大时，蓄电池的充电电压将会降低，使蓄电池充电不足，因此一般大功率发电机宜采用蓄电池电压检测法。

2. 电压调节器的检测的注意事项

电压调节器在使用中应注意以下几点。

（1）调节器与发电机的电压等级必须一致，否则电源系统不能正常工作。

（2）调节器与发电机的搭铁形式必须一致，交流发电机的磁场电流在调节器中的流动方向如图 2-34 所示。

由图 2-34 可知，对于外搭铁式发电机与外搭铁式的调节器，磁场电流是由调节器的“磁场”端子（“F”）流入，经内部的大功率三极管（NPN 型三极管）后从调节器的“搭铁”（“－”）端子流出，再回到电源负极。对于内搭铁式发电机和内搭铁式调节器，磁场电流则是由调节器“＋”端子流入，经内部的大功率三极管（PNP 型）后，从调节器“F”端子流出，再经发电机磁场绕组搭铁回到电源负极。由此可见，内搭铁式调节器只能与内搭铁式发电机配用。外搭铁式调节器只能与外搭铁式发电机配用，否则发电机无磁场电流而不能输出电压，蓄电池使用寿命会大大缩短。当调节器与发电的搭铁形式不匹配而又急需使用时，只能通过改变发电机磁场绕组的搭铁形式，使发电机与调节器搭铁形式一致后方可配合使用。

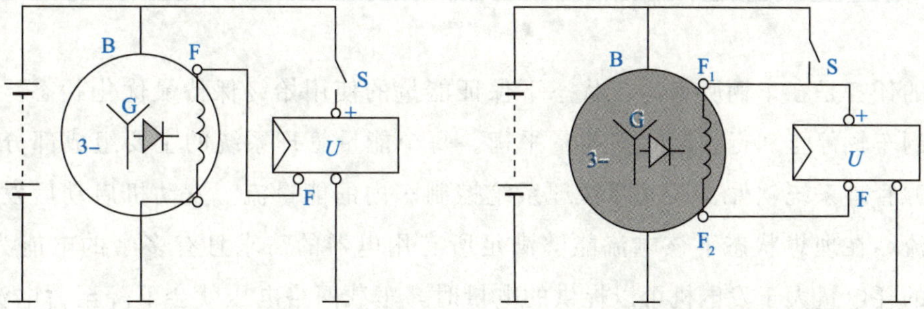

（a）内搭铁发电机与调节器　　（b）外搭铁发电机与调节器

图 2-34　磁场电流的流向

（3）交流发电机的功率不得超过调节器设计时所能配用的交流发电机的功率，因为交流发电机的功率愈大，磁场电流亦愈大。（如 14 V、750 W 交流发电机，其磁场电流为 3～4 A；14 V、1 000 W 交流发电机，其磁场电流为 4～5 A。）磁场电流越大，对调节器中控制磁场电流的大功率管（三极管、复合管或达林顿管）的技术要求就越高，成本也越高。大功率发电机的调节器搭配小功率发电机，虽然可用，但成本较高，不经济。而小功率发电机的调节器不能与大功率发电机配用，一方面是因为调节器会因超负荷工作而使其使用寿命大为缩短，另一方面是因为控制磁场电流三极管的管压降增大，磁场电流最大值减小，发电机的空载转速 n_A 和额定负载转速 n_R 都将增高，不仅会降低交流发电机的输出性能，而且还会影响充电系统正常工作。

（4）线路连接必须正确。目前，国家对调节器的接线位置及方式等尚无统一规定。使用时，必须根据使用说明书所给出的接线图或有关说明，正确连接充电系统线路，否则充电系统不能正常工作，甚至会损坏调节器和发电机等电气部件。例如，当调节器正负极接反时，由调节器电路可知，此时任何一种电子调节器控制磁场电流的大功率三极管的发射结均为反偏，极易被击穿损坏，此外用作过压保护的稳压管相当于一个普通二极管并正向导通，极易被通过的大电流烧坏，故接线时要特别注意。内搭铁式调节器的“磁场”与“负极”接反或外搭铁式调节器的“磁场”与“正极”接反时，蓄电池电压在接通电源（或点火）开关后，全部加在大功率管的集电极与发射极，调节器亦容易被击穿损坏。

(5) 调节器必须受点火（或电源）开关控制，一旦接通电源，调节器中控制磁场电流的大功率管在发电机输出电压低于蓄电池充电电压时就始终导通。如果调节器不受开关控制，那么汽车停驶时，该功率管也始终导通工作，夜间停驶也是如此，且此时功率管工作负荷接近最大，这不但会使电子调节器使用寿命大为缩短，而且还会导致蓄电池亏电。试验证明，当电子调节器不受开关控制而直接与蓄电池连通时，使用5～7天后蓄电池就不能启动发动机了，调节器的使用寿命也只有100天左右。

(6) 汽车停驶时，应将点火（或电源）开关断开。

任务五 电源管理系统

能量管理的任务是在车辆所有运行状态下保证能量的使用始终保持最优化状态。能量管理系统负责监督与控制车辆停止和行驶期间的能量平衡。每个能量管理系统的主要组成部分都是发动机控制单元中的电源管理系统软件。该电源管理系统控制车内的能量流。发动机启动后发电机（能量发生器）提供电流，在理想状态下该电流能够满足所有用电器的需求且有多余的电能为蓄电池充电。所连接用电器的耗电量大于发电机可以提供的电量时，车载网络电压就会下降至蓄电池的电压水平，这时蓄电池开始放电。如果一部带有普通电源系统的汽车长期停驶，则汽车蓄电池会因电器的休眠电流（如防盗锁止系统）而将电流耗尽，这可能导致没有足够的电能来供启动发动机使用。

电源管理系统主要由蓄电池诊断、休眠电流管理和动态电源管理三部分组成。

(1) 蓄电池诊断。蓄电池诊断持续地测定汽车蓄电池的状态。传感器根据蓄电池的电压、电流和温度，来测定蓄电池当前的充电状态和功率。

(2) 休眠电流管理。休眠电流管理在汽车停放期间降低电流的消耗。在点火开关断开的情况下，控制各种不同电器的电流供给（此时需参考蓄电池诊断给出的数据）。根据蓄电池的充电状态，会逐渐关闭某个电器，以免蓄电池大量放电，由此保持汽车的启动性能。

(3) 动态电源管理。在汽车行驶期间，动态电源管理将发电机产生的电流按需分配给不同的电器。当发电机产生的电流超过电器消耗的需要时，它便会进行调节处理，保证向蓄电池供电，使其达到最佳充电状态。

一、电源管理系统的作用

电源管理系统用于监测和控制充电系统，并发出诊断信息，提醒驾驶员蓄电池和发电机的可能故障，其基本组成如图2-35所示。它主要利用已有的车载电脑功能，使发电机效率最大化，并管理系统电气负荷。通过控制电能的分配，优化启动发动机的电能供给，改善蓄电池充电状态和寿命，优化启动性能。它能将系统对燃油经济性的影响降到最低，使车辆的启动性能和蓄电池的寿命得到明显的改善与提高。

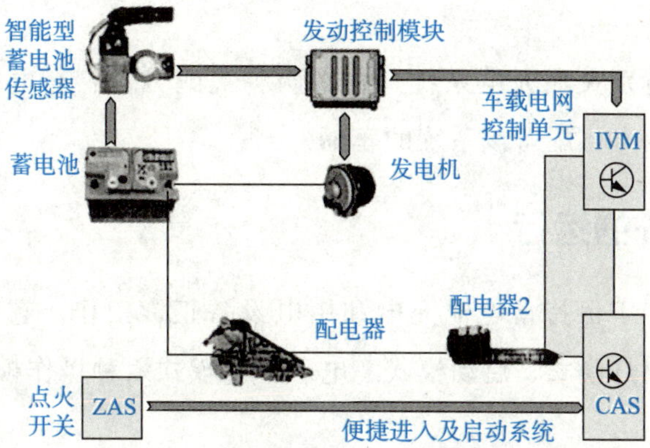

图 2-35　电源管理系统基本组成

二、电源管理系统的组成部件

1. 发电机

发电机是不可维修的部件。如果诊断出发电机故障，必须将它作为一个总成更换。电压调节器与发电机控制装置集成一体，控制着发电机的输出。如果发电机磁场控制电路出现故障，则发电机默认输出电压为 13.8 V。

2. 车身控制模块

车身控制模块是一个 GMLAN 装置。它与发动机控制模块和仪表板组合为仪表通信以进行电源管理操作。车身控制模块确定发电机输出，并发送信息到发动机控制模块，以控制发电机接通信号电路。它监测来自发动机控制模块的发电机磁场占空比信号电路信息，以控制发电机。监测蓄电池电流传感器、蓄电池正极电压电路，并估计蓄电池温度以确定蓄电池充电状态。车身控制模块可控制提高怠速转速。

3. 蓄电池电流传感器

蓄电池电流传感器是一个可维修的部件，装在蓄电池处与蓄电池负极电缆连接。蓄电池电流传感器利用霍尔效应制成，对外有电源、信号、搭铁三个端子。蓄电池电流传感器监测蓄电池电流，直接输入车身控制模块中。它产生一个 128 Hz、占空比为 0～100%的 5 V 脉冲宽度调制信号。正常的占空比在 5%～95%，0～5%和 95%～100%的占空比用于诊断。

4. 发动机控制模块

发动机运行时，发动机控制模块将发电机接通信号发送至发电机以打开调节器。发电机电压调压器通过控制转子的电流，从而控制发电机的输出电压。转子电流与调节器供给的电脉冲宽度成正比。发动机启动后，调节器通过内部导线检测定子上的交流电压来感测发电机的转动。一旦发动机运行，调节器通过控制脉冲宽度来改变励磁电流，从而调节发电机输出电压，保证蓄电池正常充电以及电气系统正常运行。发电机磁场占空比端子内部连接到电压调节器，外部连接到发动机控制模块。当电压调节器检测到充电系统故障时，它将此电路搭铁并向发动机控制模块发送信号，告知该故障。发动机控制模块监测发电机磁场占空比信号电路，并接收来自车身控制模块信息而做出控制指令。

5. 组合仪表

组合仪表提醒用户要特别关注充电系统。它有两种提醒方法：充电指示灯和可维修蓄电池充电系统的驾驶员信息中心的信息（配备该系统的车辆）。

三、电源管理系统的运行

电源管理系统的作用在于保持蓄电池充电和用电设备正常工作。它有蓄电池硫化模式、充电模式、燃油经济性模式、前照灯模式、启动模式、电压下降模式六种操作模式。

1. 蓄电池硫化模式

当转换的发电机输出电压低于 13.2 V 并持续 45 min 时，车身控制模块将进入此模式。出现此情况时，车身控制模块将进入充电模式 2～3 min。然后根据电压要求，车身控制模块将确定进入哪一个模式。

2. 充电模式

满足以下任一条件，车身控制模块将进入“充电模式”。

（1）刮水器接通并持续 3 s。

（2）暖风、通风和空调系统控制单元感测到冷却风扇高速运行，以及后窗除雾器和暖风、通风与空调系统的鼓风机高速运行。

（3）估计的蓄电池温度低于 0 ℃。

（4）“蓄电池充电状态”低于 80%。

（5）车速高于 145 km/h。

（6）电流传感器出现故障。

（7）系统电压被确定低于 12.56 V。

遇到上述任何情况，根据蓄电池充电状态和估计的蓄电池温度，系统将设置交流发电机输出电压的目标为充电电压在 13.9～15.5 V。

3. 燃油经济性模式

当估计的蓄电池温度至少为 0 ℃但是低于或等于 80 ℃，计算得到的蓄电池电流小于 15 A 并大于 −8 A，且蓄电池充电状态大于或等于 80%时，车身控制模块将进入燃油经济性模式。发电机的目标输出电压是蓄电池开路电压，且在 12.5～13.1 V。当出现以上所述任一条件时，车身控制模块将退出此模式并进入“充电模式”。

4. 前照灯模式

当前照灯（远光或近光）打开时，车身控制模块将进入“前照灯模式”。电压在 13.9～14.5 V 调节。

5. 启动模式

当发动机启动时，车身控制模块设置发电机的目标输出电压为 14.5 V，且持续 30 s。

6. 电压下降模式

当计算的环境温度高于 0 ℃时，车身控制模块将进入“电压下降模式”。计算的蓄电池电流小于 1 A，大于−7 A，且发电机磁场占空比小于 99%。发电机输出电压的目标值为 12.9 V。一旦满足“充电模式”准则，车身控制模块将退出该模式。

四、组合仪表放电警示灯的控制

下列一种或多种情况发生时，仪表板组合仪表点亮放电警示灯，并在驾驶员信息中心显示警告信息（配备）。

（1）发动机控制模块检测到发电机输出电压低于 11 V 或者高于 16 V。组合仪表从发动机控制模块接收到一条 GMLAN 信息，请求点亮放电警示灯。

（2）系统电压低于 11 V 或高于 16 V，且持续 30 s 以上。组合仪表接收到来自车身控制模块的 GMLAN 信息，指出系统电压范围出现问题，点亮放电警示灯。

五、蓄电池能量管理

蓄电池能量管理的任务是确保蓄电池始终有足够的能量用来启动发动机。控制单元根据发动机转速、蓄电池电压、发电机的负荷信号等相关数据进行评估。

在保证安全行驶的前提下，适当地关闭舒适功能的用电设备。电源管理系统示意图如图 2-36 所示。其工作过程有两种方式：一种是提高怠速转速；另一种是减少用电负荷。不管是提高怠速还是减少负荷，都是独立的，这两种功能不能同时开启。

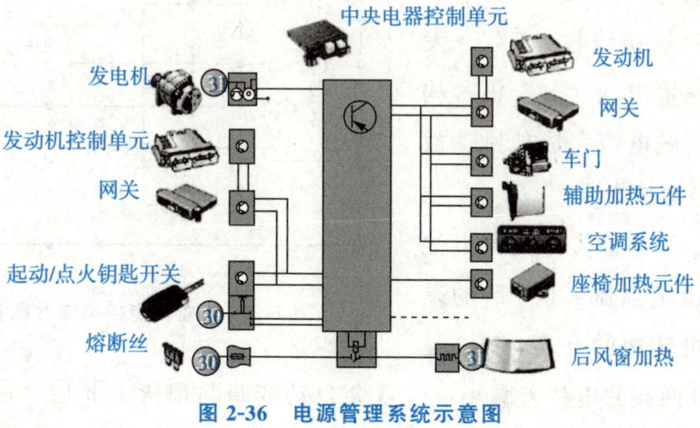

图 2-36　电源管理系统示意图

大众车系具有三种控制模式，具体内容如下。

（1）管理模式 1。15 号线接通并且发电机处于工作状态。如果蓄电池电压低于 12.7 V，则控制单元要求发动机的怠速提升。如果蓄电池的电压低于 12.2 V，则以下的用电器将被关闭。座椅加热、后风窗加热、后视镜加热、转向盘加热、脚坑照明、门内把手照明、全自动空调耗能降低或空调关闭、信息娱乐系统关闭并有关闭警示。

（2）管理模式 2。15 号线接通并且发电机处于停机状态。如果蓄电池的电压低于 12.2 V，则以下的用电器将被关闭：空调耗能降低或空调关闭、脚坑照明、门内把手照明、上/下车灯、离家功能、信息娱乐系统关闭，并有关闭警示。

（3）管理模式 3。15 号线断开并且发电机处于停机状态。如果蓄电池的电压低于 11.8 V，则以下的用电器将被关闭：车内灯、脚坑照明、门内把手照明、上/下车灯、离家功能、信息娱乐系统关闭。

以上三种管理模式的不同之处在于，用电器被关闭的次序不同。在第 3 种模式中，一些用电器将会被立即关闭。如果关闭的条件取消，用电器将会被重新激活。如果用电器因为电能管理的原因被关闭，则电控单元中有故障存储。

任务六 电源系统维护及故障诊断

一、电源系统电路

1. 利用九管发电机控制放电警示灯的电源电路

九管发电机控制放电警示灯的电源电路如图 2-37 所示。

接通点火开关，电流从蓄电池“＋”极→点火开关 S→放电警告灯 HL→调节器火线接线柱“＋”→磁场接线柱“F”→发电机励磁绕组→搭铁→蓄电池“－”极，构成回路。蓄电池提供励磁电流完成他励。放电警告灯亮，表示蓄电池放电。

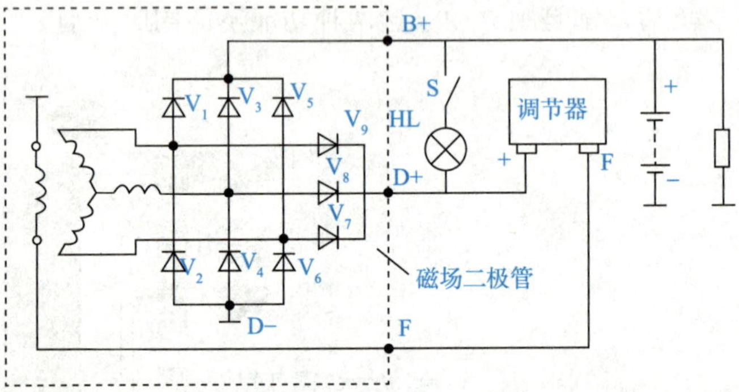

图 2-37 九管发电机控制放电警示灯的电源电路

当发动机启动后，放电警告灯受蓄电池电压和励磁二极管输出端电压“D＋”的差值所控制。随着发电机转速的升高，D＋处电压升高，放电警告灯两端的电位差减小，灯就会自动变暗与熄灭。此后“B＋”与“D＋”等电位（都高于蓄电池电动势）放电警告灯一直熄灭，表示发电机对蓄电池充电。此时发电机提供励磁电流，并给用电设备供电。

2. 由 IC 调节器控制放电警示灯的电源电路

有的轿车采用内装集成电路 IC 调节器，放电警告灯受 IC 调节器控制。其电路如图 2-38 所示。

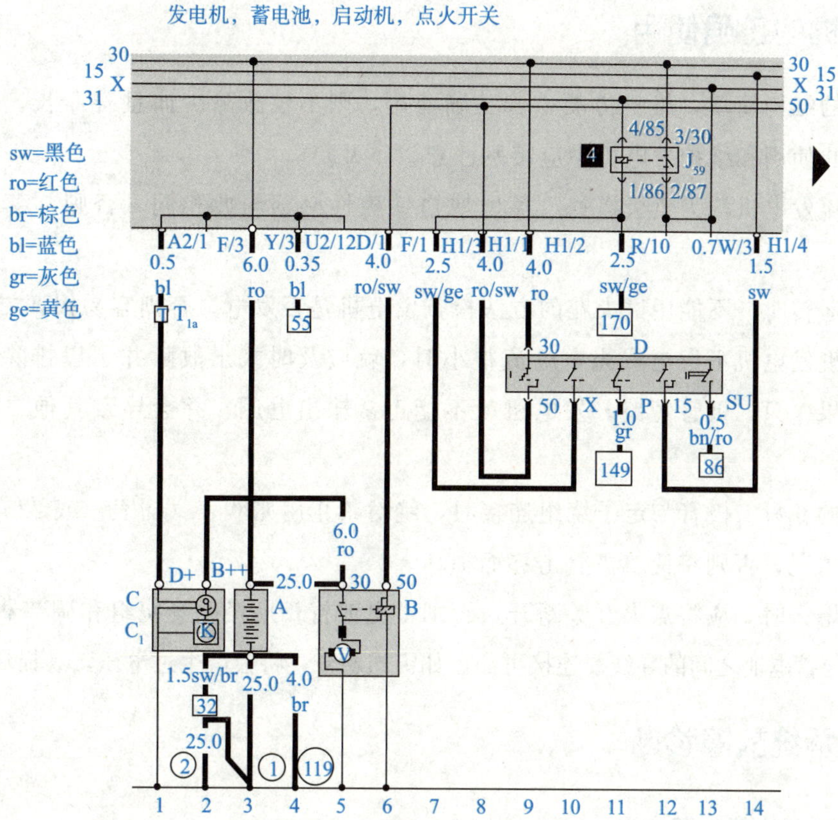

A—蓄电池；B—启动机；C—发电机；C₁—电压调节器；D—点火开关；J₅₉—X—触点卸荷继电器；
T₁ₐ—单孔接头—蓄电池附近；①—搭铁线，蓄电池—车身；②—搭铁线，变速器—车身；
⑲—搭铁连接点，前照灯线束内。

图 2-38　IC 调节器控制放电警示灯的电源电路

发电机的“IG”端经点火开关接至蓄电池，用于检测蓄电池和发电机电压，从而控制三极管 VT1 的导通与截止，三极管 VT1 控制发电机磁场电路。发电机的 P 端接至发电机一相定子绕组上，集成电路调节器从 P 端检测到交流发电机的电压，从而控制其导通与截止，三极管 VT2 控制放电警告灯电路。

当点火开关接通，发电机未转动，蓄电池电压经点火开关加到发电机“IG”端和调节器的“IG”端，调节器的电源就被接通，调节器电源电路为：蓄电池正极→易熔线（60 A）→点火开关“B”端子→点火开关触点→点火开关“IG”端子→发动机熔断器（15 A）→发电机线束连接器“IG”端子→IC 调节器内部电路→搭铁端子“E”→蓄电池负极。

集成电路检测出这个电压，使 VT1 导通，于是励磁电路接通。励磁电路为：蓄电池正极→60A 易熔线→点火开关电源端子“B”→发电机输出端子“B”→磁场绕组→调节器磁场端子“F”→调节器功率管 VT1→调节器搭铁端子“E”→蓄电池负极。

此时，交流发电机未运转不发电，P 端电压为零，集成电路检测出该电压使 VT2 导通，于是放电警告灯亮，指示蓄电池放电。其电路为：蓄电池正极→易熔线（60 A）→点火开关“B”端子→点火开关触点→点火开关“IG”端子→仪表熔断器（10 A）→放电警告灯→发电机线束连接器“L”端子→IC 调节器功率管 VT2→搭铁端子“E”→蓄电池负极。

二、发电机的正确使用

交流发电机的结构简单，维护方便，若正确使用，则不仅故障少而且寿命长。若使用不当，则会很快损坏。因此使用和维护发电机中应特别注意以下几点。

(1) 汽车交流发电机均为负极搭铁，蓄电池搭铁极性必须与此相同，否则，蓄电池将使整流二极管立即烧坏。

(2) 发电机运转时，不能用试火花的方法检查发电机是否发电，否则容易损坏二极管。

(3) 一旦发现发电机不发电或充电电流很小时，就应及时找出故障并予以排除，不应再长期继续运转。因为如果一只二极管短路，发电机就不能正常输出电压，并会导致其他二极管或定子绕组被烧坏。

(4) 整流器的 6 只二极管与定子绕组连接时，绝对禁止用兆欧表（摇表）或 220 V 交流发电机检查发电机的绝缘情况，否则将使二极管击穿而损坏。

(5) 发电机熄火时，应将点火开关断开，否则蓄电池将长期经磁场绕组和调节器放电。

(6) 发电机与蓄电池之间的导线要连接可靠。如突然断开，将会产生过电压，易损坏电子元器件。

三、电源系统故障诊断

1. 电源系统故障诊断的基本方法

(1) 利用放电警告灯诊断

① 将点火开关转到“ON”位，并不启动发动机，观察放电警告灯是否发亮。此时放电警告灯应当点亮，如果不亮，说明放电警告灯线路或放电警告灯控制元件有故障。

② 启动发动机，放电警示灯自动熄灭，说明电源系统正常。

(2) 利用电压表诊断

① 将直流电压表（万用表拨到直流电压 DC 20 V 挡）的正极接发电机“B”端子，负极搭铁。

② 记下此时电压表指示的电压，该电压即为蓄电池的空载电压，正常值为 12.0～12.6 V。

③ 启动发动机，电压表指示的电压应高于蓄电池的空载电压，并稳定在某一调节电压值不变。

若电压表指示的电压高于调节器的调节电压，且随发电机转速升高而升高，则说明发电机能发电，调节器有故障。若电压表指示的电压随发电机转速升高而保持蓄电池空载电压值不变或低于蓄电池空载电压值，则说明发电机或调节器有故障。

(3) 空载与负载性能的诊断

① 空载性能诊断

• 将电压表的正、负极分别与蓄电池的正、负极相连，将钳形直流电流表的检测钳夹到发电机“B”端子引出的导线上，如图 2-39 所示。

• 启动发动机，并使其以 2 000 r/min 运行，此时电压表指示的电压应为 13.9～15.1 V，电流表读数应小于 10 A。调节电压过高或过低应检修或更换调节器。电流过大说明蓄电池充电不足或有故障，应补充充电或更换蓄电池。

② 负载性能诊断

• 检测仪器的连接同空载性能诊断。

• 启动发动机并使其以 2 000 r/min 运行。

• 接通前照灯和暖风电动机，此时调节器电压也应为 13.9～15.1 V，电流表读数应大于 30 A，若小于 30 A，则说明发电机功率不足，应拆下检修或更换发电机。

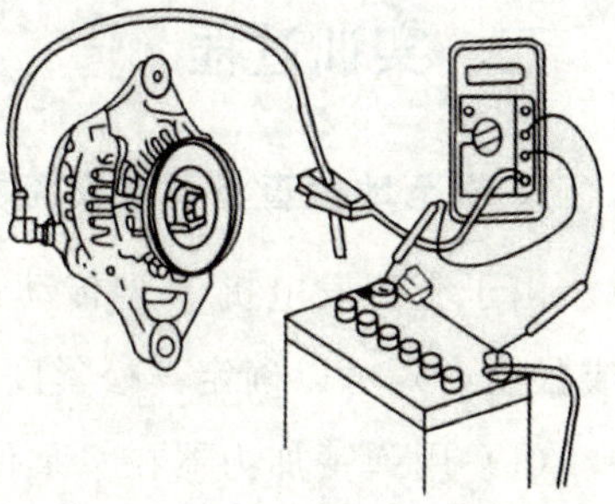

图 2-39　检测充电系统性能

2. 电源系统的常见故障诊断与排除

电源系统常见的故障为不充电、充电电流过小和充电电流过大等。

(1) 不充电

① 故障现象：发动机启动后，放电警告灯不熄灭。

② 故障原因：线路断开或短路。发电机本身故障。调节器故障。

③ 判断步骤与方法如下。

• 检查发电机传动带的松紧度。

• 检查充电线路各导线和接头有无断裂或松脱，检查发电机的接线是否正确。

• 启动发动机，用万用表测量发电机正极的电压，电压应为 14～15 V，如果电压为蓄电池电压，说明发电机或调节器有故障。

(2) 充电电流过小

① 故障现象：蓄电池经常存电不足。打开大灯灯光暗淡。按动电喇叭声音小。

② 判断步骤与方法方法如下。

• 检查发电机传动带的松紧度，检查充电线路各导线接头是否接触不良或锈蚀脏污。

• 检查发电机输出电压，如输出电压低于规定值应更换发电机。

(3) 充电电流过大

故障现象：用电设备经常被损坏。在蓄电池不亏电的情况下，充电电流仍在 10 A 以上。

断步骤与方法：充电电流过大的故障，一般都是调节器失调所致，一般更换调节器即可。

项目实训

检查交流发电机

一、实训准备

(1) 扳手、旋具、弹簧加力器、跨接线、试灯、欧姆表、万用表、多用途试验器 V. A. G1315A、游标卡尺。

(2) 翼子板护裙、转向盘护套、变速杆护套、座椅护套和脚垫。

(3) SAV13VI 型交流发电机及部件、蓄电池、点火开关。

(4) 雪佛兰科鲁兹轿车维修手册。

二、实训过程

1. 规范地检查与调整交流发电机 V 型传动带松紧度

由于交流发电机 V 型传动带的挠度能反映交流发电机的传动状况，通过检查 V 型传动带的挠度（或张紧力）可以确定其松紧度是否合适。

(1) 用弹簧加力器在水泵传动带轮与发电机传动带轮之间 V 型传动带的中部施加 40～50 N 的力，其挠度应为 8～12 mm，如图 2-40 所示。

(2) 或用拇指从 100 N 左右的力，在水泵传动带轮与交流发电机传动带轮之间 V 型传动带的中部压下 V 型传动带时，其挠度应为 2 mm（新传动带）或 5 mm（旧传动带）。如果不符合要求，则对 V 型传动带进行调整。

(3) 拧松张紧卡板和交流发电机支架紧固螺栓（至少松开一圈，紧固螺栓松开后，交流发电机靠自重倒向一侧），用扭力扳手转动张紧螺母使 V 型传动带挠度符合规定数值，然后用 35 N・m 的力矩拧紧张紧螺母上的紧固螺栓，用 20 N・m 的力矩拧紧交流发电机支架紧固螺栓，如图 2-41 所示。

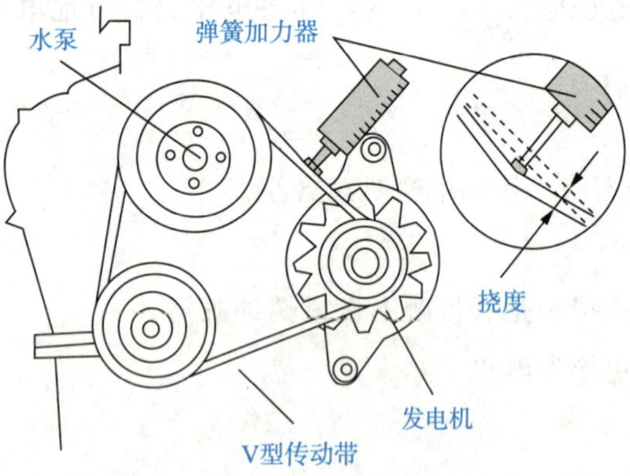

图 2-40　检查交流发电机 V 型传动带的挠度

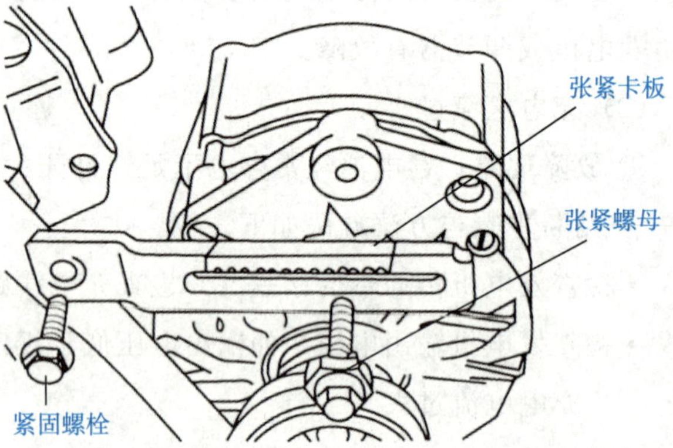

图 2-41　调整交流发电机 V 型传动带的挠度

(4) 再检查 V 型传动带松紧度是否合适。如果不符合要求，则重新调整。

2. 规范检查交流发电机及电压调节器

(1) 检查交流发电机是否发电

① 将万用表的负表笔接发电机外壳，正表笔接交流发电机“B_+”接线柱，测得的电压应为蓄电池电压。如果无电压，则表明交流发电机“B_+”接线柱至蓄电池断路，应检修线路。

② 如果测得的电压为蓄电池电压，则启动发动机，并提高发动机转速，此时测得的电压应高于蓄电池电压，否则，说明交流发电机不发电，应检修交流发电机及电压调节器。

(2) 检查交流发电机部件

雪佛兰科鲁兹轿车的交流发电机结构如图 2-42 所示。从车上拆下交流发电机，将交流发电机解体，检查交流发电机部件是否正常。

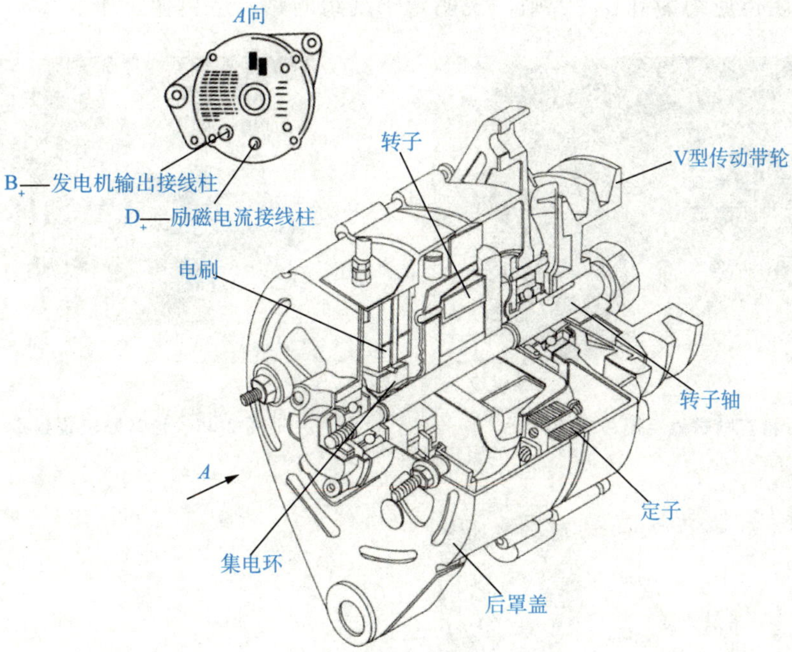

图 2-42　雪佛兰科鲁兹轿车的交流发电机结构

① 检查转子

• 目测检查转子集电环表面是否光滑、清洁。如果有油污，则可用布沾些汽油将其擦净。如果有烧伤或轻微划痕，则可用“00”号砂布打磨。用游标卡尺测量集电环的磨损量，如图 2-43 所示，如果磨损量超过 0.2 mm，则更换转子。

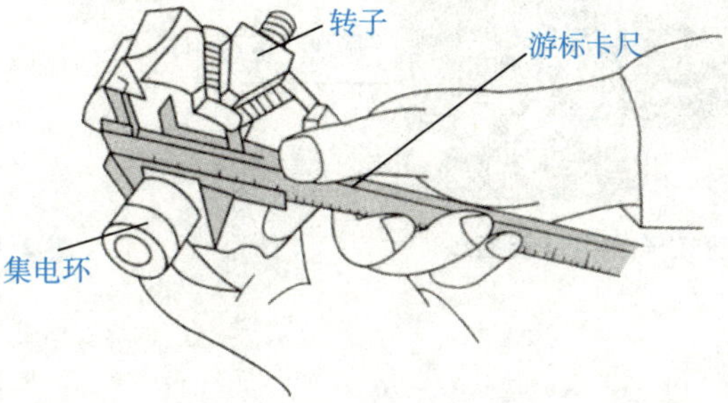

图 2-43　检查集电环磨损量

• 检查励磁绕组短路或断路，如图 2-44 所示。用欧姆表（$R\times\Omega$ 挡）检查两个集电环之间的电阻值，应为 3～4 Ω，如果电阻值小于 2 Ω，则表明励磁绕组间短路，应更换转子。如果电阻值过大，则表明励磁绕组断路，应更换转子。

• 检查励磁绕组搭铁，如图 2-45 所示。用欧姆表（$R\times k\Omega$ 挡）检查集电环与转子爪极（或转子轴）之间电阻值，应为∞，否则，说明励磁绕组搭铁，应更换转子。

（2）检查定子

① 检查定子绕组搭铁，如图 2-46 所示。用欧姆表（$R\times k\Omega$ 挡）检查定子绕组引线与定子铁芯之间电阻值，其电阻值应为∞，否则，说明定子绕组搭铁，应更换定子。

② 检查定子绕组断路，如图 2-47 所示。用欧姆表（$R\times\Omega$ 挡）检查定子绕组引线和中性点引线

之间电阻值，其电阻值应约为 0 Ω，否则，说明定子绕组断路，应更换定子。

图 2-44　检查励磁绕组短路或断路

图 2-45　检查励磁绕组是否搭铁

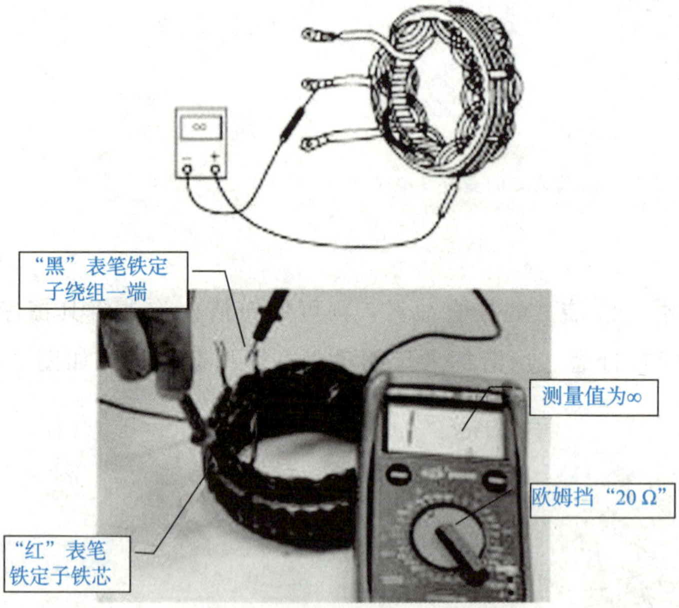

图 2-46　检查定子绕组是否搭铁

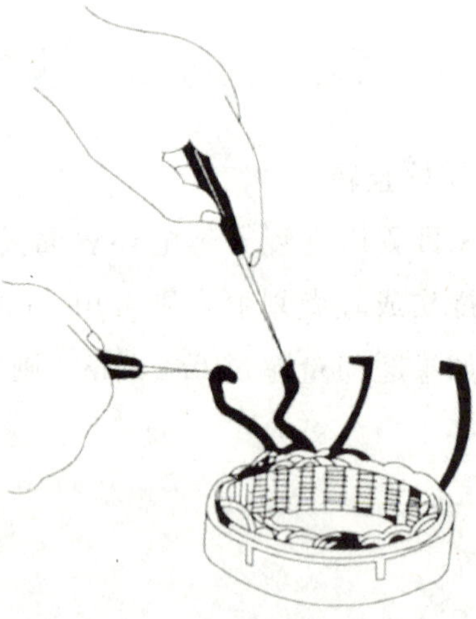

图 2-47　检查定子绕组是否断路

（3）检查整流器

用电烙铁断开定子绕组与二极管板（元件板）的连线。使用多用途试验器 V. A. G1315A（或万用表）检查整流器，如图 2-48 所示。使用多用途试验器 V. A. G1315A 需同时按下电阻测量按钮和电压测量按钮。检查正二极管时，将黑色端子连接在正极散热器片（B_+）上，红色端子依次放在二极管的焊点上，如图 2-48（a）所示。检查负二极管时，将红色端子连接在负极散热片上，黑色端子依次放在焊点上，如图 2-48（b）所示。检查励磁二极管时，将黑色端子连接在磁场接线柱（D_+）上，红色端子依次放在二极管焊点上，如图 2-48（c）所示。均需要进行三次测量，并且显示值应为 50～80 Ω，否则，应更换二极管。

（4）检查电刷

检查电刷时，用游标卡尺测量电刷长度，如图 2-49 所示。电刷的标准长度为 13 mm，使用极限为 5 mm。如果超过极限值，则更换电刷。

（5）检查电压调节器

先拆下电压调节器，电压调节器如图 2-50 所示，用一根电线将调节器的“F”接线柱与“－”连接起来，再将电压调节器装入交流发电机中。启动发动机，并提高发动机转速，此时，电压调节器处于不工作状态，如果充电指示灯熄灭，则表明交流发电机工作正常，电压调节器有故障，应更换电压调节器。如果充电指示灯仍亮，则表明交流发电机有故障。

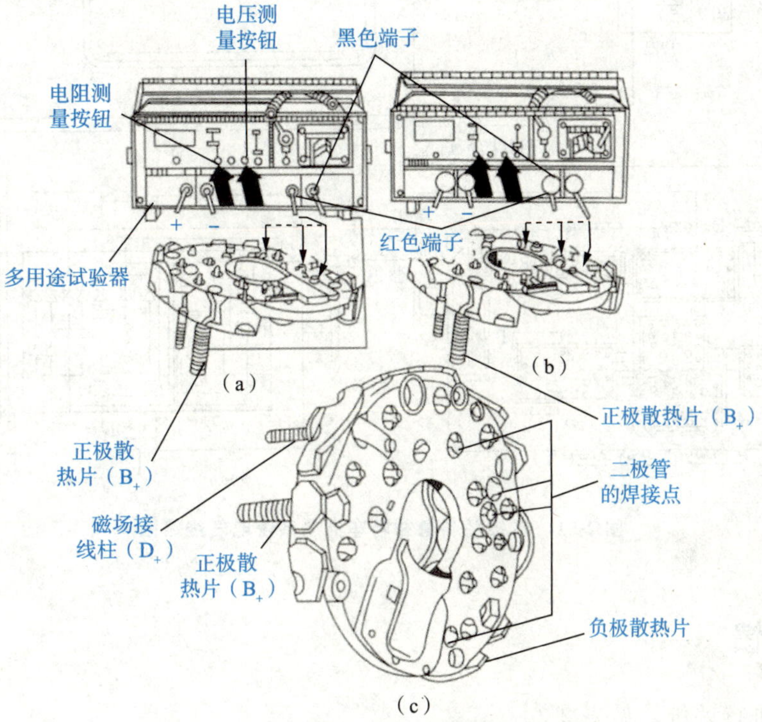

图 2-48　检查整流器

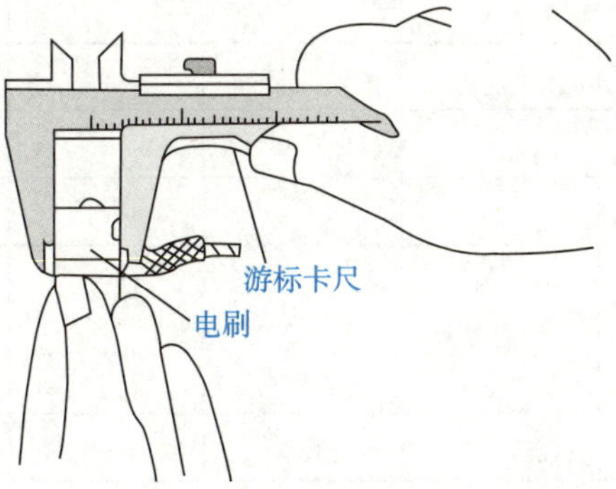

图 2-49　检查电刷长度

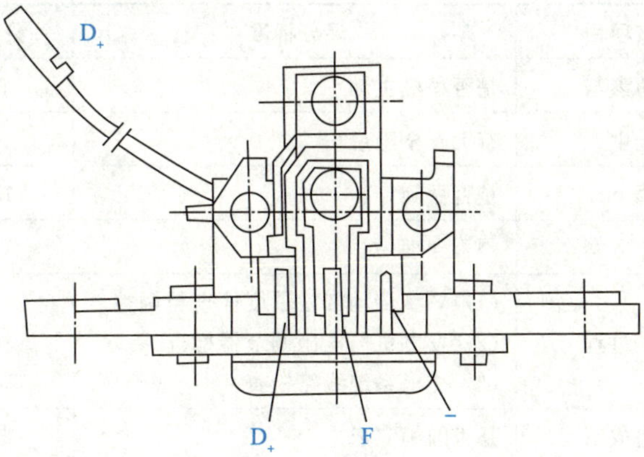

图 2-50　检查电压调节器

3. 规范地检查充电系统线路

雪佛兰科鲁兹轿车充电系统电气线路图如图 2-51 所示。

（1）检查交流发电机“B_+”接线柱、启动机电磁开关“30”接线柱，导线连接是否松脱。如有，则将其连接紧固。

（2）用万用表检查交流发电机“B₊”接线柱有无电压（蓄电池电压）。如果无电压，则表明交流发电机“B₊”接线柱至启动机电磁开关“30”接线柱导线断路。

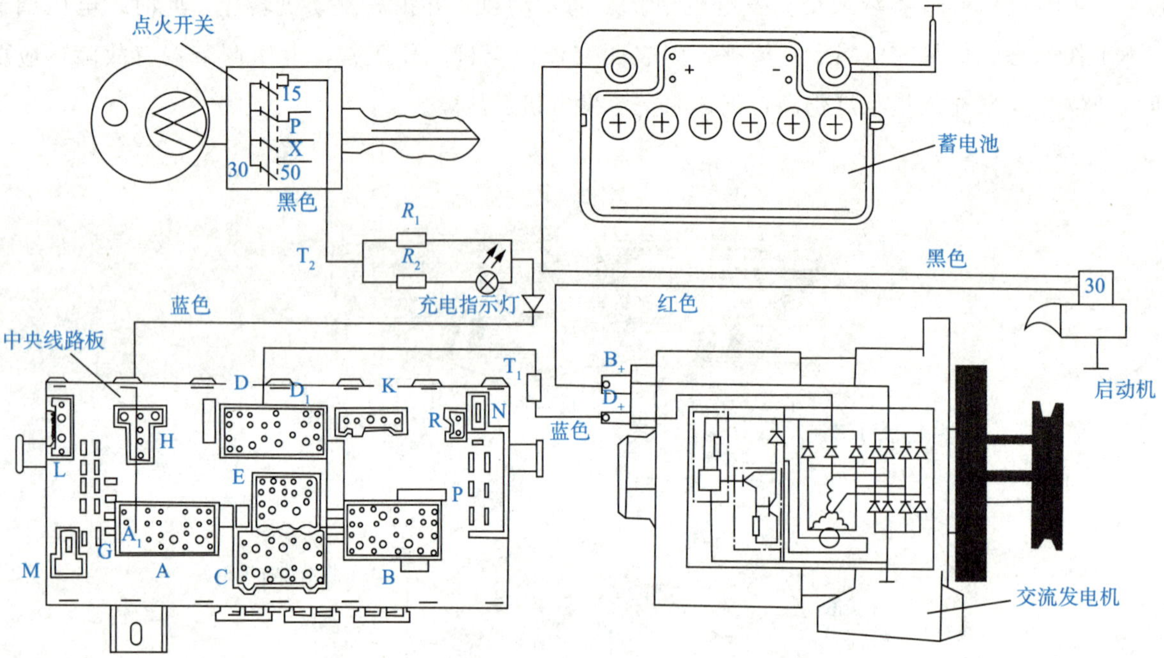

图 2-51　雪佛兰科鲁兹轿车充电系统电气线路图

三、评价反馈

对本学习任务进行评价，见表 2-3。

表 2-3　评分表

考核项目	评分标准	分数	学生自评	小组评价	教师评价	小计
活动参与	是否积极主动	5				
安全生产	有无安全隐患	10				
现场 5S	是否做到	10				
任务方案	是否合理	15				
操作过程	（1）V 型传动带松紧度检查与调整 （2）发电机与电压调节器检查 （3）充电系统线路检查	30				
任务完成情况	是否圆满完成	5				
工具和设备使用	是否规范、标准	10				
劳动纪律	是否违反	10				
工单填写	是否完整、规范	5				
总分		100				
教师签名：				年　月　日	得分	

典型任务

汽车充电指示灯亮故障检修

工作情境

某客户的威朗汽车进厂维修，客户反映汽车启动后，充电指示灯点亮，来站维修。你作为机电组维修人员，需在规定时间内按专业要求对电源系统进行检查，确认故障现象，检测相关电路及部件，维修更换损坏部件，要求达到相关法规要求，并做好过程记录，其间要做好与公司各部门及客户的协调与沟通，修复车辆检验合格后交付客户。

学习地点：一体化教室。

汽车充电指示灯亮故障检修评分表

班级：__________　　组别：__________　　组长：__________　　组员：__________

任务名称：汽车充电指示灯亮故障检修							
类别	考核内容	配分	评分标准		考核记录（好；基本正确；差）	考核方式（现场口试、查工作页、测试卷）	得分
工作过程知识（自评＋师评）	蓄电池、发电机组成及各部件功用	10	能指认蓄电池组成名称、种类、功用	5			
			能描述交流发电机各组成部件的名称和功用	5			
	电路识读与构建的方法	10	能识读电路图中种符号和标注，并能描述充电指示灯工作过程	5			
			能根据充电电路图列出电路构建的步骤	5			
	发电机常见故障分析	10	能说出发电机常见故障	5			
			能说出充电线路常见故障	5			
	分析故障原因 制订诊断计划	10	能分析出故障的可能原因	4			
			能制订出科学合理的诊断计划	6			
工作过程实践技能（师评）	蓄电池检查	10	能正确使用和检查蓄电池，确认现象，规范维护和更换。	10			
	充电指示灯电路构建与测量	10	能拆绘充电指示灯电路，构建和测量充电指示灯电路，按技术规范查找和测量各部件及线路，并判断是否完好	10			
	线路修复、损坏部件更换	10	能按技术要求规范地拆装、维修、更换损坏部件	10			
	发电机解体检测	10	能正确规范使用检测仪器进行发电机检查操作	10			
			能正确判定发电机是否损坏	5			

（续表）

任务名称：汽车充电指示灯亮故障检修							
类别	考核内容	配分	评分标准		考核记录（好；基本正确；差）	考核方式（现场口试、查工作页、测试卷）	得分
职业素养（组评）	职业素养	20	安全规范操作	5			
			工具使用与摆放、5S	5			
			沟通、交流、合作	5			
			到勤、纪律	5			
合计		100 分					

项目总结

本项目主要介绍了汽车电源系统的相关知识。首先介绍了汽车电源系统的组成及工作原理；其次介绍了蓄电池的工作特性和常见故障；最后介绍了电源管理系统的组成部件和发电机的正确使用。通过本项目的学习，读者能够了解汽车电源系统的组成和工作过程，对于保障汽车的正常运行至关重要，同时为安全驾驶提供理论知识和技术支持。

思考练习

一、填空题

1. 汽车电源系统主要由______、______、______等组成。
2. 目前汽车上常用的蓄电池主要有三种：______、______和______。
3. 铅酸蓄电池是在盛有______插入两组极板而构成的电能存储器，其构件主要有______、______、______、______、______、______等组成。
4. 按交流发电机磁场绕组的搭铁形式分类，交流发电机分为______型交流发电机和______型交流发电机。
5. 电压调节器的作用是______。
6. 电压调节器分为______、______。

二、简答题

1. 简述电源系统的分类。
2. 简述蓄电池的常见故障。
3. 拆卸、安装蓄电池应注意哪些事项？
4. 电压调节器的检测的注意事项有哪些？
5. 发电机机械部分故障的故障点有哪些？
6. 交流发电机在使用过程中为什么要定期进行维护？
7. 发电机的维护包括哪些内容？

项目三

汽车启动系统的检修

项目导读

发动机由静止状态过渡到自行运转状态的过程称之为启动。在汽车发展过程中出现过多种启动形式，而电力启动具有操作简便、启动迅速、有重复启动能力、可以远距离控制的特点，在现代汽车上得到广泛应用。

学习目标

知识目标

- 熟悉发动机的启动原理、启动系统的组成。
- 掌握启动机的结构、型号含义和工作原理。
- 掌握电磁开关的工作原理。
- 掌握两种启动系统电路的组成、工作过程和应用特点。
- 掌握启动机的检修方法。

能力目标

- 能够正确拆装启动机，并具备读识和分析启动电路的能力。
- 能够熟练地对启动系统电路进行故障诊断、排除。
- 能完成“汽车启动机不工作故障检修”的工作任务。

素质目标

- 培养学生应具备持续学习的意识和能力，不断更新自己的知识和技能，以适应未来职业发展的需要。
- 培养学生认真自主研究、分析问题、解决问题的能力。

思政目标

- 增强学生的工程意识和职业素质。
- 培养学生建立起以人为本、与人友善的新型人际关系。

任务一 启动系统概述

一、启动系统的分类

常见的电力启动机主要有以下三种。

启动系统

(1) 电磁控制强制啮合式启动机（常规启动机）。磁极采用电磁铁，传动机构中一般只是由简单的驱动齿轮、单向离合器和拨叉等组成，无特殊结构。

(2) 永磁启动机。原理与常规启动机相同，但启动机的磁极用永磁材料制成，取消了磁场线圈，使其结构简化、体积小、质量小，目前应用最为广泛。

(3) 减速启动机。减速启动机采用高速、小型和低力矩电动机，在传动机构中设有减速装置，可以放大输出转矩。质量和体积比普通启动机可减小 30%～35%，但结构和工艺比较复杂。不管何种启动机都要满足以下要求。

①启动时应该平顺，启动机的齿轮与发动机的飞轮齿圈啮合要柔和，不应发生冲击。

②发动机启动后，启动机的小齿轮应能自动打滑或脱离啮合。

③发动机在工作中，启动机的小齿轮不能再进入啮合，防止发生冲击。

④启动系统结构应简单，工作可靠。

根据我国行业标准《汽车电器设备产品型号编制方法》（QC/T 73—1993）的规定，启动机的型号由以下五部分组成。

第 1 部分为产品代号：启动机的产品代号 QD、QDJ、QDY 分别表示启动机、减速启动机、永磁启动机。第 2 部分为电压等级代号："1" 代表 12 V，"2" 代表 24 V。第 3 部分为功率等级代号："1" 代表 0～1 kW，"2" 代表 1～2 kW，…，"9" 代表 8～9 kW。第 4 部分为设计序号。第 5 部分为变型代号。

例如，QD27E 表示额定电压为 24 V、功率为 6～7 kW、第 5 次设计的启动机。

二、启动系统的结构

启动机一般由直流电动机、传动机构（或称啮合机构）和控制装置（电磁开关）3 部分组成。汽车启动机的基本结构如图 3-1 所示。

直流电动机的作用是将蓄电池输入的电能转换为机械能，产生电磁转矩。结构由电枢（转子）、磁极（定子）、换向器和电刷等主要部件构成。

(1) 电枢。直流电动机的转动部分称为电枢，又称转子。转子由外圆带槽的硅钢片叠成的铁芯、电枢绕组线圈、电枢轴和换向器组成，如图 3-2 所示。为了获得足够的转矩，通过电枢绕组的电流较大（汽油机为 200～600 A。柴油机可达 1 000 A），因此，电枢绕组采用较粗的矩形裸铜漆包线绕制为成型绕组。

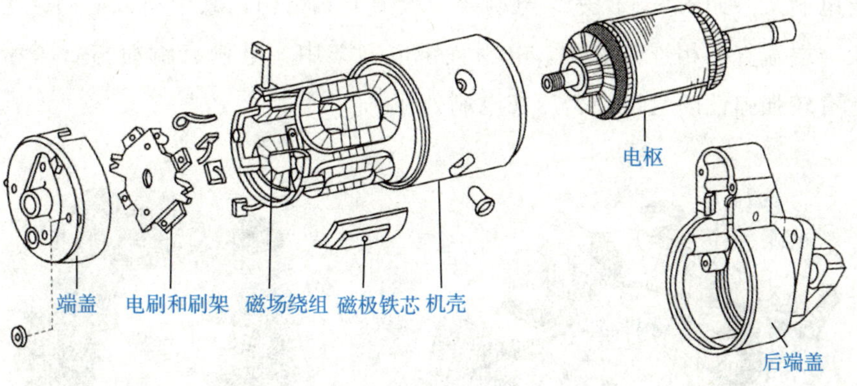

图 3-1　汽车启动机的基本结构

(2) 磁极。磁极由固定在机壳内的磁极铁芯和磁场绕组线圈（励磁绕组）组成，如图 3-3（a）所示。磁极一般是 4 个，两对磁极相对交错安装在电动机的壳体内，定子与转子铁芯形成的磁通回路，如图 3-3（b）所示，低碳钢板制成的机壳也是磁路的一部分。

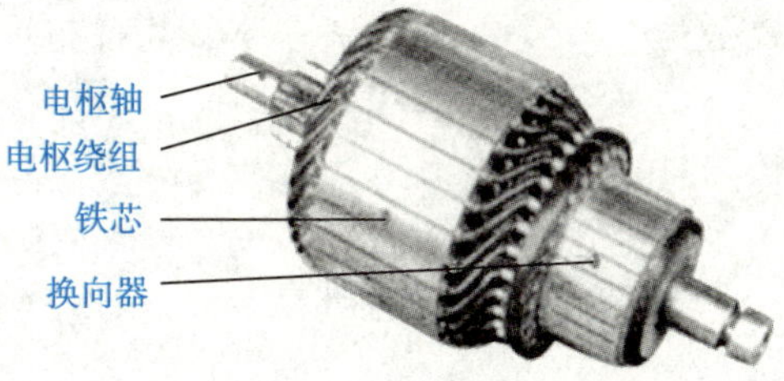

图 3-2　电枢组成

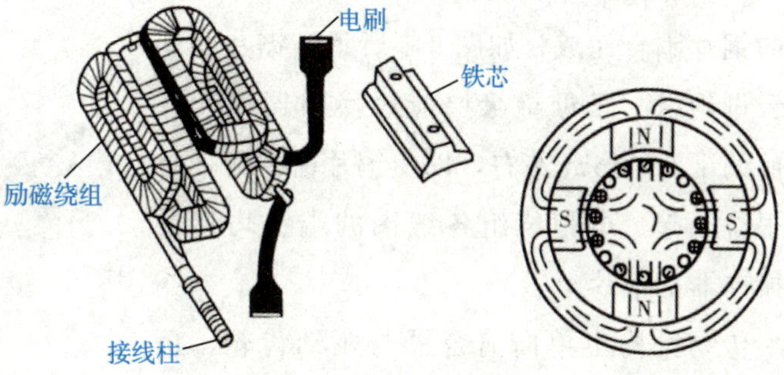

（a）磁极　（b）磁路

图 3-3　磁极

启动机内部线路连接如图 3-4（a）所示。励磁绕组一端接在外壳的绝缘接线柱上，另一端与两个非搭铁电刷相连接。当启动开关接通时，电动机的电路为蓄电池正极→接线柱 2→励磁绕组 3→电刷 6→换向器和电枢绕组 5→搭铁电刷 4→搭铁→蓄电池负极。

4 个励磁线圈有的是相互串联后再与电枢绕组串联（称为串联式），有的则是两两相串联后再并联，再与电枢绕组串联（称混联式），如图 3-4（b）和图 3-4（c）所示。

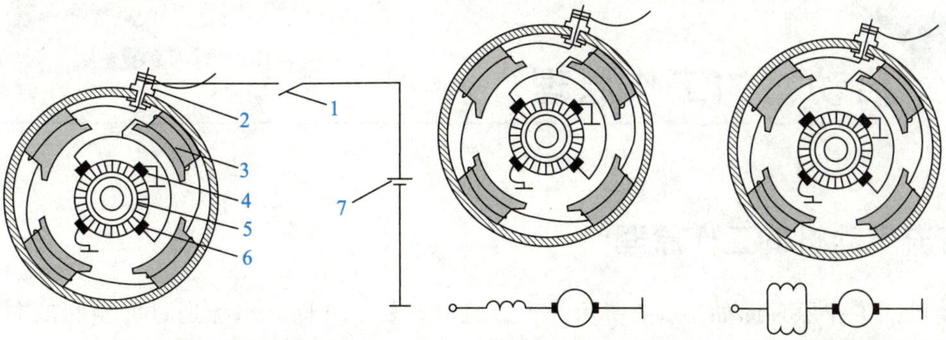

（a）启动机内部线路连接　（b）4个励磁绕组相互串联　（c）励磁绕组两两串联后再并联

1—启动开关；2—接线柱；3—励磁绕组；4—负极（搭铁）电刷；5—换向器；6—正极电刷；7—蓄电池。

图 3-4　磁场绕组的连接

(3) 电刷与电刷架。如图 3-5 所示，电刷架一般为框式结构，其中正极电刷架绝缘地固定在端盖上，负极电刷架与端盖直接相连并搭铁。电刷置于电刷架中，电刷有铜粉与石墨粉压制而成，呈棕黑色。电刷架上有较强弹性的盘形弹簧压在电刷处侧。

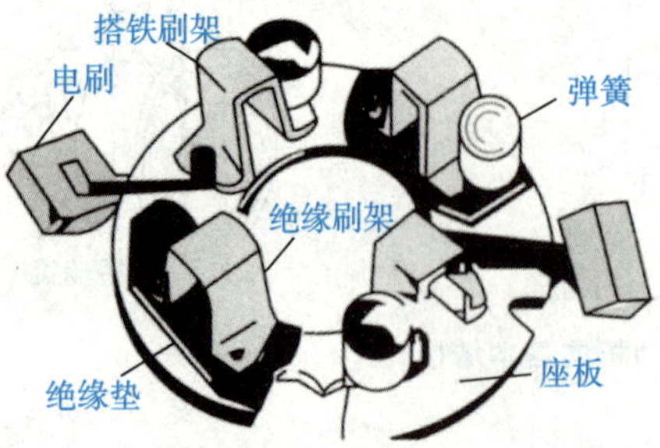

(a)

(b)

图 3-5　电刷及电刷架示意图

(4) 换向器。换向器由许多截面呈燕尾形的铜片围合而成，如图 3-6 所示。铜片之间由云母绝缘。云母绝缘层应比换向器铜片外表面凹下 0.8 mm 左右，以免铜片磨损时，母片很快凸起。电枢绕组各线圈的端头均焊接在换向器的铜片上。

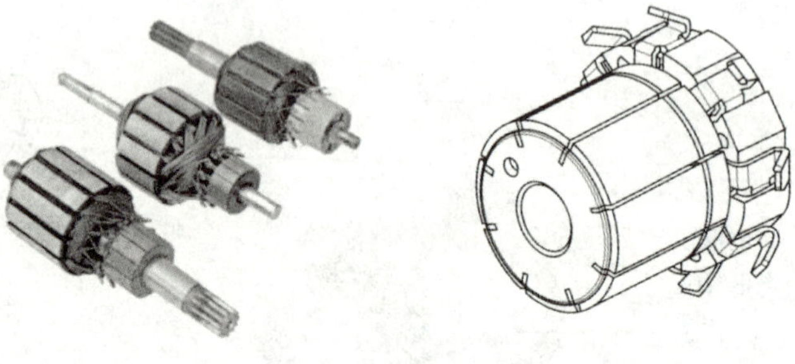

图 3-6　换向器外形图

传动机构由单向离合器与驱动齿轮、拨叉等组成。其作用是在启动发动机时使驱动齿轮与飞轮齿圈相啮合，将启动机的转矩传递给发动机曲轴。在发动机启动后又能使驱动齿轮与飞轮自动脱离，在它们脱离过程中，发动机飞轮反拖驱动齿轮时，单向离合器使其形成空转，避免了飞轮带动启动机轴旋转。

控制装置即操纵机构，主要是指启动机的电磁开关，用来接通或断开电动机与蓄电池之间的电路。

任务二　启动机的工作原理

一、直流电动机的工作原理

直流电动机的工作原理图如图 3-7 所示。当直流电动机工作时，电流通过电刷和换向器流入电枢绕组。换向片 A 与正电刷接触，换向片 B 与负电刷接触，绕组中的电流方向为 a→b→c→d，根据左手定则通电导体在磁场中受电磁力的原理，绕组 ab 边、cd 边均受到电磁力 F 的作用，由此产生逆时

针方向的电磁转矩 M 使电枢转动。当电枢转动至换向片 A 与负电刷接触，换向片 B 与正电刷接触时，电流改由 d→c→b→a（换向器适时地改变了电枢绕组中的电流方向），但电磁转矩的方向仍保持不变，使电枢按逆时针方向继续转动。

如图 3-8 所示，直流串励式电动机的工作原理是电源向励磁绕组提供励磁电流，使其产生磁场，再通过电刷与转子绕组串联，为转子绕组提供电流。

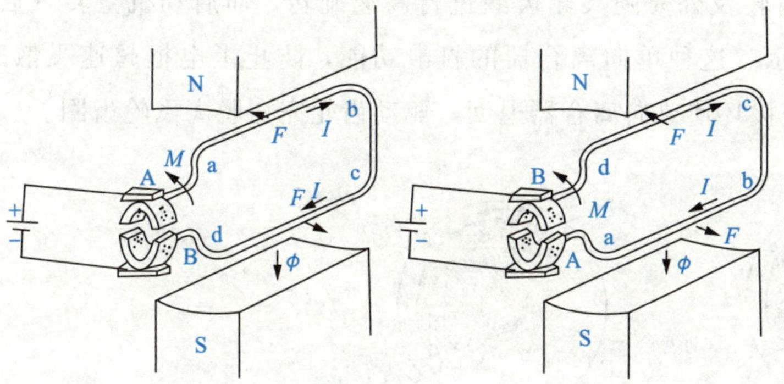

图 3-7　直流电动机的工作原理图

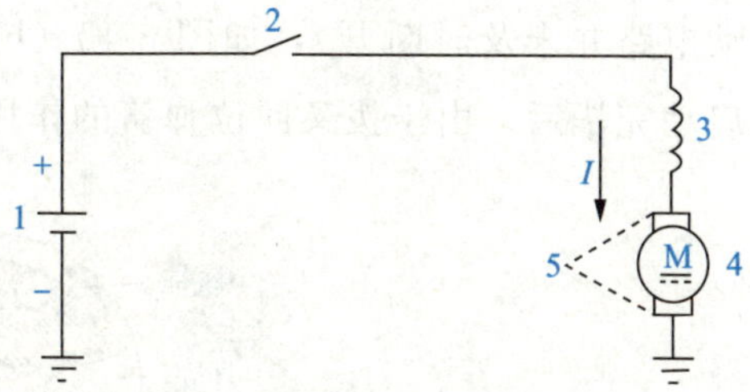

1—蓄电池；2—电源开关；3—励磁绕组；4—转子总成；5—电刷和电刷架。

图 3-8　直流串励式电动机的电路原理

二、传动机构的工作原理

传动机构是启动机的主要组成部件，包括单向离合器和减速机构（有的启动机没有减速机构）两部分。单向离合器是启动机传动机构的重要组成部分，其作用是将电动机的转矩传递给发动机的飞轮齿圈，使发动机迅速启动，同时在发动机启动后自动打滑，防止启动机被飞轮反拖，保护启动机不致飞散损坏。

单向离合器分为滚柱式单向离合器、摩擦片式单向离合器和弹簧式单向离合器等几种。下面以滚柱式单向离合器为例来介绍，滚柱式单向离合器是国内外汽车启动机中使用最多的一种。

滚柱式单向离合器的结构如图 3-9 所示。驱动齿轮用 40 号中碳钢加工淬火而成，与外壳连成一体。外壳内安装有十字块，十字块与外壳形成了四个楔形槽，槽内安装有四套滚柱及弹簧。十字块与花键套固定连接，壳底与外壳密封。花键套筒的外面安装有缓冲弹簧、拨环及卡环。单向离合器总成利用花键套与启动机轴的花键形成动配合，做轴向移动和随轴移动。

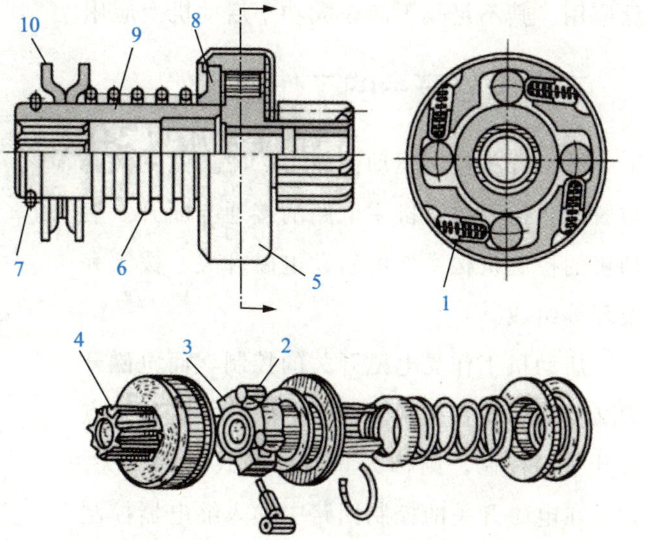

1—滚珠弹簧；2—滚柱；3—十字块；4—驱动齿轮；5—外壳；6—缓冲弹簧；7—卡环；8—底壳；9—花键套；10—拨环。

图 3-9　滚柱式单向离合器的结构

图 3-10 为滚柱式单向离合器工作原理图。如图 3-10（a）所示，当发动机启动时，经拨叉将单向离合器沿电枢花键轴推出，驱动齿轮啮入发动机飞轮齿圈。十字块处于主动状态，随电动机电枢一起旋转，促使四个滚柱进入楔形槽的窄端，将十字块与外壳挤紧，电动机电枢的转矩由十字块经滚柱、外壳传给驱动齿轮，达到驱动发动机飞轮齿圈旋转、启动发动机运转的目的。

发动机启动后，飞轮齿圈的转速高于驱动齿轮，十字块处于被动状态，外壳与滚柱的摩擦力使滚柱进入楔形槽的宽端而自由滚动，驱动齿轮及外壳随飞轮齿圈进行高速旋转，而启动机空转（启动电路并未及时断开），如图 3-10（b）所示。这种单向离合器的打滑功能，防止了电枢超速飞散。启动完毕后，由于拨叉回位弹簧的作用，经拨环使单向离合器退回，驱动齿轮完全脱离飞轮齿圈。

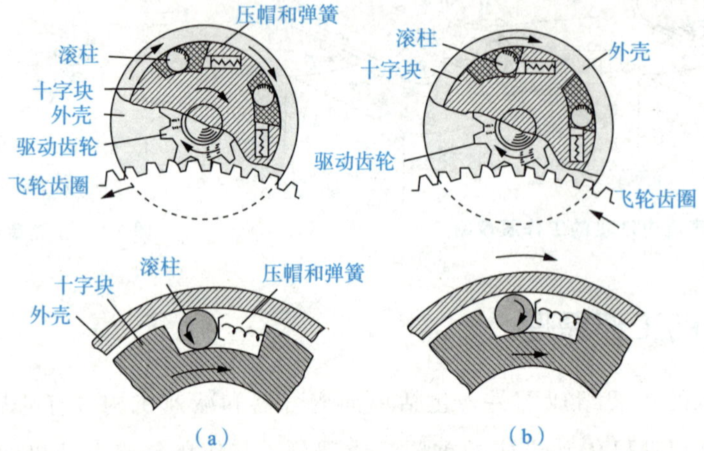

图 3-10　滚柱式单向离合器工作原理图

滚柱式单向离合器具有结构简单、坚固耐用、体积小、质量小和工作可靠等优点，因此得到广泛应用。其不足是不能在大功率启动机上应用。

三、电磁开关的工作原理

电磁开关控制驱动齿轮与飞轮齿圈的啮合与脱离，控制启动机主电路的接通与断开。启动机的控制机构主要由启动电磁开关、拨叉和拨环等组成。

启动机工作受电磁开关的控制，而电磁开关又受别的装置控制。如果电磁开关直接受点火开关的控制，则称为直接控制式电磁开关。如果在电磁开关的控制回路中加入继电器控制回路，则称为带启动继电器式电磁开关。

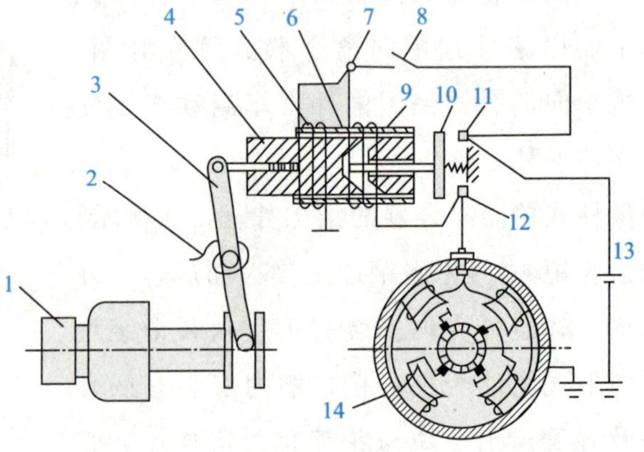

1—单向离合器；2—回位弹簧；3—拨叉；4—活动铁芯；5—保持线圈；6—吸引线圈；7—电磁开关接线；8—点火开关；9—铁芯套筒；10—导电盘；11、12—接线柱；13—蓄电池；14—电动机。

图 3-11　电磁开关的组成与工作原理图

图 3-11 为电磁开关的组成与工作原理图。当点火开关接通至启动挡时，电流与蓄电池正极出发经点火开关至电磁开关接线，之后分为两路：第一路经吸引线圈到磁力开关电机接线柱，经

直流电动机搭铁。第二路经保持线圈至外壳搭铁。开始由于电流很小，所以此时直流电动机不工作，但电磁开关吸引线圈有电流产生磁场，吸动活动铁芯，推动大铜片短接接线柱，此时保持线圈工作使铁芯一直处于工作状态（保证导电盘与接线柱相连），同时活动铁芯带动的拨叉 3 推动单向离合器（齿轮）向外移动，短接之后吸引线圈退出工作。当松开点火开关后，此时由于电流消失，磁力也逐渐消失，活动铁芯在回位弹簧的作用下返回，同时拨叉带动单向离合器向里移动。

任务三　启动系统控制

一、启动系统控制电路

现代汽车大部分采用点火开关启动式启动系统电路，点火开关安装在转向管柱或转向盘的周围，当安装在转向管柱上时，可对转向盘机械锁止，其一般由 LOCK、ACC、ON、START 四个挡位组成。四个挡每个挡位都是递进式的，在每个挡位做瞬间停留 1～2 s，就能听见各级电气设备通电的声响，然后再进入下一个挡位。以下是各个挡位的作用。

LOCK 挡位的作用是锁死汽车，一般汽车钥匙放到这个挡位就等于锁死转向盘。

ACC 挡位的作用是给全车通电，收音机、车灯等可以正常使用，不可以使用空调。

ON 挡位的作用是除了启动机，其余的基础设备都供电，此时转向盘解锁，正常行车时钥匙处于 ON 状态，这时全车所有电路都处于工作状态。

START 挡位的作用是启动车辆，当启动发动机时，应将点火开关处于 START 挡位，其功用是接通启动机的控制电路，使启动机驱动发动机运转起来，启动后放松点火开关会自动恢复正常状态，也就是 ON 挡。

启动系统的控制电路是指除启动机本身电路以外的启动系统电路，启动系统的控制电路随车型的不同而有所不同，大体上可以分为无启动继电器的控制电路、带启动继电器的控制电路和带有保护继电器的控制电路。下面介绍两种典型的控制电路。

1. 无启动继电器的启动控制电路

无启动继电器的启动控制电路如图 3-12 所示。

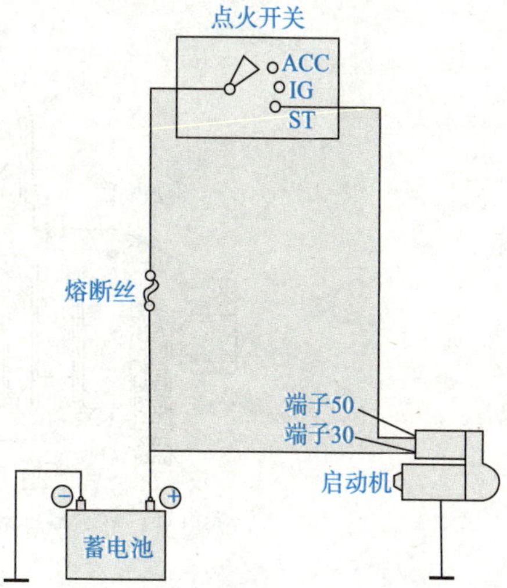

图 3-12　无启动继电器的启动控制电路

以丰田 AE 系列车型启动控制电路为例介绍无启动继电器的启动控制电路，图 3-13 至图 3-15 为丰田 AE 系列中常用的启动机控制电路及其工作过程。

如图 3-13 所示，当点火开关位于启动挡时，电流的流向为：蓄电池“+”→点火开关启动开关→端子 50→保持线圈→搭铁，同时吸引线圈中也通过电流，方向为：蓄电池“+”→点火开关启动开关→端子 50→吸引线圈→端子 C→励磁线圈→电枢→搭铁。此时由于吸引线圈和励磁线圈中的电流非常小，电动机低速运转。同时吸引线圈和保持线圈中产生的磁场吸引活动铁芯向右运动，克服复位弹簧的作用力，拉动拨叉向左运动，拨叉使离合器的小齿轮向左与飞轮的齿圈啮合。这个过程电动机的转速低，可以保证齿轮之间平顺啮合。

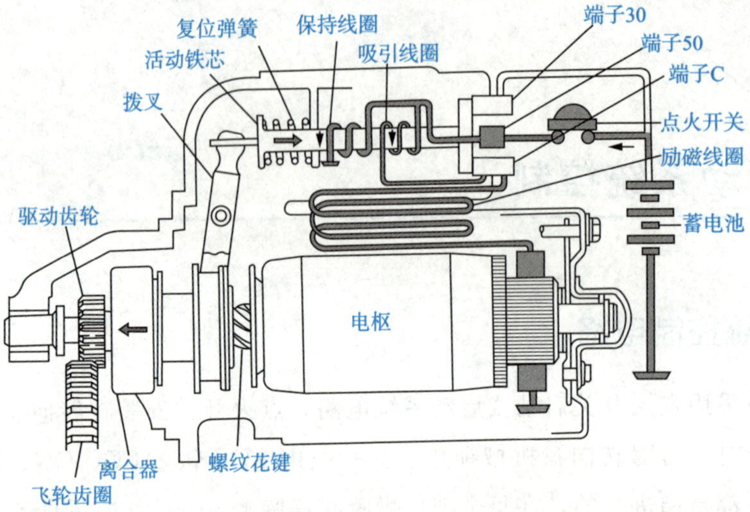

图 3-13　点火开关位于启动位置

当小齿轮和飞轮齿圈完全啮合以后，如图 3-14 所示，与活动铁芯连在一起的接触片向右运动，和端子 30 及端子 C 接触，从而接通了主开关，通过启动机的电流增大，电动机的转速升高。而电枢轴上的螺纹使小齿轮和飞轮齿圈更加牢固的啮合，此时吸引线圈两端的电压相等，所以无电流通过。保持线圈产生的磁场力使活动铁芯保持在原位不动，此时的电流方向分别为：蓄电池“+”→点火开关启动开关→端子 50→保持线圈→搭铁。蓄电池“+”→端子 30 接触片→端子 C→励磁线圈→电枢绕组→搭铁。

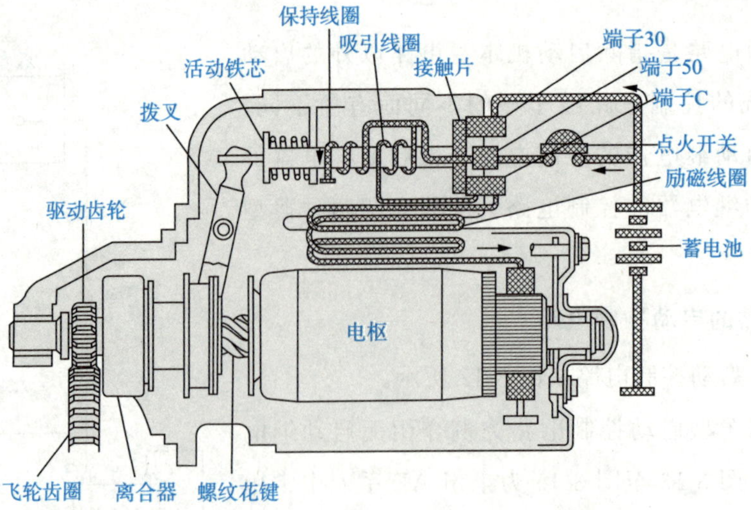

图 3-14　小齿轮和飞轮齿圈啮合

发动机启动以后，点火开关会从“START”挡回到“ON”挡，这就切断了端子 50 上的电压。这时，接触片和端子 30 及端子 C 仍保持接触。如图 3-15 所示，电路中的电流为：蓄电池“+”→端子 30→接触片→端子 C→吸引线圈→保持线圈→搭铁。同时电流还经过端子 C→励磁线圈→电枢→搭铁。由于此时吸引线圈和保持线圈的电流方向相反，产生的磁场力相互抵消，在复位弹簧的作用下，活动铁芯向左运动，使得小齿轮与飞轮齿圈脱离，同时，接触片和两个端子断开，切断电动机中的电流，整个启动过程结束。

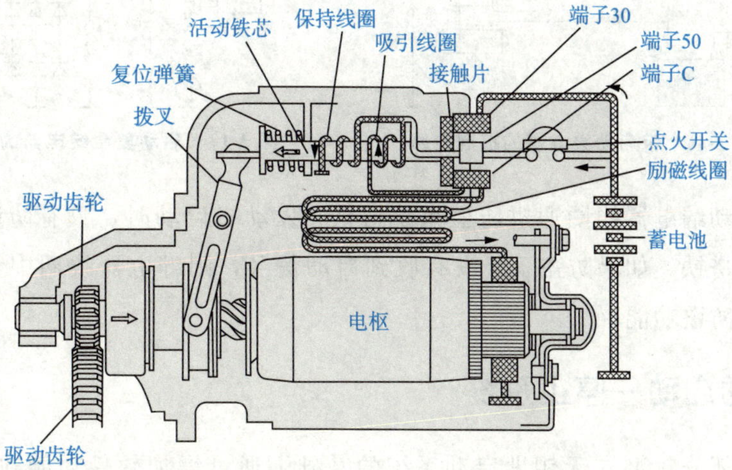

图 3-15　发动机启动完成

2. 带启动继电器的控制电路

安装启动继电器的目的是减小通过点火开关的电流，防止点火开关烧损。启动继电器有 4 个接线柱分别连接到启动机、电池、搭铁和点火开关，点火开关与搭铁接线柱之间是继电器的电磁线圈，启动机和电池接线柱之间是继电器的触点，如图 3-16 所示。

发动机启动时，点火开关“启动挡”接通，继电器的电磁线圈通电，使触点闭合，电源的电流即经继电器的触点通向启动机电磁开关的启动机接线柱，电磁开关通电后，便控制启动机进入工作状态。从电路中可以看出，由于继电器的线圈电阻较大，启动期间流经点火开关启动挡和继电器线圈的电流较小，大电流经过继电器开关流入启动机，保护了点火开关。

3. 启动复合继电器的控制电路

启动复合继电器的控制电路如图 3-17 所示。有时驾驶员会在发动机怠速运转期间误认为发动机没有运转而再次启动，为此一些车型的启动电路中会设置防止重复启动功能。例如，大众新宝来会在点火开关中设置锁止功能，发动机运行期间驾驶员不能将钥匙再次从“点火”位置旋转至“启动”位置。有些车型会在启动电路中增加防止重复启动的保护继电器，或是在“一键启动”功能的电路中设置防止重复启动的功能。

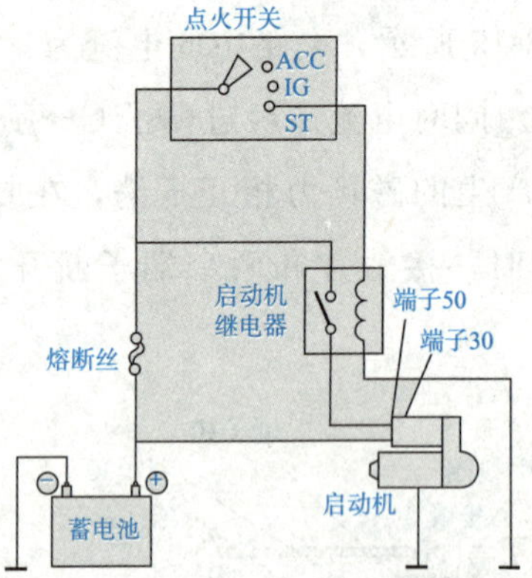

图 3-16　带启动继电器的控制电路

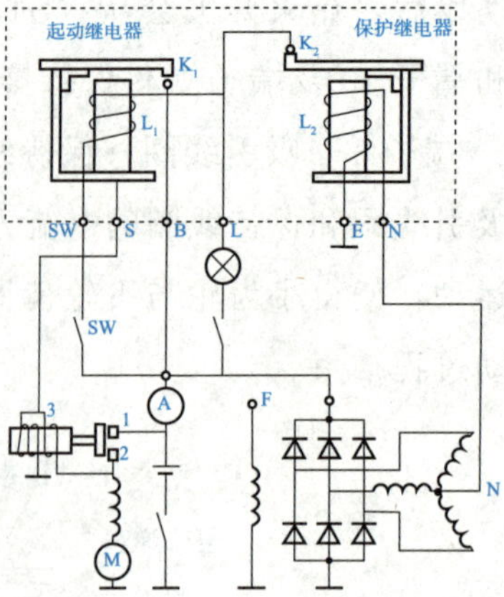

图 3-17　启动复合继电器的控制电路

现代大多汽车启动继电器线圈通过防盗系统搭铁，发动机启动时，只有防盗系统发出启动信号后，继电器线圈才能搭铁。如果防盗系统没有收到启动信号，则继电器线圈中无电流，启动机就不能工作，从而实现了防盗功能。

二、汽车自动启动—停止系统

大众和奥迪系列部分车型在无钥匙启动系统的基础上通过增加软件功能和改进启动机的性能，增加发动机自动启动—停止系统，该技术是大众蓝驱技术的功能之一。如在等红灯时，踩下制动踏板至汽车停止后，发动机也随之停止工作，当需要起步时，只需松开制动踏板，系统会自动启动发动机。这样可以显著提升汽车的燃油经济性。该系统概况如图 3-18 所示。

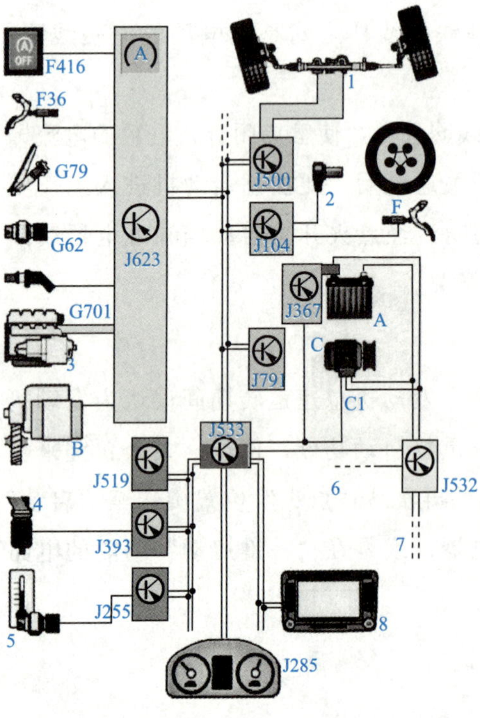

A—蓄电池；B—启动机；C—交流发电机；C1—电压调节器；
F—制动灯开关；F416—启动/关闭按钮；F36—离合器踏板开关；
G79—加速踏板位置传感器；G62—冷却液温度传感器；
G701—速器挡位传感器；J623—发动机控制单元；J519—供电控制单元；
J393—舒适系统中央控制单元；J255—自动空调控制单元；
J533—数据总线诊断接口；J500—助力转向控制单元；J104—ABS 控制单元；
J791—驻车转向辅助控制单元；J285—组合仪表内控制单元；
J367—蓄电池监控控制单元；J532—稳压器；1—电动机械式动力转向系统；
2—车速信号，行程识别；3—发动机管理系统；4—安全带识别；
5—暖风、鼓风机和空调调节；6—接线柱 50R；7—接线柱 30；
8—收音机、收音机/导航系统。

图 3-18　大众奥迪系列自动启动—停止系统

如图 3-19 所示，以使用双离合器自动变速器（DSG）的车辆为例简要说明其工作过程。

（1）车辆以 50 km/h 的车速行驶至交通红灯前。

（2）驾驶员将车辆制动到停驻状态。

（3）驾驶员仍将脚放在制动踏板上，启动/关闭系统将发动机关闭。组合仪表显示屏上显示启动/关闭符号。

（4）驾驶员继续将脚放在制动踏板上，直至红灯变为绿灯。

（5）驾驶员松开制动踏板，启动/关闭系统自动再次启动发动机，组合仪表显示屏上的启动/关闭符号熄灭。

（6）驾驶员踩加速踏板加速，继续开车行驶。

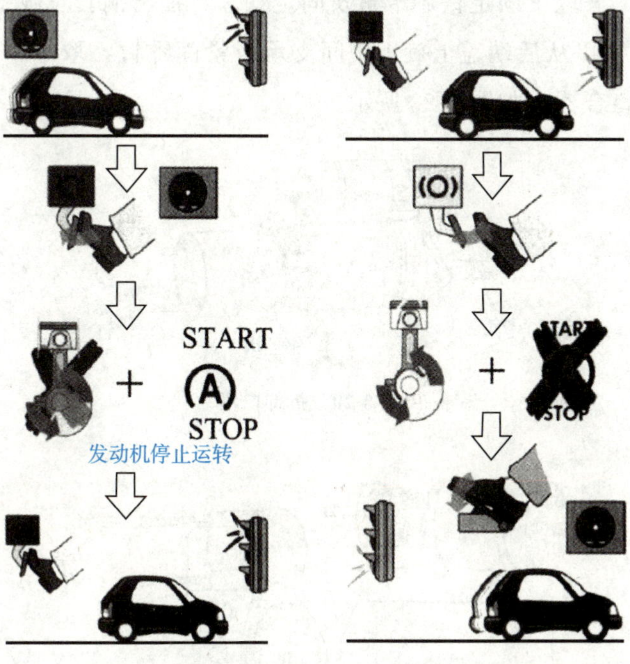

（a）发动机停机过程　（b）发动机起动过程

图 3-19 自动启动—停止系统工作过程

任务四 启动系统维护及故障诊断

一、常规启动机的拆装与维护

1. 启动机的拆装

（1）启动机的分解

启动机解体前应清洁外部的油污和灰尘，然后按下列步骤进行解体。

① 旋出防尘盖固定螺钉，取下防尘盖，用专用钢丝钩取出电刷。拆下电枢轴上推力圈处的卡簧，如图 3-20 所示。

② 用扳手旋出两个紧固穿心螺栓，取下前端盖，抽出电枢，如图 3-21 所示。

③ 拆下电磁开关主接线柱与电动机接线柱间的导电片。旋出后端盖上的电磁开关紧固螺钉，使电磁开关后端盖与中间壳体分离，如图 3-22 所示。

有必要时，可分解电磁开关，其步骤如下。

• 拆下电磁开关前端固定螺钉，取下前端盖。

• 取下独盘锁片、触盘、弹簧、抽出引铁。

• 取下固定铁芯卡簧及固定铁芯，抽出铜套及吸引线圈和保持线圈。

④ 从后端盖上旋下中间支承板紧固螺钉，取下中间支承板，旋出拨叉轴销螺钉，抽出拨叉，取出离合器，如图 3-23 所示。

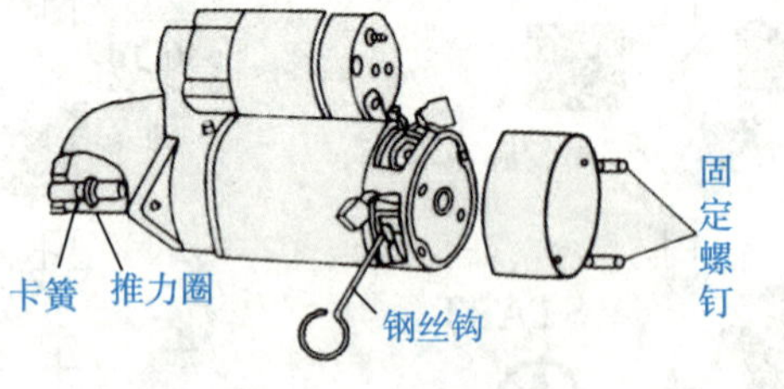

图 3-20　拆卸电刷

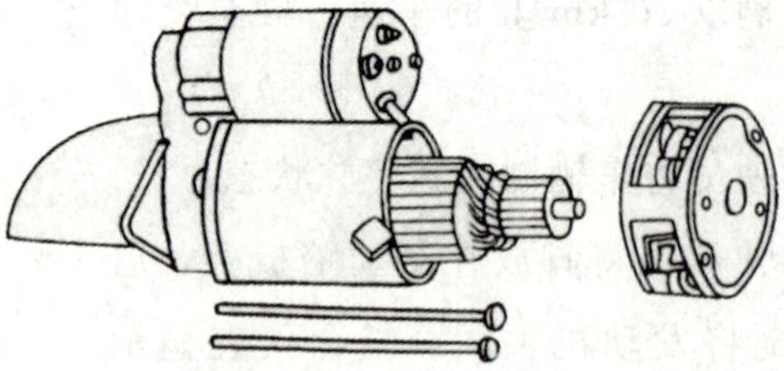

图 3-21　拆卸前端盖和电枢

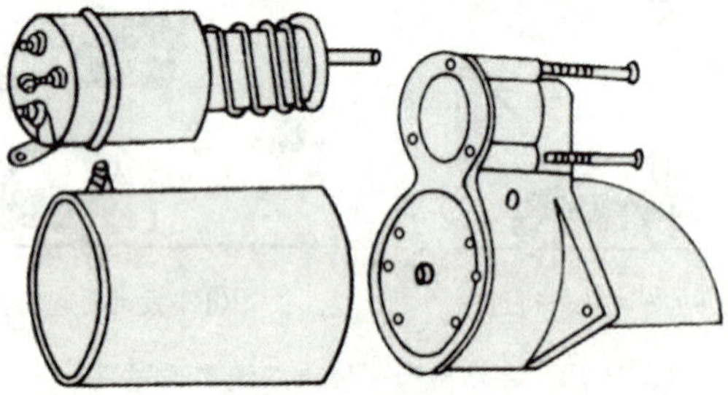

图 3-22　拆卸电磁开关

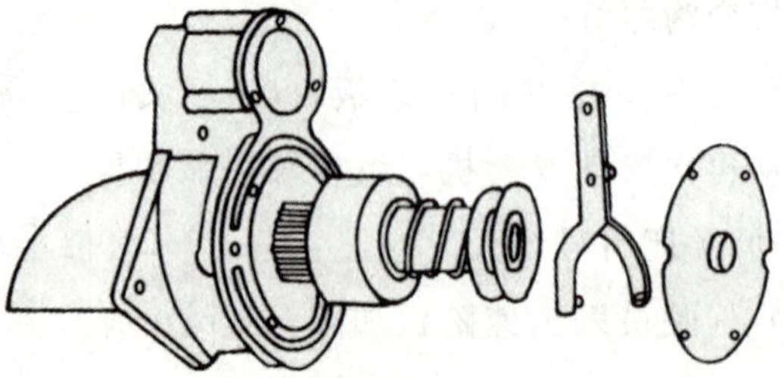

图 3-23　拆卸离合器

⑤ 将已解体的机械部分浸入清洗液中清洗，电气部分用棉纱蘸少量汽油擦拭干净。

（2）启动机的装复

启动机的形式不同，具体装复的步骤不可能完全相同，但基本原则是按分解时的相反步骤进行。

装复的一般步骤是：首先将离合器和移动叉装入后端盖内；其次再装中间轴承支撑板，将电枢轴装入后端盖内，装上电动机外壳和前端盖，并用长螺栓紧固；最后装电刷和防尘罩。装启动机开关可早可晚。

2. 启动机的检测

（1）励磁绕组的检修。励磁绕组的常见故障包括接头脱焊，绕组短路、断路或搭铁等。接头松脱故障，解体后可直接看到。绕组搭铁与否用万用表的高阻值挡测量绕组端子与外壳之间的电阻，应为“∞”。

（2）电枢绕组的检修。电枢绕组的常见故障包括匝间短路、断路或搭铁等。用万用表高阻值挡检测电枢绕组是否搭铁。电枢绕组短路的检测在专用实验台上进行，如图 3-24 和图 3-25 所示，启动机电枢绕组搭铁检测如图 3-26 所示。

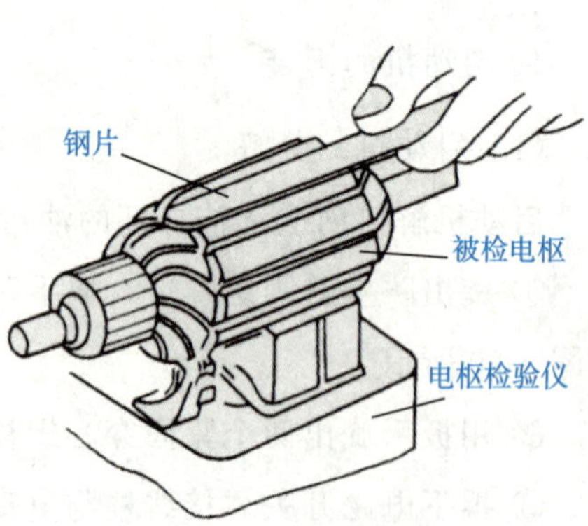

图 3-24　启动机电枢绕组短路的检测

（3）换向器的检修。换向器故障多为表面烧蚀、脏污或云母片突出等。轻微烧蚀用细砂纸打磨，当严重烧蚀或失圆（径向圆跳动＞0.05 mm）时应进行机加工，加工后换向器铜片厚度不得少于 2 mm。云母片高于钢片应车削加工，然后将云母片割低，一般进口小汽车用启动机云母片低于钢片，检修时，若换向器铜片间槽的深度小于 0.2 mm，需用锯片将云母片割低至规定的深度。

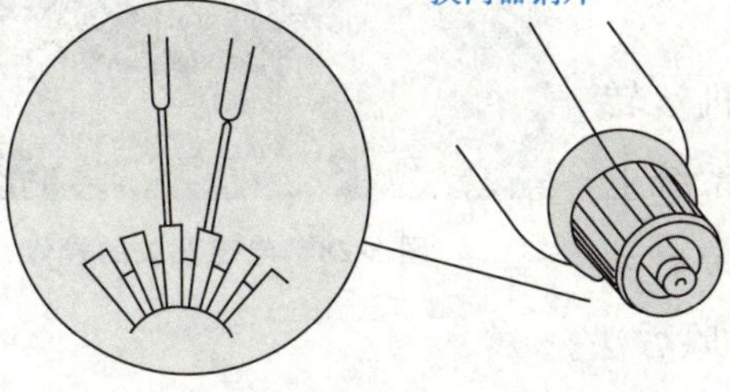

图 3-25　启动机电枢绕组断路的检测

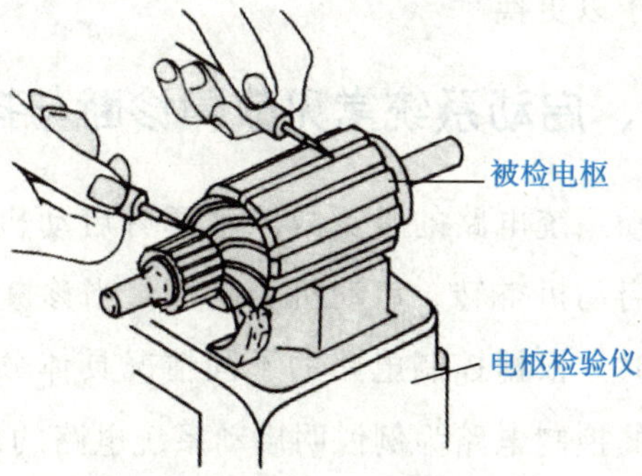

图 3-26　启动机电枢绕组搭铁检测

(4) 电枢轴的检修。电枢轴的常见故障是弯曲变形。电枢轴径向圆跳动应不大于 0.15 mm，否则应该校正。

(5) 电刷与电刷架的检修。检查电刷的高度，一般不低于标准的 2/3，电刷的接触面积不少于其面积的 75%，要求电刷在电刷架内无卡滞现象，否则进行修磨或更换。用万用表的高阻值挡检测电刷架的绝缘性。最后测量电刷弹簧的弹力，若不符合要求应予以更换。电刷、电刷架及电刷弹簧的检测如图 3-27 所示。

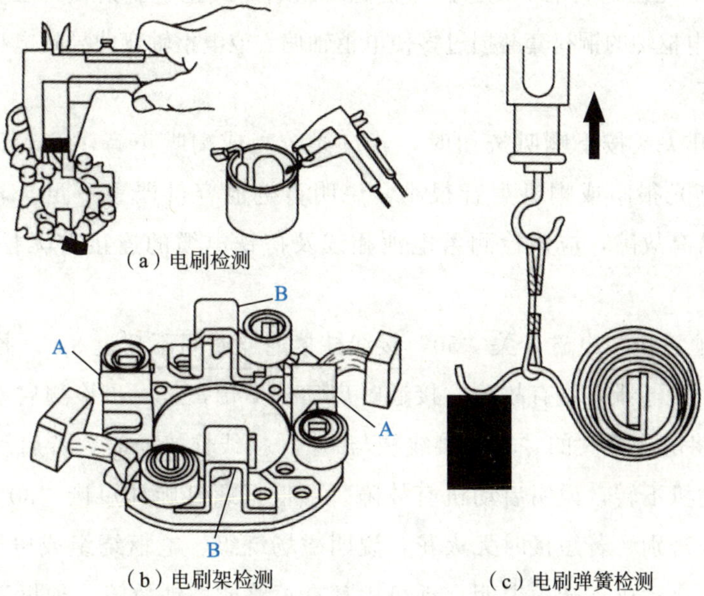

图 3-27　电刷、电刷架及电刷弹簧的检测

(6) 单向离合器的检修。单向离合器常见的故障是打滑。用扭力扳手检测单向离合器的转矩。若转矩小于规定值，说明单向离合器打滑，予以更换。对于摩擦片式单向离合器，如果转矩偏小，通过调整来修复。

(7) 电磁开关的检修。电磁开关的常见故障包括吸拉线圈和保持线圈断路、短路和搭铁，导电盘（或接触盘）及触头表面烧蚀等。线圈的断路故障可用万用表的低阻值挡检测其阻值、搭铁故障可用万用表的高阻值挡测量其电阻来检查，如图 3-28 所示。导电盘及触头表面烧蚀轻微的可以用锉刀或砂布修整。回位弹簧过弱应予以更换。

图 3-28　电磁开关的检修

二、启动系统常见故障诊断与排除

启动系统电路的常见故障主要有启动机不转、启动机运转无力、启动机空转、启动机异响等。当诊断与排除启动系统电路故障时，根据控制电路的不同情况具体分析。下面以带启动继电器的控制电路为例说明启动系统电路的故障诊断与排除方法。

1. 启动机不转

（1）故障现象。将点火开关旋到启动位置，启动机不运转。

（2）故障原因如下。

① 电源及电路部分的故障：蓄电池严重亏电、蓄电池接线柱上的电缆插头松动或接触不良、控制电路断路。

② 启动继电器的故障：继电器线圈绕组烧毁或断路、继电器触点严重烧蚀或触点不能闭合。

③ 启动机的故障：启动机电磁开关触点严重烧蚀，换向器严重烧蚀导致电刷与换向器接触不良，电刷弹簧压力过小或电刷卡死在电刷架中，电刷与励磁绕组断路或正电刷搭铁，磁场绕组或电枢绕组有断路、短路或搭铁故障，电枢轴的铜衬套磨损过多使电枢轴偏心或电枢轴弯曲导致电枢铁芯“扫膛”。

（3）故障诊断如下。

① 当打开前照灯开关或按下喇叭按钮时，若灯光较亮或喇叭声音洪亮，说明蓄电池存电较足，故障不在蓄电池。若灯光很暗或喇叭声音很小，说明蓄电池容量严重不足。若灯不亮或喇叭不响，说明蓄电池或电源电路有故障，应该检测蓄电池相线及搭铁电缆的连接有无松动以及蓄电池储电是否充足。

② 用导线将蓄电池正极与电磁开关“50”接线柱接通（时间不超过 3s），接通时启动机转动，说明点火开关回路或启动继电器回路有故障。接通时启动机不转，进一步检测启动机与电磁开关。

③ 当用螺钉旋具将电磁开关的“30”接线柱与“C”接线柱接通时，若启动机空转正常，说明电磁开关有故障。若启动机不转，说明启动机有故障。可根据螺钉旋具短接“30”接线柱与“C”接线柱时产生火花的强弱来辨别。若短接时无火花，说明磁场绕组、电枢绕组或电刷引线等有断路故障。若短接时有强烈火花而启动机不转，说明启动机内部有短路或搭铁故障，须拆下启动机进一步检测。

2. 启动机启动无力

（1）故障现象将点火开关旋至启动挡时，启动机能运转，但功率明显不足，时转时停。

（2）故障原因如下。

① 蓄电池储电不足或有短路故障导致供电能力降低。

② 启动机主同路接触电阻增大使启动机工作电流减小，原因包括：蓄电池正、负极柱上的电缆紧固不良，启动机电磁开关触点与导电盘烧蚀，电刷与换向器接触不良或换向器烧蚀等。

③ 启动机磁场绕组或电枢绕组匝间短路使启动机输出功率降低。

④ 启动机装配过紧或有“扫膛”现象。

⑤ 发动机转动阻力矩过大。

（3）故障诊断如下。

① 检查蓄电池容量（用高率放电计检查），若容量不足，可用容量充足的蓄电池辅助供电的方法加以排除。

② 检查蓄电池桩头接线柱及启动电磁开关主触头接线柱的松动情况，若松动，加以紧固。

③ 若怀疑是启动机内部故障，可用同型号无故障的启动机替换加以排除。确认是启动机内部故障时，应进一步拆检启动机。

3. 启动机空转

（1）故障现象。启动发动机时，启动机运转且转速很高、响声较大而发动机不运转。

（2）故障原因。单向离合器打滑，不能传递驱动转矩。

（3）排除方法。更换单向离合器或启动机，故障即可排除。

4. 启动机异响

（1）故障现象。启动发动机时，伴随着刺耳的异响声。

（2）故障原因。电磁开关工作不良、蓄电池亏电、机械故障等。

（3）故障诊断。启动机驱动小齿轮周期性地撞击飞轮齿环，发出“嗒嗒”声，原因可能是电磁开关的保持线圈或吸拉线圈断路、短路或接触不良，蓄电池亏电。其诊断方法如下。

① 首先检查蓄电池是否亏电（按喇叭、开前照灯，观察喇叭音响和灯光明亮程度是否正常），若蓄电池存电良好，则为电磁开关工作不良。

② 用万用表检查电磁开关的保持线圈和吸拉线圈是否短路、断路或接触不良。

③ 启动时启动机有“扫膛”现象，故障为转子轴向间隙过大，一般为铜套磨损或损坏（解体启动机更换铜套）。

④ 启动时有较大的响声并且转子转动无力，一般是装配过紧或转子轴弯曲等机械故障导致。此时必须解体启动机进行检查并按规定装配。

项目实训

启动机主要部件检修

一、实训准备

（1）扳手、旋具、尖嘴钳、跨接线、试灯、万用表、高率放电计、游标卡尺。

（2）翼子板护裙、转向盘护套、变速杆护套、座椅护套和脚垫。

（3）蓄电池、启动机及部件、点火开关。

（4）威朗轿车维修手册。

二、实训过程

1. 直流启动机的检修

(1) 磁场绕组（定子）的检查

磁场绕组（定子）的检查如图 3-29 所示，进行导线连接。

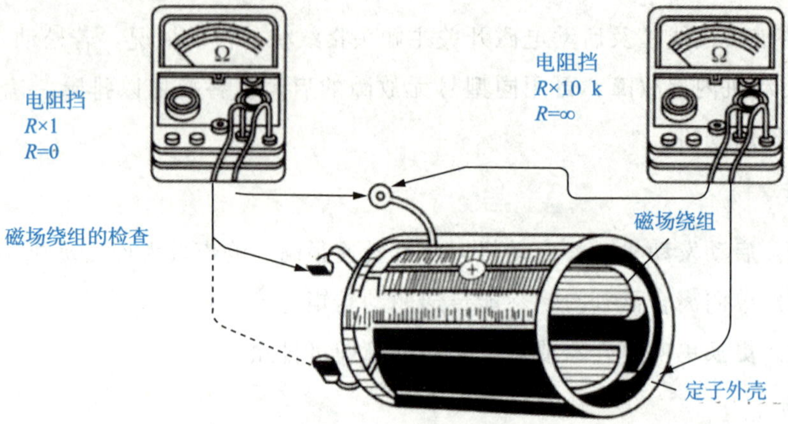

图 3-29 磁场绕组（定子）的检查

① 磁场绕组断路的检查：首先通过外部验视，看其是否有烧焦或断路处，若外部验视未发现问题，可用万用表电阻 $R\times1$ 挡检测，两表笔分别接触启动机外壳引线（即电流输入接线柱）、两磁场绕组绝缘电刷接头是否导通，如果测得的电阻无穷大，说明磁场绕组断路，应予以检修或更换。

② 场绕组搭铁的检查：用万用表电阻 $R\times10$ k 挡（或数字万用表高阻挡）检测磁场绕组电刷接头与启动机外壳是否相通，如果相通，说明磁场绕组绝缘不良而搭铁。如果阻值较小，说明有绝缘不良处，应检修或更换磁场绕组。

将对磁场绕组检测的参数填入表 3-1 中并判断其好坏。

表 3-1 磁场绕组断路检测

项目	结论		
	万用表的量程	实际测量值	是否损坏
磁场绕组断路的检查			
磁场绕组搭铁的检查			

③ 磁场绕组短路的检查：可用 2 V 直流电进行接线，如图 3-30 所示。电路接通后，将螺丝刀放在每个磁极上，检查磁极对螺丝刀的吸引力是否相同。若某一磁极吸力太小，就表明该磁场绕组有匝间短路故障存在。

将其对磁场绕组短路检查情况填入表 3-2 并判断其好坏。

表 3-2 磁场绕组短路检测

项目	结论		
	绕组通电电压	磁极上有无磁力	判断其好坏
磁场绕组短路的检查			

(2) 电枢绕组（转子）的检查

电枢绕组的检查，可利用万用表进行。

① 电枢绕组搭铁的检查：用电阻 $R\times10$ k 挡检测，如图 3-31 所示，用一根表笔接触电枢，另一根表笔依次接触换向器铜片，万用表指针不应摆动即电阻值为无穷大，否则说明电枢绕组与电枢轴之间绝缘不良有搭铁之处。

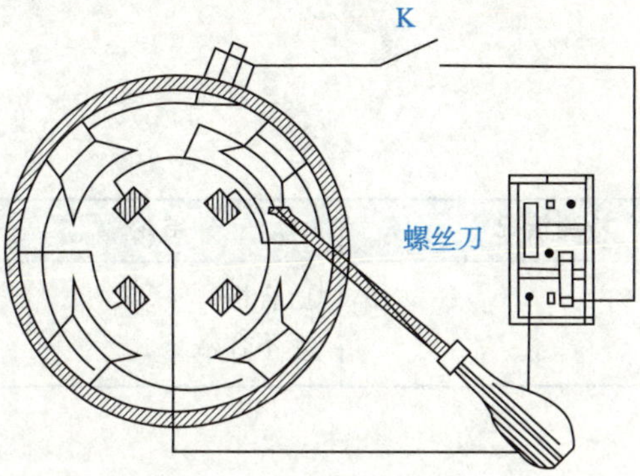

图 3-30 磁场绕组短路的检查

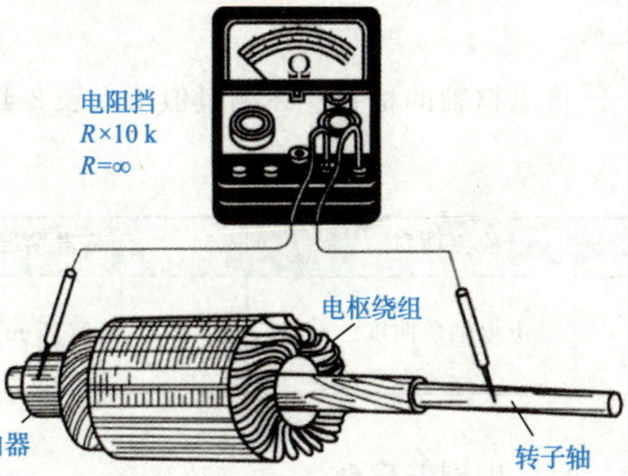

图 3-31 电枢绕组搭铁检查

② 电枢绕组短路的检查：用电阻 $R\times10$ k 挡检查换向器和电枢铁芯之间是否导通，如图 3-32 所示。如有导通现象，说明电枢绕组搭铁，应更换电枢。

③ 电枢绕组断路的检查：用电阻 $R\times1$ 挡，将两个表笔分别接触换向器相邻的铜片，如图 3-33 所示，测量每相邻两换向片间是否相通，如万用表显示阻值“0”，说明电枢绕组无断路故障，若电阻值为无穷大，说明此处有断路故障，应更换电枢。

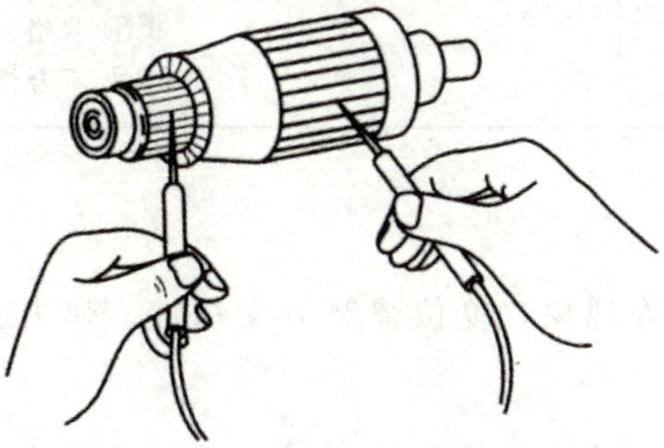

图 3-32 电枢绕组短路检查

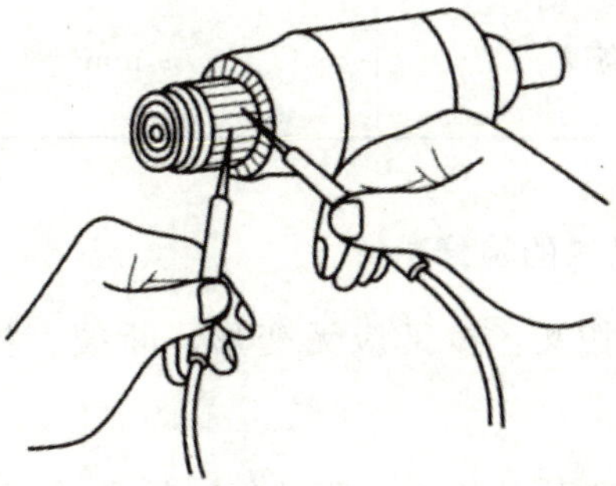

图 3-33 电枢绕组断路检查图

对于磁场绕组的断路、短路、搭铁故障都应对其检修或更换，将对电枢绕组检测的各项参数填入表 3-3，并判断其合格与否。

表 3-3 电枢绕组检测

检查项目		标准情况	检测情况	结论
电枢绕组	断路检验	$R=0\ \Omega$		① 合格 ② 不合格
	搭铁检验	$R=\infty$		
	短路检验	$R=\infty$		

(3) 电枢轴的检查

用千分表检查电枢轴是否弯曲，如图 3-34 所示。若铁芯表面摆差超过 0.15 mm 或中间轴颈摆差大于 0.05 mm 时，均应进行校正或更换。另外，还应检查电枢轴上的花键齿槽，如严重磨损或损坏，则应修复或更换。

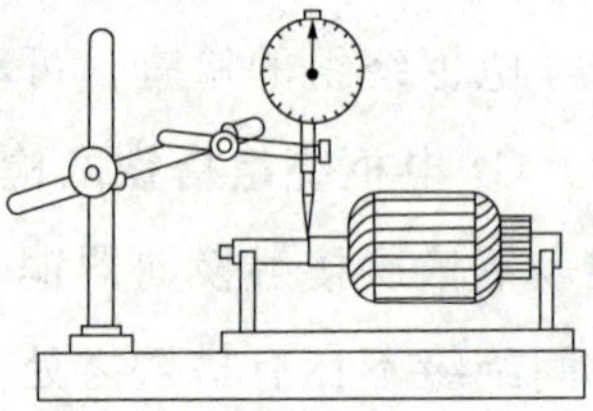

图 3-34 检查电枢轴是否弯曲

将电枢轴的检查实际测量值填入表 3-4。

表 3-4 电枢轴检测

检测项目	标准情况	检测情况	结论
电枢轴弯曲度	≤0.15 mm		① 合格 ② 不合格

(4) 电刷的检查

① 检查电刷的高度。电刷高度应不低于新电刷高度的 2/3（国产启动机新电刷高度一般为 14 mm），即 9 mm，否则应换新。

② 检查电刷的接触面积。电刷与换向器铜片表面之间的接触面积应达到 75%以上，否则应研磨电刷，将检测结果填入表 3-5。

表 3-5 电刷高度的检查

检测项目	标准情况	检测情况	结论
电刷高度	9 mm		① 合格 ② 不合格

2. 传动机构的检修

(1) 检查拨叉：拨叉应无变形、断裂、松旷等现象，复位弹簧应无锈蚀、弹力正常，否则应更换。

(2) 驱动齿轮的检查：驱动齿轮的齿长不得小于全齿长的 1/3（如解放牌与跃进牌汽车的齿长不应短于 16 mm），且不得有缺损、裂痕，否则应予更换。齿轮磨损严重或扭曲变形时，也应更换。

(3) 单向离合器的安装与检查如图 3-35 所示，将单向离合器及驱动齿轮总成装到电枢轴上，握住电枢 1，当向前后移动单向离合器外座圈 2 时，驱动齿轮总成应能沿电枢轴自如滑动。

如图 3-36 所示，在确保驱动齿轮无损坏的情况下，握住单向离合器外座圈，转动驱动齿轮，应能自由转动。反转时不应转动，否则就有故障，应更换单向离合器。

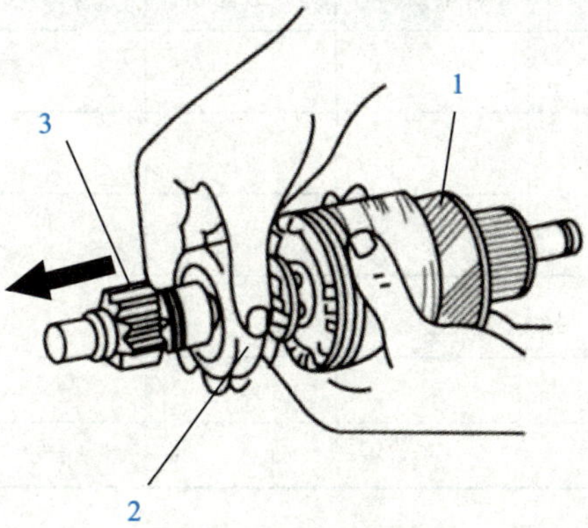

1—电枢；2—单向离合器外座圈；3—驱动齿轮。

图 3-35　单向离合器的安装与检查

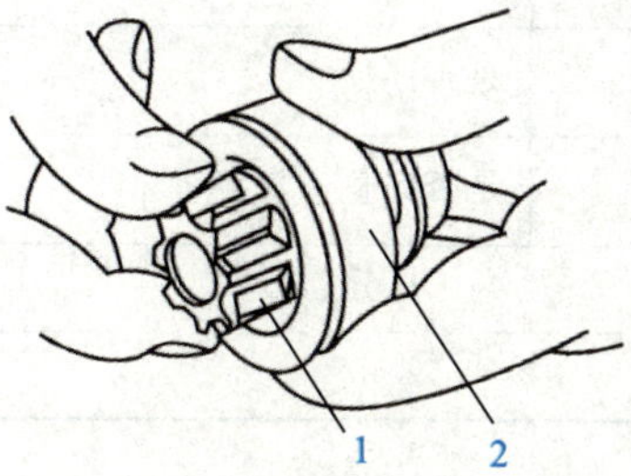

1—驱动齿轮；2—单向离合器外座圈。

图 3-36　单向离合器进一步检查

电磁开关线圈的检查：用万用表 $R\times1$ 挡分别测量吸引线圈和保持线圈的电阻，吸引线圈的电阻值一般在 0.6 Ω 以下，而保持线圈的阻值一般在 1 Ω 左右，如万用表指针不摆动即电阻值无穷大，说明线圈断路。若电阻值小于规定值，说明线圈有匝间短路。将检测结果填入表 3-6。线圈断路或短路均需更换。

表 3-6　电磁开关线圈的检测表

检测项目	标准情况	检测情况	结论
电磁开关线圈	吸引线圈电阻值（Ω）		① 合格 ② 不合格
	保持线圈电阻值（Ω）		① 合格 ② 不合格

三、评价反馈

对本学习任务进行评价，见表 3-7。

表 3-7　评分表

考核项目	评分标准	分数	学生自评	小组评价	教师评价	小计
活动参与	是否积极主动	5				
安全生产	有无安全隐患	10				
现场 5S	是否做到	10				
任务方案	是否合理	15				
操作过程	（1）磁场绕组检查 （2）电枢绕组检查 （3）电枢轴弯曲度检查 （4）电刷高度检查 （5）电磁开关检查	30				

（续表）

考核项目	评分标准	分数	学生自评	小组评价	教师评价	小计
任务完成情况	是否圆满完成	5				
工具和设备使用	是否规范、标准	10				
劳动纪律	是否违反	10				
工单填写	是否完整、规范	5				
总分		100				
教师签名：			年　月　日		得分	

典型任务

汽车启动机不工作故障检修

工作情境

一辆威朗汽车进厂维修，客户反映发动机无法启动，点火开关转至启动挡位时，发动机无转动迹象。经班组长问诊检查后，判断是启动系统故障，需要对该系统进行检修。你作为机电组维修人员，需在规定时间内按专业要求对电源系统进行检查，确认故障现象，检测相关电路及部件，维修更换损坏部件，要求达到相关法规要求，并作好过程记录，期间要做好与公司各部门及客户的协调与沟通，修复车辆检验合格后交付客户。

学习地点：一体化教室。

汽车启动机不工作故障检修评分表

班级：__________　　组别：__________　　组长：__________　　组员：__________

学习任务名称：汽车启动机不工作故障检修							
类别	考核内容	配分	评分标准		考核记录	考核方式	得分
工作过程知识（自评＋师评）	启动机组成及各部件功用	10分	能指认启动机组成名称、种类、功用	5			
			能描述启动机各组成部件的名称和功用	5			
	电路识读与构建的方法	10分	能识读电路图中种符号和标注，并能描述启动机工作过程	5			
			能根据启动电路图列出电路构建的步骤	5			
	启动机常见故障分析	10分	能说出启动机常见故障	5			
			能说出启动线路常见故障	5			
	分析故障原因制定诊断计划	10分	能分析出故障的可能原因	4			
			能制定出科学合理的诊断计划	6			

（续表）

学习任务名称：汽车启动机不工作故障检修							
类别	考核内容	配分	评分标准		考核记录	考核方式	得分
工作过程实践技能（师评）	启动机检查	10 分	能正确使用和检查启动机，确认现象，规范维护和更换。	10			
	启动系统电路构建与测量	10 分	能拆绘启动系统电路，构建和测量启动系统电路，按技术规范查找和测量各部件及线路，并判断是否完好	10			
	线路修复、损坏部件更换	10 分	能按技术要求规范地拆装、维修、更换损坏部件	10			
	发电机解体检测	10 分	能正确规范使用检测仪器进行发电机检查操作	10			
			能正确判定启动机是否损坏	5			
职业素养（组评）	职业素养	20 分	安全规范操作	5			
			工具使用与摆放、5S	5			
			沟通、交流、合作	5			
			到勤、纪律	5			
合计		100 分			得分		

教师签字/日期

项目总结

本项目主要介绍了汽车启动系统的相关知识。首先介绍了启动系统的分类和结构；其次介绍了汽车自动启动—停止系统；最后介绍了启动系统常见故障诊断与排除。通过本项目的学习，帮助读者全面了解汽车启动系统工作原理是一个复杂而精巧的过程，并涉及多个关键组件的协同工作，从而进一步意识到汽车启动系统的重要性和复杂性。

思考练习

一、填空题

1. 启动机励磁线圈与电枢线圈的连接方式为________。

2. 为了获得足够的启动转矩，通过启动机电枢绕组的电流很大，一般汽油机的启动电流为________。

3. 启动机中共有________个电刷，分别是两个________电刷、两个________电刷。

4. 启动系统电路由________、________、________、________和________等元件组成。

5. 启动电路常见的故障主要有________、________、________、________等。

6. 启动机异响的故障由________、________、________等原因引起。

二、简答题

1. 启动机由哪些部分组成？各组成部分的作用是什么？

2. 启动机是如何分类的？

3. 减速启动机有哪几类？说明它们的主要区别。

4. 电子控制点火系统由哪几部分组成？各有什么功用？

5. 简述发动机管理系统故障的诊断思路。

6. 一辆使用常规启动机的汽车出现不能启动的故障，故障现象是将点火开关旋至“启动”挡位后，启动机发出“咔嗒”的声音之后就不动了，请结合启动系统所学的相关知识判断哪些原因可能导致此种故障？

项目四

汽车点火系统的检修

项目导读

发动机由静止状态过渡到自行运转状态的过程称之为启动。在汽车发展过程中出现过多种启动形式，而电力启动具有操作简便、启动迅速、有重复启动能力、可以远距离控制的特点，在现代汽车上得到广泛应用。

学习目标

知识目标

- 熟悉电子点火系统的组成和工作原理。
- 掌握有分电器微机控制点火系统的组成。
- 熟悉点火系统主要元件及相关传感器。

能力目标

- 能正确的检测汽车火花塞。
- 能实车进行点火系统的检查和更换。
- 能完成“火花塞不跳火故障检修”的工作任务。

素质目标

- 培养学生树立工具、设备使用的安全意识。
- 锻炼学生的组织沟通能力，能够与团队其他成员协同解决问题。

思政目标

- 增强学生的社会责任感，明确作为技术人才的使命，为推动国家现代化建设和科技进步贡献力量。
- 提升学生专业素质，增强学生民族自豪感。

任务一 传统点火系统及电子点火系统

早期汽车上均使用传统蓄电池点火系统来工作，随着电子技术的不断发展，目前汽车上的点火系统已被电子点火系统及微机控制点火系统所取代，但不管是传统点火系统还是电子点火系统，其点火的基本原理是相同的。

一、传统点火系统的组成

传统点火系统的组成如图 4-1 所示，它主要由蓄电池、点火开关、点火线圈和火花塞等组成。蓄电池供给点火系统所需要的电能。点火开关接通或断开点火系统电源。点火线圈存储点火能量，并将蓄电池电压转变为点火高压。分电器由断电器、配电器和点火提前机构等部分组成。断电器的作用是接通或切断点火线圈初级回路。配电器的作用是将点火线圈产生的点火高压，按照发动机的工作顺序输送给各缸火花塞。点火提前机构的作用是随发动机转速、负荷和汽油辛烷值的变化调节点火提前角。火花塞将点火高压引入汽缸燃烧室，并在电极间产生电火花，点燃混合气。

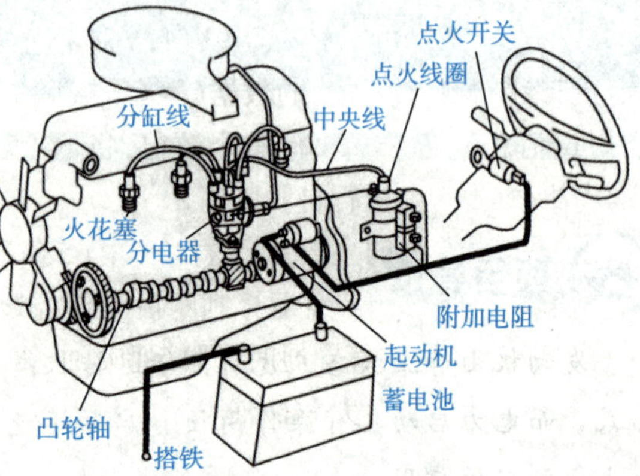

图 4-1 传统点火系统的组成

如图 4-2 所示，当点火开关接通、发动机运转时，分电器轴和断电器凸轮在发动机凸轮轴的驱动下旋转，使断电器触点交替地闭合和打开。在触点闭合时，点火线圈的初级绕组形成回路，产生初级电流，初级电流所流过的电路称为低压电路。低压电路的路径是：蓄电池正极→点火开关→附加电阻→点火线圈“+”接线柱→点火线圈初级绕组→点火线圈“−”接线柱→断电器触点→搭铁→蓄电池负极。初级电流在初级绕组中逐渐增大至某一值并建立较强的磁场。当触点打开时，初级电路被切断，初级电流及磁场迅速消失，由电磁感应定律可知，在两个绕组中都感应出电动势。由于初级电流迅速消失，在初级绕组 W_1 中，可感应出 200～300 V 的自感电动势 U_1。由变压器原理可知：$U_2/U_1=W_2/W_1$，次级电压 $U_2=U_1W_2/W_1$。由于次级绕组 W_2 的匝数多，因而在次级绕组内就感应出 15～20 kV 的互感电动势 U_2，U_2 称为次级点火高压，通过高压线输送给火花塞。击穿火花塞的电极间隙产生火花，点燃

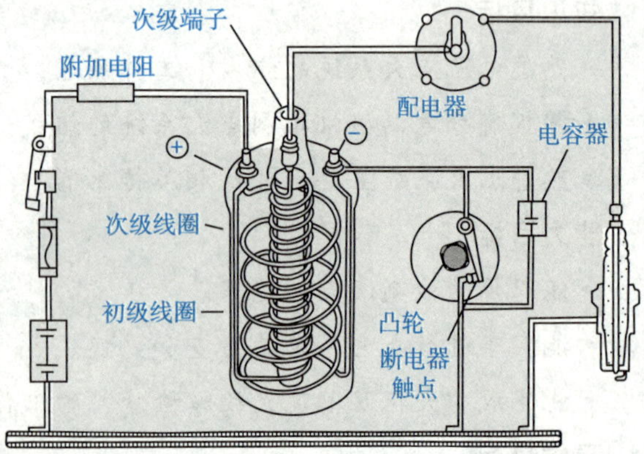

图 4-2 传统点火系统的基本工作原理

混合气。从点火线圈到火花塞的电路称为高压电路。

与触点并联的电容器 C 的作用是减少触点烧蚀，延长触点寿命，并提高次级电压。由上述可知，点火系统初级电路导通时储存点火能力，断开时在次级电路中产生点火高压。

二、电子点火系统

1. 电子点火系统组成

传统点火系统存在很多弊端，后期出现取代断电器的电子点火系统。该种点火系统使用点火模块取代传统点火系统的触点，使用信号发生器取代凸轮。

电子点火系统主要包括蓄电池、点火线圈、信号发生器、点火控制器、分电器、火花塞、附加电阻等部件，其中，点火信号发生器和配电器均安装在分电器中，其基本组成如图 4-3 所示。

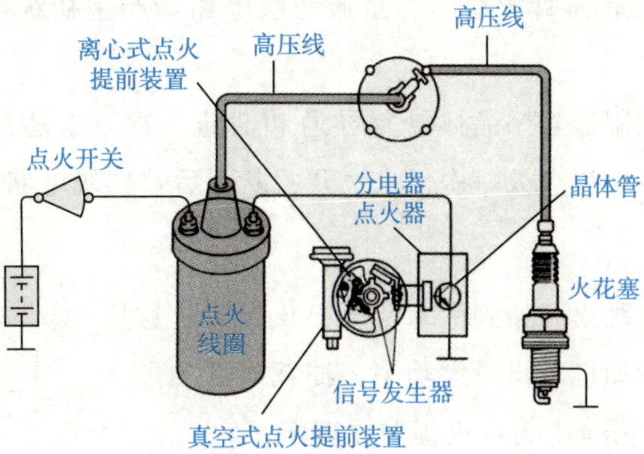

(a)

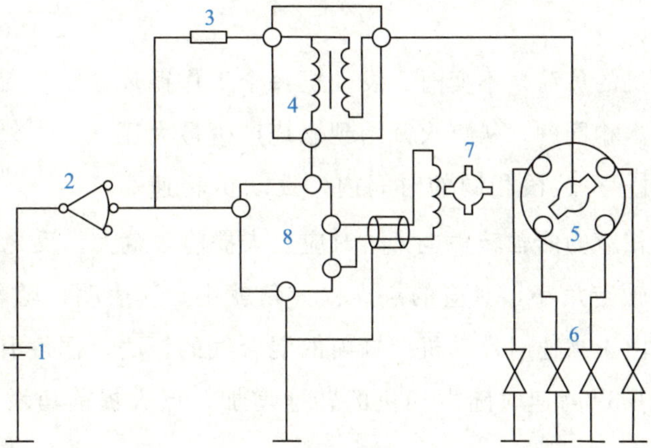

1—电源；2—点火开头；3—附加电阻；4—点火线圈；
5—分电路；6—火花塞；7—信号发生器；8—点火控制器。

(b)

图 4-3　电子点火系统的组成

点火线圈作用是将电源提供的低压电转变成能击穿火花塞电极间隙的高压电。信号发生器又称传感器，一般装在分电器内，用来将汽车发动机曲轴旋转的角度或活塞在气缸中所处的位置转换成电信号，送到点火控制器。

点火控制器又称电子控制单元，它根据信号发生器送来的信号，控制点火线圈初级绕组电流的通断。以便点火线圈的次级绕组产生高电压。

分电器主要由配电器、点火提前机构等组成。配电器的作用是按点火顺序将中央高压线传来的高压电分送至各火花塞高压线；点火提前机构用来实现对点火时间的自动调整。火花塞将高压电引入燃烧室，产生电火花。

附加电阻短接装置启动时将附加电阻短接，增大点火线圈的初级电流，增强启动时火花塞的点火能量。

2. 工作原理

发动机工作时，信号发生器产生高低变化的电压信号。正或高电压信号可使晶体管导通，负或低电压信号可使晶体管截止。晶体管导通时，接通初级电路，产生初级电流，晶体管截止时，切断初级电路，使次级产生高压。

发动机工作期间，点火控制器功率晶体管每导通和截止一次，上述过程将重复进行一次，发动机每转 2 转，各缸按工作顺序轮流点火一次。点火开关断开后，初级电路切断，发动机熄火。

3. 点火提前角的控制

点火提前角是指从火花塞跳火开始到活塞行至上止点为止这段时间曲轴转过的角度。能使发动机发出最大功率、油耗最低的点火提前角称为最佳点火提前角。图 4-4 为点火提前原理。

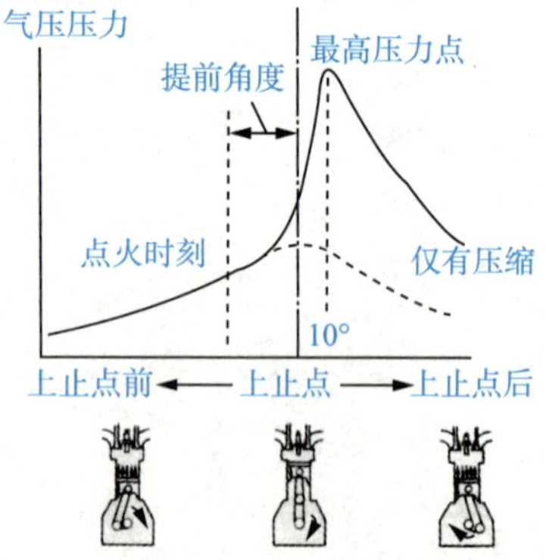

图 4-4　点火提前原理

点火提前角会随着发动机的负荷、转速、冷却液温度、进气温度、燃油标号等变化而变化。对点火提前角影响最大的因素是发动机转速、负荷和燃油标号。

当节气门开度（发动机的负荷）不变时，发动机每个工作循环进入汽缸的混合气量是基本相同的，从点火开始到燃烧产生最大压力所需的时间也基本相同，在这段相同的时间内，发动机转速高时，活塞走过的距离长，相应的曲轴转角也大，对应点火提前角就大。反之，发动机转速低时，活塞走过的距离短，相应的曲轴转角小，对应的点火提前角就小。这表明，随着发动机转速的提高，最佳的点火提前角应加大，由于高速时发动机汽缸内的混合气的压力、温度有所提高，进气扰流增强，使燃烧的速度有所加快，所以高速时随发动机的转速增加，点火提前角增加的幅度减小，如图 4-5 所示。

当发动机的转速一定时，节气门的开度（发动机负荷）增大，进入汽缸的混合气量增多，混合气的质量提高，燃烧的速度加快，点火提前角应相应减小，如图 4-6 所示。

发动机在启动或怠速时，虽然混合气的燃烧速度较慢，但发动机的转速很低，燃烧所对应的曲轴转角很小，如果点火提前角过大，有可能造成启动时发动机反转，而使启动困难，因此要求启动或怠速时的点火提前角较小或不提前。

发动机使用的汽油标号不同，所要求的点火提前角也不相同。我国现行的汽油标号是用汽油的辛烷值来标定的，而汽油的辛烷值是衡量汽油抗爆性的指标，辛烷值越高，表示汽油的抗爆性越好，使用中越不容易发生爆震。一般汽油的标号越高，所允许的点火提前角越大。

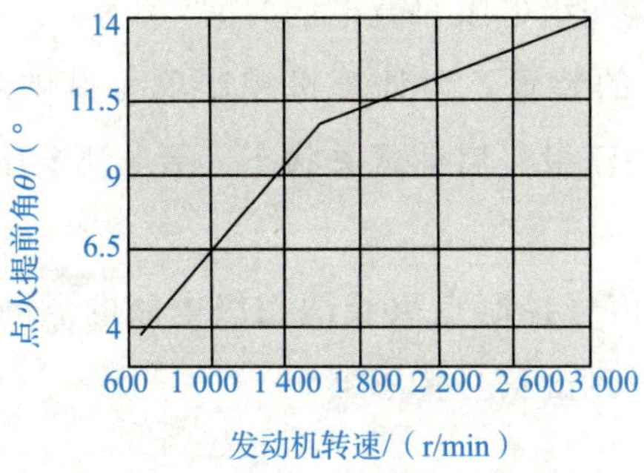

图 4-5　点火提前角随发动机转速的变化的关系

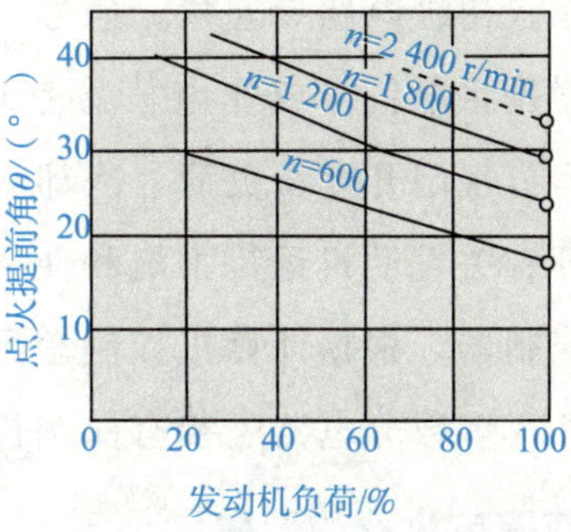

图 4-6　点火提前角随发动机负荷变化的关系

任务二　微机控制点火系统

为能精确控制点火提前角，应将所有影响发动机点火的因素都考虑进去，使发动机在任何工况下都能提供最佳的点火时刻，进一步提高发动机的动力性和经济性，降低汽车的排气污染。为此，微机控制点火系统应运而生。

微机控制点火系统主要包括：监测发动机运行状态的传感器、处理信号和发出指令的计算机控制单元（electronic control unit，ECU）、响应指令的点火器以及点火线圈等，如图 4-7 所示。

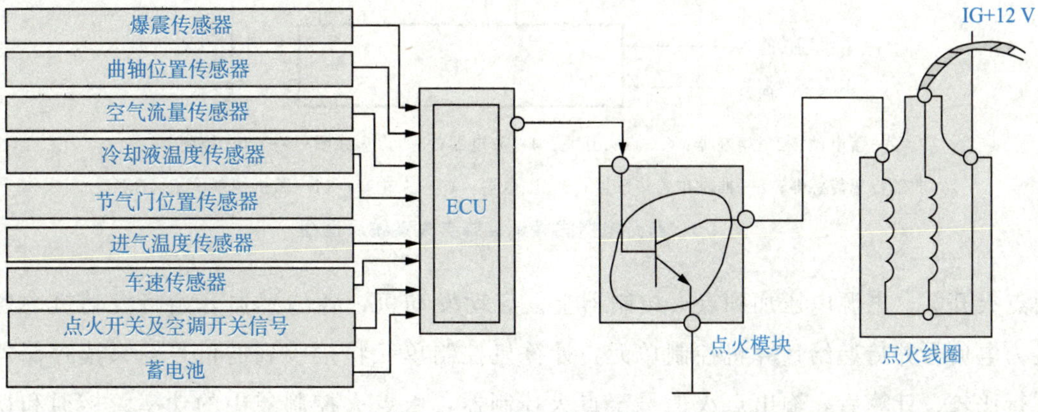

图 4-7　微机控制点火系统

一、有分电器微机控制点火系统的组成

有分电器计算机控制点火系统由低压电源、点火开关、计算机控制单元（ECU）、点火控制器、点火线圈、分电器、火花塞、高压线和各种体感器等组成。

计算机控制单元，俗称电脑，简称 ECU。根据各传感器输入的信号，计算确定最佳点火提前角和初级电路导通角，并将点火控制信号输送给点火控制器，通过点火控制器快速、准确地控制点火线圈的工作。初级电路导通角．信号．输送给点火控制器初级电阻、直电的时间

传感器是将电信号或非电信号整理或转变为电信号的装置，为计算机控制单元提供曲轴转速、曲轴位置、节气门开度、负荷、冷却水温度、进气温度和流量、启动开关状态、蓄电池电压、废气中氧的含量等有关发动机运行工况和使用条件的各种信息。

点火控制器，根据计算机控制单元输出的点火控制信号控制点火线圈初级电路的通断。除了分配高压电外，多数分电器还装有曲轴位置和转速传感器及判缸信号传感器。

1. 火花塞电火花的产生

曲轴位置传感器和转速传感器装于分电器壳内，与点火线圈、点火控制器组合为一体。图 4-8 为有分电器式微机控制点火系统原理图，其工作原理如下。

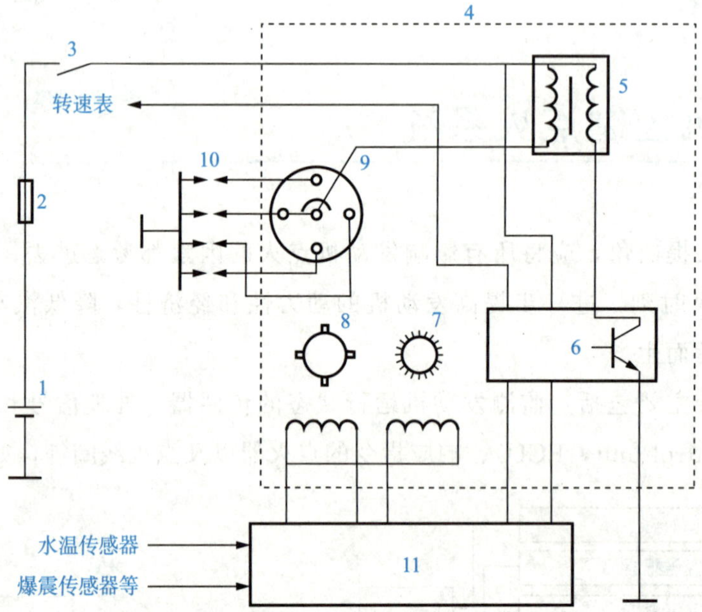

1—蓄电池；2—熔断器；3—点火开关；4—分电器；5—点火线圈；6—点火控制器；
7—曲轴转速传感器；8—曲轴位置传感器；9—配电器；10—火花塞；11—微机控制单元（ECU）。

图 4-8　有分电器式微机控制点火系统原理图

接通点火开关，电源电压加到点火控制器上。启动发动机，各传感器开始将发动机的各种工况信息转换为电信号并传递给计算机控制单元，计算机控制单元将接收到的信号与只读存储器中储存的数据进行比较、计算后，输出点火信号至点火控制器，由点火控制器中的功率管接通和切断点火线圈的初级电路。当点火控制器中的大功率晶体管导通时，初级电路接通，在点火线圈中形成磁场。

当点火控制器大功率晶体管截止时，初级电路被切断，初级电流迅速下降，次级绕组中感应出高压电进行点火。

曲轴每转两圈，各缸火花塞按点火顺序轮流跳火一次。发动机工作时，上述过程周而复始，若要停止发动机的工作，只要断开点火开关，切断初级电路，使火花塞不能跳火即可。

2. 点火提前角

计算机控制点火系统的点火提前角由三部分组成：切始点火提前角（又称为原始点火提前角）、基本点火提前角、修正点火提前角。

初始点火提前角是指曲轴位置传感器在发动机上固定后，由曲轴位置传感器的信号转子和曲轴的相对位置决定的点火提前角。一旦曲轴位置传感器在发动机上固定，初始点火提前角就相应确定。有些车型初始点火提前角可以通过人工“点火正时”进行少许调整，有的则不可调。

基本点火提前角是指在初始点火提前角的基础上，计算机控制单元根据发动机转速和负荷（进气管压力或空气流量）大小自动使点火提前角进一步增大，点火提前角增大的部分就是基本点火提前角。

修正点火提前角是指计算机控制单元根据发动机冷却水温度、节气门开度、爆震传感器信号、氧传感器信号等参数确定出的点火提前角修正量。

实际点火提前角＝初始点火提前角＋基本点火提前角＋修正点火提前角

由于初始点火提前角是固定的，因此，计算机控制点火正时的实质是根据发动机的运行工况和使用条件计算基本点火提前角、确定修正点火提前角，使实际点火提前角尽可能与最佳点火提前角接近。

二、无分电器微机控制点火系统的组成

无分电器的电子点火控制系统又称直接点火系统，它取消了分电器总成，直接将点火线圈次级绕组的两端与火花塞相连，把点火线圈产生的高压电直接送给火花塞进行点火，这样可以有效降低点火系统对无线电的干扰。点火系统为全电子电路，无机械零件，无机械故障。

1. 无分电器点火系统的组成

无分电器点火系统由低压电源、点火开关、计算机控制单元（ECU）、点火控制器、点火线圈火花塞、高压线和各种传感器等组成，如图 4-9 所示。有的无分电器点火系统还将点火线圈直接安装在火花塞上方，取消了高压线，如图 4-10 所示。

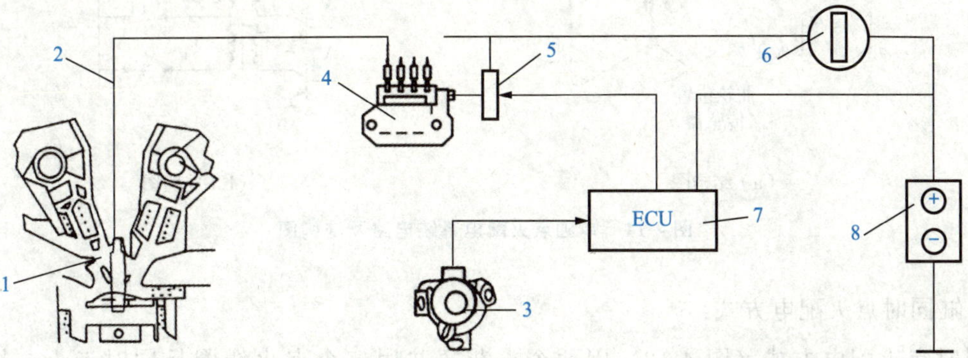

1—火花塞；2—高压线；3—传感器；4—点火线圈；5—点火控制器；
6—点火开关；7—微机控制单元（ECU）；8—蓄电池。

图 4-9　无分电器点火系统组成（1）

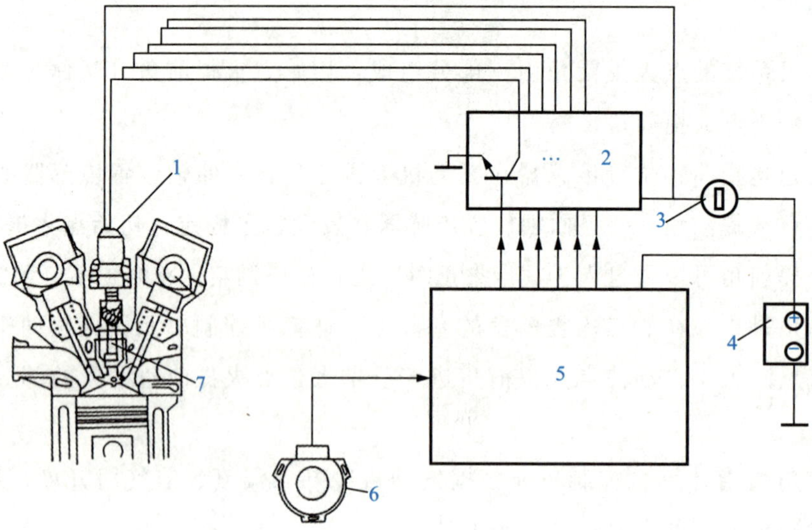

1—点火线圈；2—点火控制器；3—点火开关；4—蓄电池；
5—微机控制单元（ECU）；6—传感器；7—火花塞。

图 4-10　无分电器点火系统组成（2）

2. 无分电器的电子点火控制系统配电方式

无分电器的电子点火控制系统可分为单独点火配电方式、双缸同时点火配电方式及二极管配电点火方式三种类型。

（1）单独点火配电方式

单独点火配电方式将点火线圈直接安装在火花塞的顶上，这样不仅取消了分电器，也同时取消了高压线，故分火性能好，但结构与点火控制电路复杂。图 4-11 为其结构图和电路图。

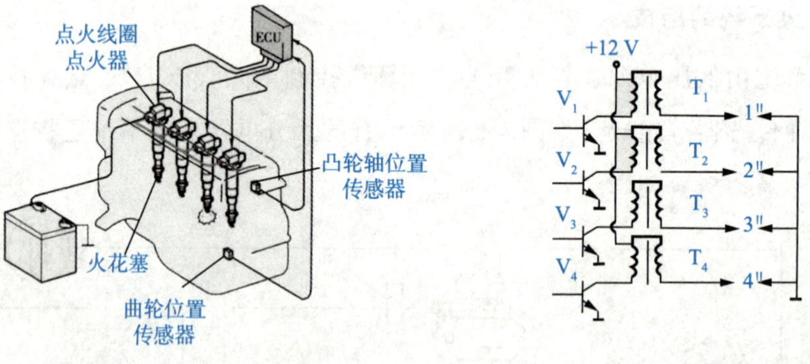

（a）结构图　　（b）电路图

图 4-11　单独点火配电系统电路及结构图

（2）双缸同时点火配电方式

双缸同时点火配电方式（图 4-12）因两个火花塞共用一个点火线圈且同时点火，故这种方式只能用在缸数为双数的发动机上，与单独点火配电方式相比，其结构与点火控制电路相对简单，但保留了点火线圈与火花塞之间的高压线，能量损失略大。串联在高压回路的二极管，可以用来防止点火线圈在初级绕组导通瞬间所产生的次级电压（1 000～2 000 V）加在火花塞上后发生的误点火而消耗点火能量。目前这种点火方式应用得较多。双缸同时点火要求共用一个点火线圈的两个汽缸工作相位差360°曲轴转角。点火时，同时点火的两个处于排气行程的汽缸由于缸内气体压力较小，且缸内混合气又处于后燃期，易产生火花，这样放电能量损失小，而大部分点火高压和点火能量被加在压缩行程的火花塞上，故处于压缩行程的火花塞跳火情况与单独点火的火花塞跳火情况基本相同。

（3）二极管配电点火方式

二极管配电点火方式的特点是4个汽缸共用一个点火线圈，该点火线圈为内装双初级绕组、双输出次级绕组的特制点火线圈，利用4个二极管的单向导电性交替完成对1、4缸和2、3缸的配电过程。这种点火配电方式与双缸同时点火配电方式相比有相同的特性，但对点火线圈要求较高。

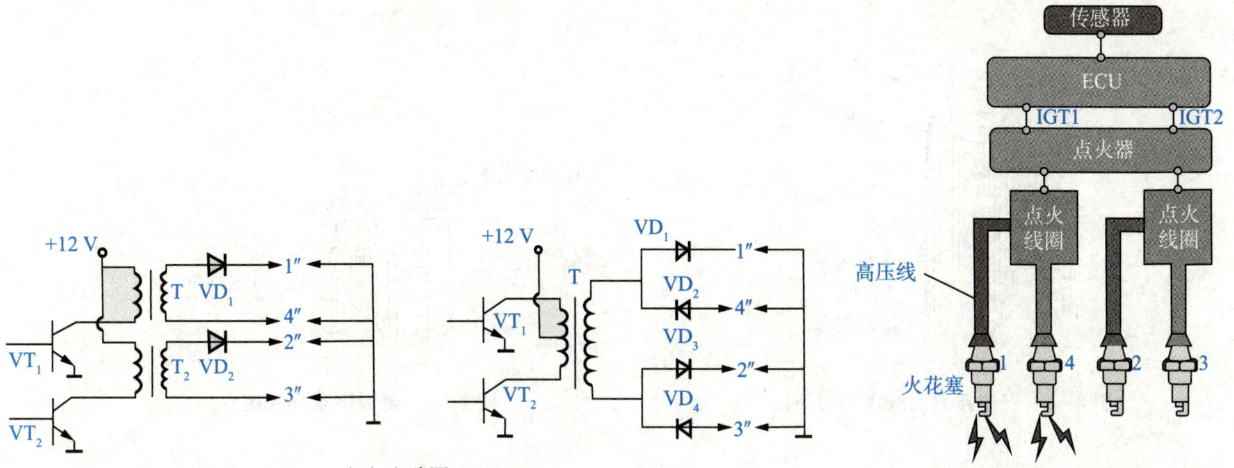

（a）电路图　　（b）结构图

图 4-12　双缸同时点火配电系统结构

任务三　点火系统主要元件及相关传感器

一、点火系统的主要元件

1. 点火线圈

点火线圈的作用是将蓄电池的低压电升高至点火所需的高压电。按磁路和结构的不同，可分为开磁路点火线圈和闭磁路点火线圈。

（1）开磁路点火线圈。开磁路点火线圈的结构如图4-13所示，点火线圈的中心部分是一个软铁芯，由硅钢片叠成，包在硬纸板套内。次级绕组为11 000～26 000匝，初级绕组数为230～370匝。点火线圈的上部是胶木盖，中央突出的部分是高压线插口，高压线插口两侧的接线柱是低压接线柱。

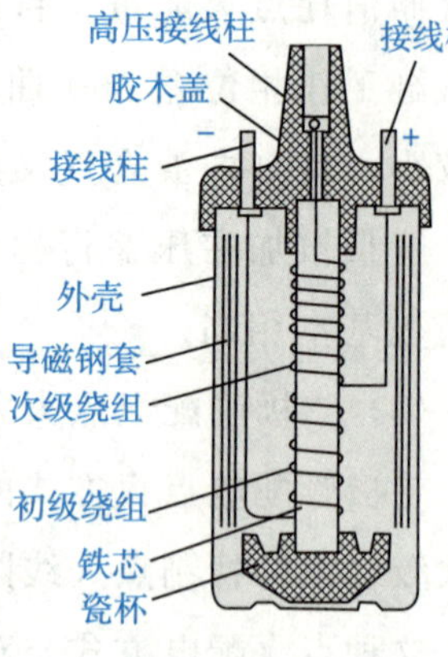

图 4-13　开磁路点火线圈的结构

当点火线圈的初级绕组通过电流时，铁芯磁化后所产生磁场的磁路如图 4-14 所示，从图中可以看出，闭合的磁力线的上部和下部都是从空气中通过的，铁芯未形成闭合的磁路，因此，这种点火线圈称为开磁路点火线圈。由于漏磁导致其点火能量较低。

（2）闭磁路点火线圈。闭磁路点火线圈的结构如图 4-15 所示，这种点火线圈的铁芯加工成“日”字形，铁芯的中间绕初级绕组，初级绕组的外面绕次级绕组。采用闭磁路点火线圈的磁路如图 4-16 所示，从图中可以看出，这种点火线圈的磁力线可由铁芯构成闭合磁路，因其漏磁少，能量损失小，能量变换效率高，所以它在电控点火系统使用广泛。

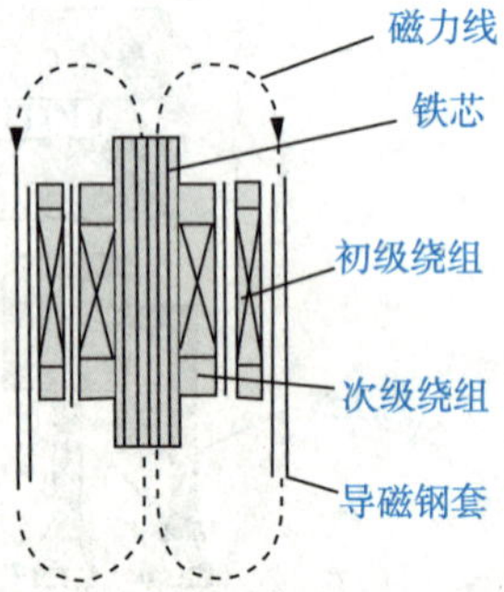

图 4-14　开磁路点火线圈的磁路图

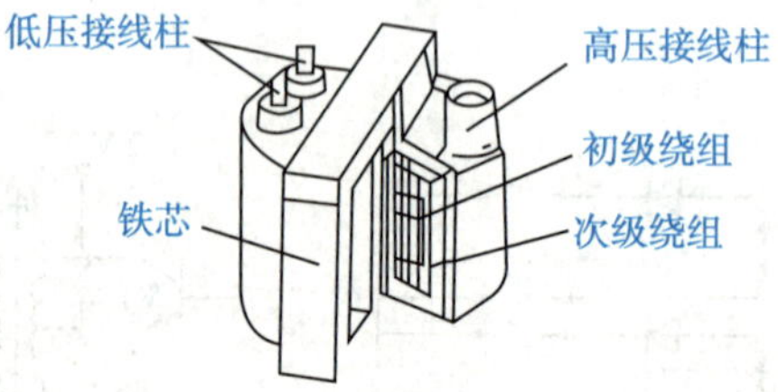

图 4-15　闭磁路点火线圈

2. 高压线

高压线用来将点火线圈的高压电送至火花塞。大多数高压线为电阻型，以抑制点火系统所产生的无线电干扰。电阻型高压线的中心部分是注入石墨的细金属丝网线芯，线芯周围是绝缘层及外皮，如图 4-17 所示。目前采用单独点火方式的点火系统已取消高压线。

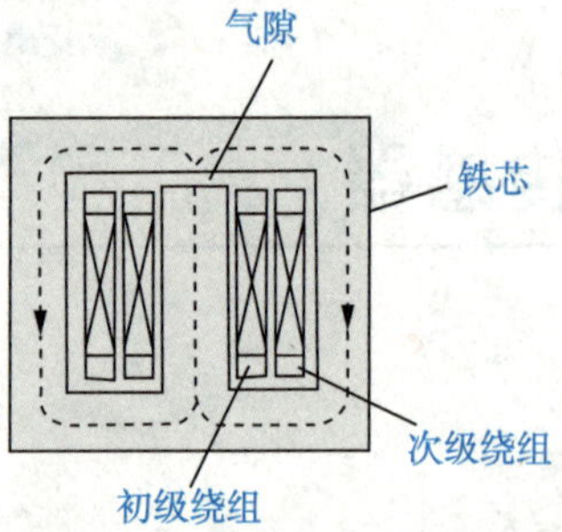

图 4-16　闭磁路点火线圈的磁路

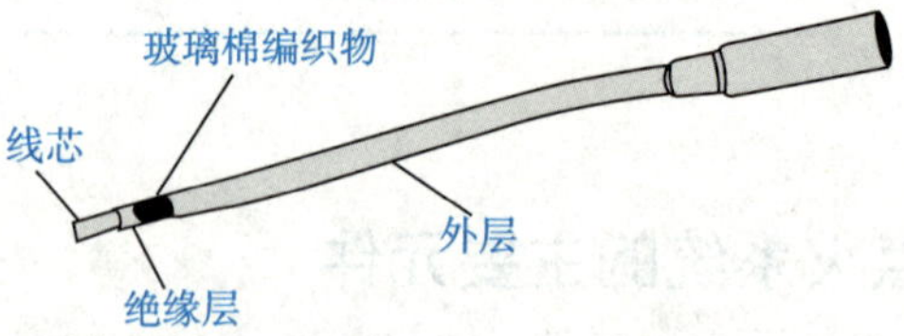

图 4-17　高压线

3. 火花塞

火花塞的作用是将点火线圈产生的高压电引入发动机的燃烧室内，通过本身的间隙产生火花放电，点燃混合气。

（1）火花塞的工作条件和对火花塞的要求

火花塞的工作条件极为恶劣，它受到汽缸内高温、高压气体的作用，同时还受到燃烧产物强烈的腐蚀作用，因此，这对火花塞提出了较高的要求，具体如下。

① 火花塞应能承受冲击性高压电的作用，其绝缘体应在 30 kV 高压的作用下保证良好的绝缘性能。

② 动机汽缸内燃烧气体的温度（1 500～2 000 ℃）与进入汽缸的新鲜混合气的温度（50～60 ℃）相差很大，火花塞要能承受这种温度的剧烈变化，并保持一定的温度，不得产生局部过热或过冷。

③ 花塞要能承受住混合气燃烧所产生的巨大的冲击力（5.88～6.86 MPa），因此，火花塞要有足够的机械强度。

④ 火花塞在工作中要受到燃烧产物中多种活性气体的腐蚀作用，因此要求火花塞的电极采用难熔、耐蚀的材料制成。

（2）火花塞的结构

火花塞的结构如图 4-18 所示，火花塞的放电部分是中心电极和侧电极，两者之间用高氧化铝陶瓷绝缘体隔开。绝缘体内部的中心导电部分分为三段：最上面是金属杆，金属杆的上部制有螺纹，接线螺母拧在其上，高压导线接在接线螺母上；中间是膨胀系数与陶瓷绝缘体相差不大的导电玻璃，确保火花塞在各种温度下的密封性；最下面一段为中心电极。

绝缘体的外面是钢制壳体，壳体与陶瓷绝缘体之间有两个铜制的内垫圈，起密封和导热作用。壳体的上部加工有供拆装火花塞用的六方，壳体的下部制有螺纹，拧入汽缸盖上相应的火花塞座孔，壳体的下端固定有侧电极。

（3）影响火花塞跳火性能的因素

① 火花塞电极形状的影响

火花塞电极的形状对放电性能有很大影响，一般电极有比较尖锐的棱角，比较容易放电，如果电极是球面的形状，则放电最困难，图 4-19 反映了不同形状的电极与放电难易程度的关系。

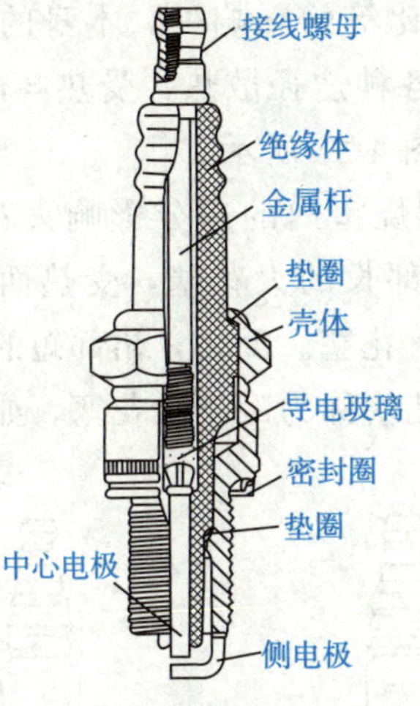

图 4-18　火花塞的结构

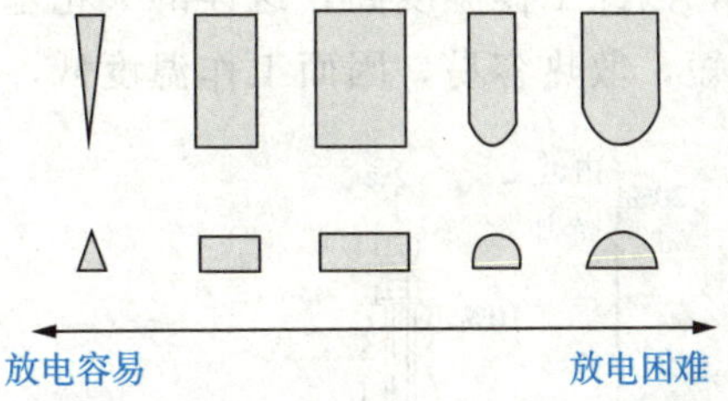

图 4-19　电极形状与放电性能的关系

为提高火花塞的放电性能，有些火花塞特意在电极上做出一些棱角，如侧电极的断面做成 U 形、中心电极上开十字口、将中心电极做细等。随着使用时间的增加，电极的棱角部分会慢慢烧蚀变圆，放电性能变差。

一般火花塞的电极间隙越大，所需要的放电电压越高。电控点火系统火花塞的间隙一般为 0.9～1.1 mm。火花塞跳火间隙与所需电压的关系如图 4-20 所示。

② 汽缸压缩压力的影响

汽缸的压缩压力越大，火花塞放电就越困难，所需的电压也就越高。在发动机全负荷、车辆低速运行以及混合气温度低时，都会使点火电压上升，造成点火困难。汽缸压缩压力与所需电压的关系如图 4-21 所示。

③ 电极温度的影响

火花塞的电极温度越高，所需的电压越低，如图 4-22 所示。

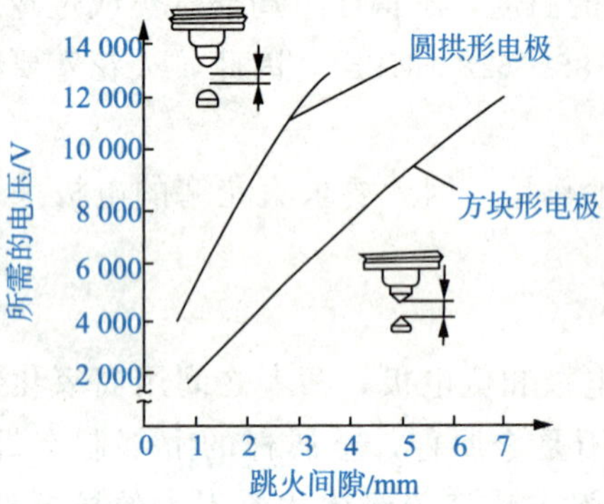

图 4-20 火花塞跳火间隙与所需电压的关系

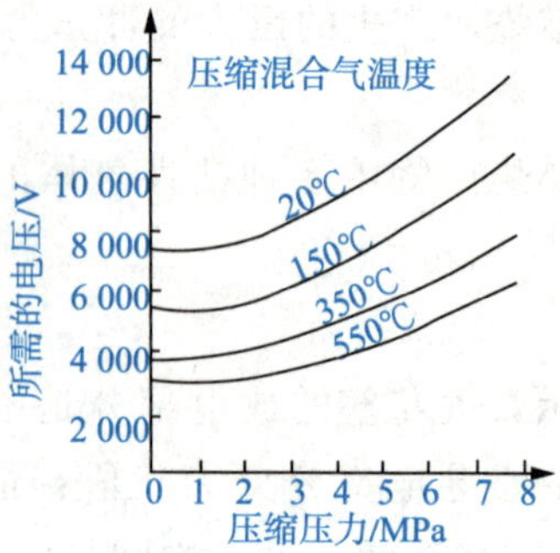

图 4-21 汽缸压缩压力与所需电压的关系

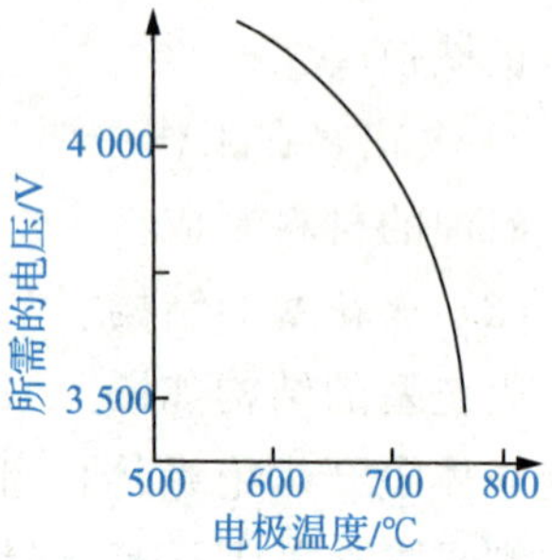

图 4-22 火花塞电极温度与所需电压的关系

(4) 火花塞的热特性

要使火花塞工作良好，必须使火花塞保持在适当的温度范围以内，此适当温度范围的下限称为火花塞的自洁温度（450～550 ℃），如果火花塞在工作中低于此温度，燃油不完全燃烧所产生的积炭就会沉积在火花塞的陶瓷绝缘体表面，导致火花塞漏电，积炭严重时，将造成火花塞不能点火。温度范围的上限称为早燃温度，大约为 950 ℃，如果火花塞中心电极的温度超过此温度，火花塞不跳火就能将混合气点燃，这种情况称为早燃。因此火花塞的正常工作温度范围为 450～950 ℃。

火花塞的工作温度除了受到发动机的功率、转速、压缩比等的影响外，本身的结构也是重要的影响因素。火花塞在工作中受到燃烧气体的加热，同时也从各种途径散热，受热与散热达到平衡时，火花塞即保持一定的温度。火花塞各处的温度及散热途径如图 4-23 所示。

就火花塞本身的结构来说，主要是陶瓷绝缘体暴露在燃烧室内的部分影响火花塞的工作温度，通常将这部分称为火花塞的裙部。在相同的工作条件下，裙部长的火花塞，受热面积大，传热的路径长，散热困难，因此工作温度高，这样的火花塞称为热型火花塞。反之，裙部短的火花塞，受热面积小，传热路径短，散热容易，因而工作温度低，这样的火花塞称为冷型火花塞，如图 4-24 所示。

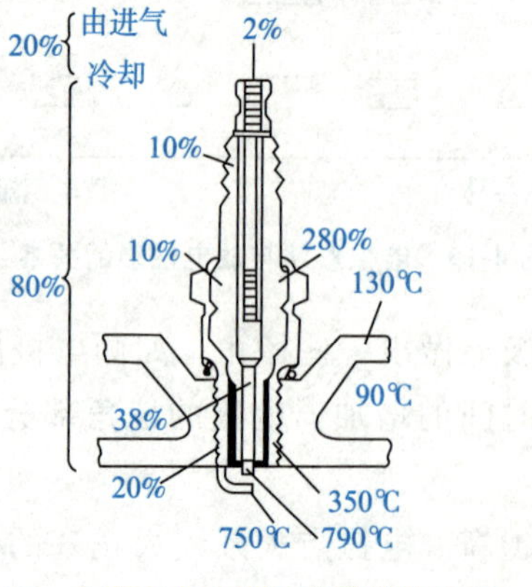

图 4-23 火花塞各处的温度及散热途径

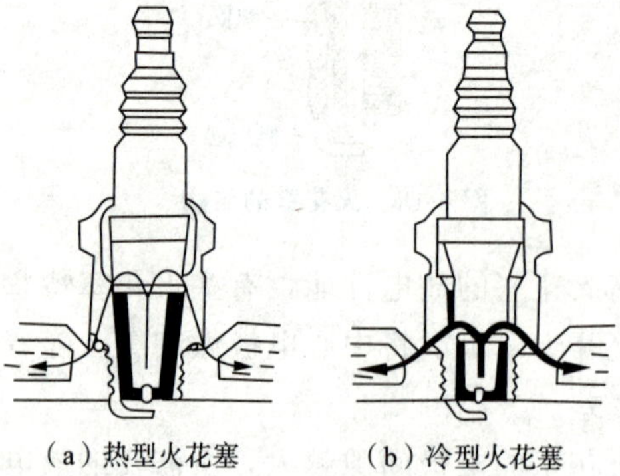

(a) 热型火花塞　(b) 冷型火花塞

图 4-24 热特性不同的火花塞

目前世界各国对火花塞热特性的表示方法不完全相同，但比较通行的做法是用热值表示。所谓热值是指火花塞散掉所吸热量的程度。通常用阿拉伯数字表示热值的高低，一般数值越大，表示火花塞越冷。我国以火花塞绝缘体裙部的长度来标定火花塞的热特性，用热值3～9来表示，见表4-1。

表 4-1　火花塞裙部长度与热值

裙部长度/mm	15.5	13.5	11.5	9.5	7.5	5.5	3.5
热值	3	4	5	6	7	8	9
特性	热←						→冷

对于高速、大功率、高压缩比的发动机，汽缸内的工作温度高，应采用冷型火花塞。对低速、小功率、低压缩比的发动机，汽缸内的工作温度低，应选用热型火花塞。介于两者之间的发动机，应采用热值中等的火花塞。对于具体型号的发动机，制造厂已为其匹配相应热值的火花塞，在使用中如果要更换火花塞，应选用厂家规定型号的火花塞，保证热值匹配。

(5) 火花塞的类型

除上述普通火花塞外，现在汽车上更多地使用其他类型的火花塞，如图4-25所示。

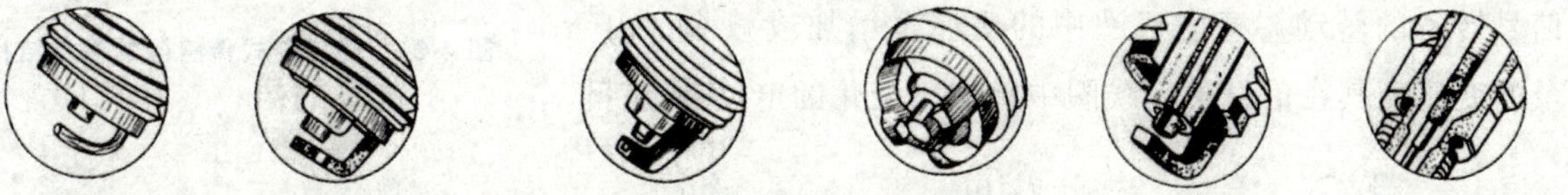

(a) 标准型　(b) 电极突出型　(c) 细电极型（带U形槽）　(d) 多极型　(e) 铜芯电阻型　(f) 内装电阻型

图 4-25　不同类型的火花塞

① 白金尖型火花塞。白金尖型火花塞的结构基本与前述的火花塞相同，只是中心电极和侧电极都覆盖一层很薄的白金薄膜，白金薄膜非常耐蚀，大大延长了火花塞的使用寿命（从普通火花塞的10 000 km延长到100 000 km）。另外为了改善火花塞的放电性能，这种火花塞中心电极的直径减小，电极间隙增大，在使用过程中也不必调整火花塞间隙。

② 多级火花塞。多级火花塞的侧电极一般为两个以上，其优点是点火可靠，电极间隙不需经常调整。

③ 突出型火花塞。突出型火花塞的绝缘体裙部较长，突出于壳体断面之外，具有吸收热量大，抗污能力好的优点，能直接受到进气的冷却，不易产生炽热点火，热适应范围宽，是应用范围最广的火花塞之一。

④ 细电极型火花塞。细电极型火花塞电极很细，特点是火花强烈，点火能力好，在寒冷条件下也能保证发动机迅速可靠启动，热范围较宽，能满足多种用途。

⑤ 铜芯宽热值型火花塞。铜芯宽热值型火花塞被高速发动机普遍采用，其内部的电极导热性能良好，热值较普通火花塞提高10%～40%，高速时能限制炽热点火，而火花塞裙部的加长，使热值的下限拓宽，同时也提高了电极耐油污、抗烧蚀的能力。

二、点火系统的相关传感器

1. 发动机曲轴位置传感器及凸轮轴位置传感器

曲轴位置传感器的作用是检测发动机转速，同时为发动机电子控制单元提供基准汽缸的曲轴位置信号，用以确定相对于每缸上止点的喷油正时和点火正时。

为了更精确地检测曲轴转角和发动机转速，发动机上还会设置凸轮轴位置传感器。曲轴位置传感器位于曲轴前端的带轮处或曲轴后端的飞轮处，凸轮轴位置传感器位于分电器内或凸轮轴的前端或后端。两种传感器常见的形式有磁感应式、霍尔式等。

(1) 磁感应式传感器的工作原理

磁感应式传感器的基本结构如图 4-26 所示，主要包括信号转子、永久磁铁、感应线圈和支座等，信号转子上有与发动机汽缸数相同的凸起。永久磁铁所形成的磁路如图 4-26 中的虚线所示，当信号线圈中的磁通发生变化时，便会产生感应电动势。

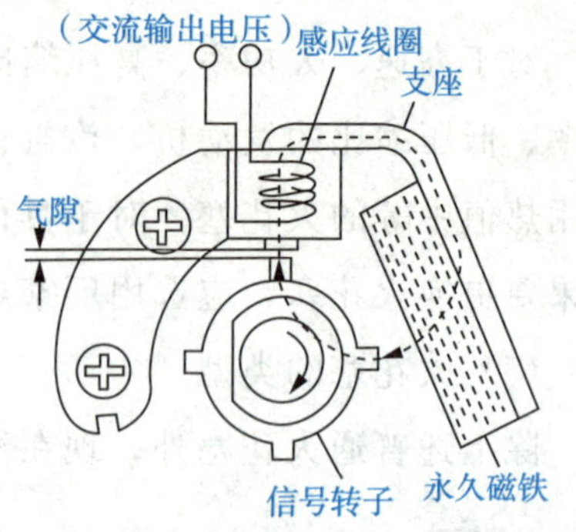

图 4-26 磁感应式传感器的基本结构

这种信号发生器产生点火信号的基本原理如图 4-27 所示，图中信号转子的 4 个位置表示了信号发生器磁通变化的情况。随着信号转子的转动，感应线圈中的磁通量增加或减小，由于磁通量的变化使其在信号感应线圈中感应出变化的电动势。

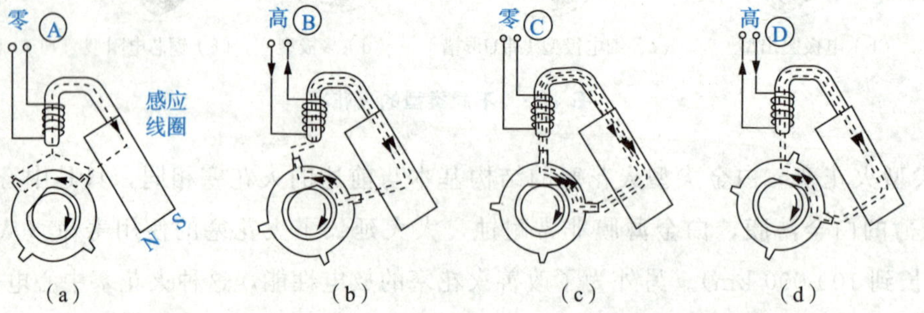

图 4-27 信号发生器产生点火信号的基本原理

图 4-27 中的 A、B、C、D4 个位置所对应的磁通与图 4-28 中磁通变化曲线中的 A、B、C、D4 个点是一一对应关系，A、C 两点的磁通变化率等于零，所以感应电动势也等于零。

信号转子在旋转时所产生的磁通变化情况及信号线圈所产生的感应电动势的情况如图 4-28 所示。B、D 两点的磁通变化率最大，所以所对应的感应电动势最大。此外从图 4-28 中还可以看出，转速提高，使转子的转速也提高，转速的提高增加了磁场的变化速度，感应电动势也相应增加。从这种信号发生器的工作原理可以看出，其信号电压是随着发动机转速的提高而增大的。

图 4-29 为典型的电磁感应式曲轴位置传感器。该曲轴位置传感器主要由信号转子和线圈组成，信号转子位于曲轴前端带轮处，共有 34 个信号齿和两个空缺齿。转子旋转时，由于转子凸起与感应线圈的间隙不断发生变化，通过线圈的磁通也不断变化，线圈两端便产生感应电压，并以交流形式输出。

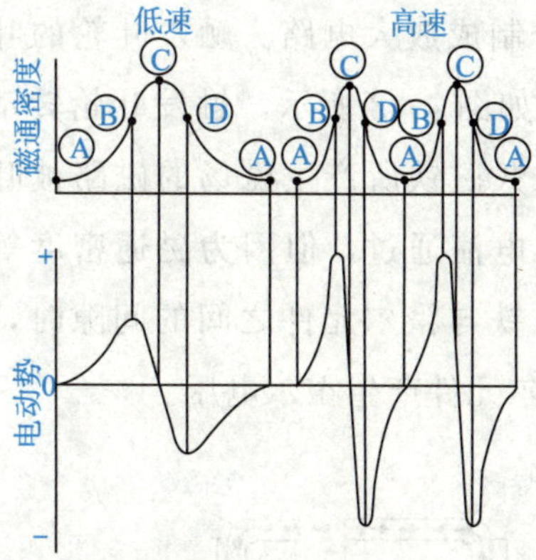

图 4-28　磁路中磁通的变化及信号线圈中感应电动势

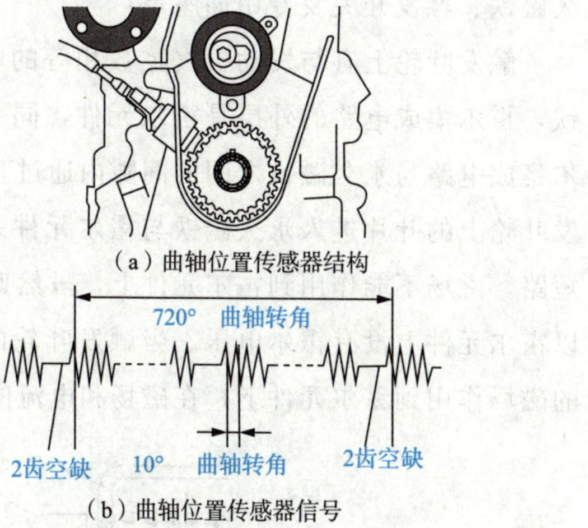

图 4-29　典型的电磁感应式曲轴位置传感器

(2) 霍尔式传感器的工作原理

霍尔式传感器是利用霍尔效应原理工作的，其原理如图 4-30 所示。

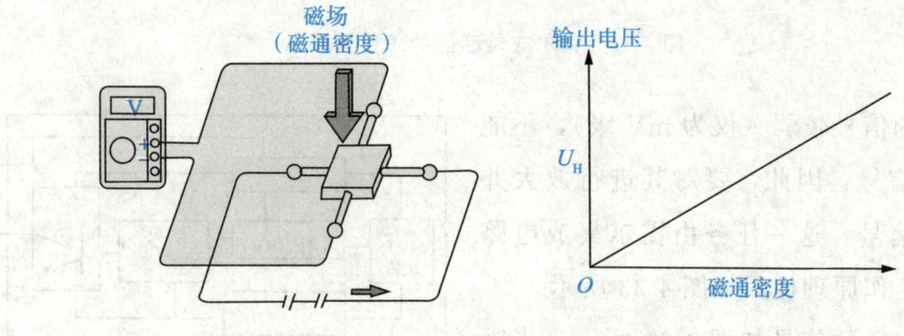

图 4-30　霍尔效应原理

给一块放在磁场中的半导体基片通以电流时，在垂直于磁场和电流的方向上便会产生一个与电流和磁通密度成正比的电压，此电压即为霍尔电压 U_H，霍尔电压的大小可用下式表示

$$U_H=\frac{R_H}{d}IB$$

式中　R_H——霍尔系数；

d——半导体基片厚度；

I——电流；

B——磁通密度。

从上式可知，在电流一定时，霍尔电压的大小与磁通密度成正比，且与磁通的变化率无关。这也就是说，在电流一定的情况下，只要改变磁通密度，就可以改变霍尔电压的大小，霍尔式传感器就是基于此原理制成的。

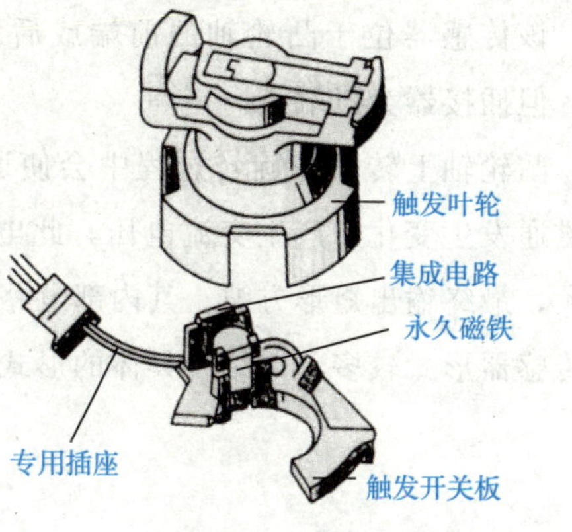

图 4-31　一种实用的霍尔式传感器的结构

图 4-31 为一种实用的霍尔式传感器的结构，包括与分火头制成一体的触发叶轮、霍尔集成电路、带导磁板的永

久磁铁、触发开关及专用插座等。

触发叶轮上有与发动机汽缸数相等的叶片，触发开关上制有霍尔集成电路、带导磁板的永久磁铁，霍尔集成电路的外层是霍尔元件，同一基板的其他部分制成放大电路。触发叶轮的叶片可在霍尔集成电路与永久磁铁之间的间隙内通过。其基本工作原理如图 4-32 所示，触发叶轮转动时，当触发叶轮上的叶片进入永久磁铁与霍尔元件之间的间隙时，永久磁铁所产生磁场的磁路被叶轮的叶片短路，磁场不能作用到霍尔元件上，虽然此时霍尔元件上有电流通过，但因为磁通密度等于零，所以霍尔元件上没有霍尔电压。当触发叶轮的叶片离开永久磁铁与霍尔元件之间的间隙时，永久磁铁的磁场作用到霍尔元件上，在磁场和电流的共同作用下，霍尔元件产生霍尔电压。

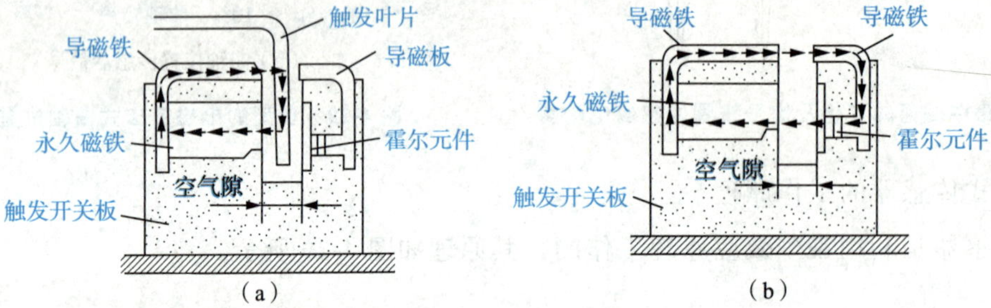

图 4-32 霍尔式传感器的工作原理

由于霍尔电压的信号较弱（仅为 mV 级），不能用来直接作为点火信号，因此，要对其进行放大并转换为矩形的方波信号，这一任务由霍尔集成电路完成，集成电路的工作原理框图如图 4-33 所示。

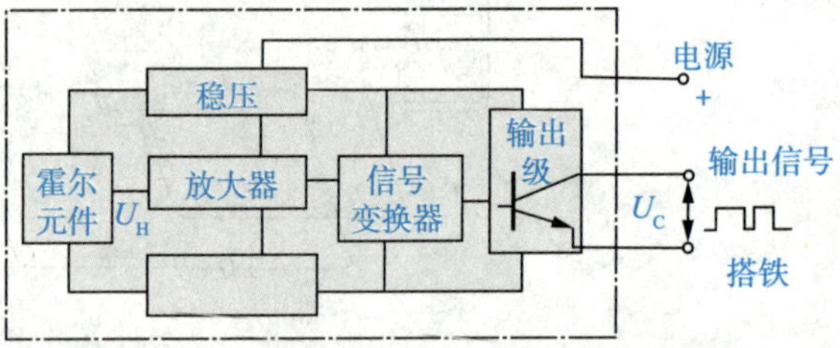

U_H—霍尔电压；U_C—输出信号电压。

图 4-33 霍尔集成电路工作原理框图

经集成电路放大后的信号如图 4-34 所示，当叶片处于空气间隙中时，信号发生器输出高电平（接近电源电压），叶片不在空气间隙时，输出低电平（0.3～0.4 V）。

由于霍尔信号发生器在工作中需要始终提供通过霍尔元件的电流，所以这种信号发生器是属于有源的信号发生器。

图 4-35 为另一种利用霍尔原理及磁阻元件制成的凸轮轴位置传感器。该传感器位于凸轮轴的前端或后端，外观与磁感应式传感器相似，但插接器为三端子。

凸轮轴上转子在旋转过程中会使通过霍尔元件（内置磁阻材料）的磁通发生变化，产生交流电压，此电压经过整形电路的整形和信号放大，最终输出矩形方波。其内部电路如图 4-36 所示。基于霍尔原理的传感器形式较多，需结合具体的形式加以分析。

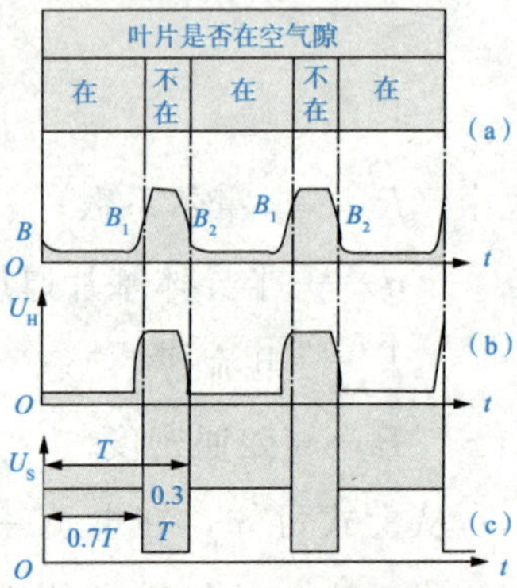

B—通过霍尔元件的磁场强度；
B_1—通过霍尔元件的磁场强度 1；
B_2—通过霍尔元件的磁场强度 2；U_H—霍尔电压；
U_s—经过整流放大后的霍尔电压信号。

图 4-34 经集成电路放大后的信号

图 4-35　另一种利用霍尔原理及磁阻元件制成的凸轮轴位置传感器

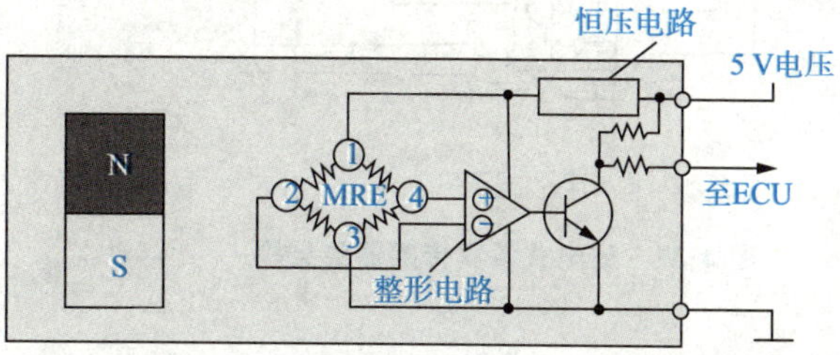

图 4-36　磁阻型凸轮轴位置传感器电路内部电路

2. 爆震传感器

爆震传感器用来检测发动机是否发生爆震，如果发动机发生爆震，微机将自动减小点火提前角，若检测到无爆震，将自动增加点火提前角，使发动机处于爆震边缘。常见的爆震传感器有磁致伸缩式和压电式两种。

磁致伸缩式爆震传感器的外形与结构如图 4-37 所示，其内部有永久磁铁、靠永久磁铁励磁的强磁性铁芯及铁芯周围的线圈，分解后的结构如图 4-38 所示。当发动机发生爆震时，汽缸体便会出现振动，在振动频率为 7 kHz 时，便会出现共振，强磁性铁芯的磁导率发生变化，引起永久磁铁穿过铁芯的磁通变化，铁芯周围的线圈就会产生感应电动势，此电动势即为爆震信号。

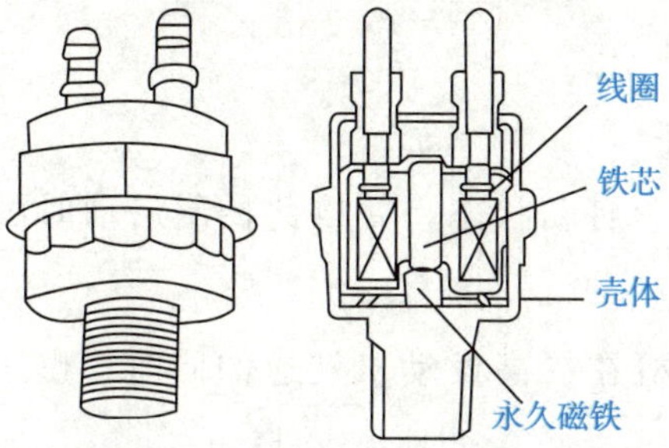

图 4-37　磁致伸缩式爆震传感器

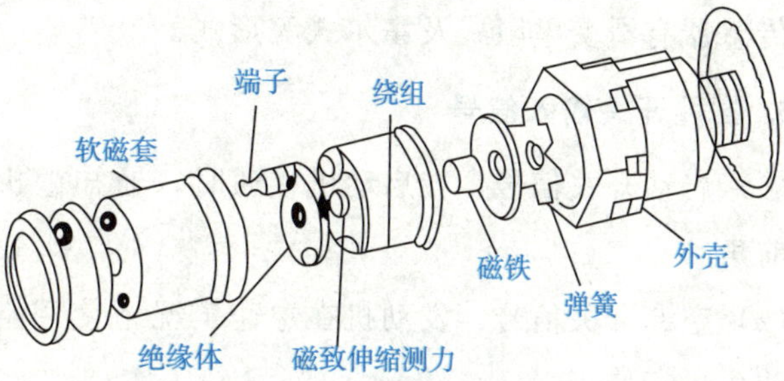

图 4-38　磁致伸缩式爆震传感器的分解图

压电式爆震传感器的结构如图 4-39 所示，传感器里用陶瓷多晶体的压电效应或掺杂硅的压电电阻效应产生爆震信号。传感器的外壳内装有压电元件、配重块及导线等。当发动机发生爆震，汽缸体产生的振动传递到传感器的外壳上时，外壳与配重块之间产生相对运动，夹在这两者之间的压电元件的挤压力发生变化，这样压电元件由于压力的变化而产生电压，控制组件仅能检测到频率为 7 kHz 左右振动压电元件所产生的电压，并根据电压的大小判断爆震的强度。这种传感器的输出特性如图 4-40 所示。

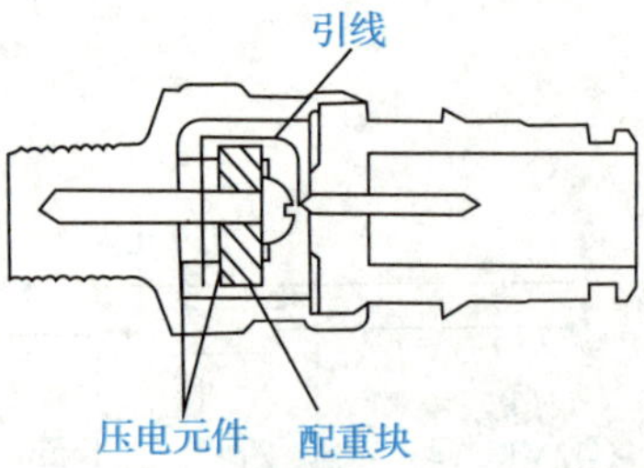

图 4-39　压电式爆震传感器的结构

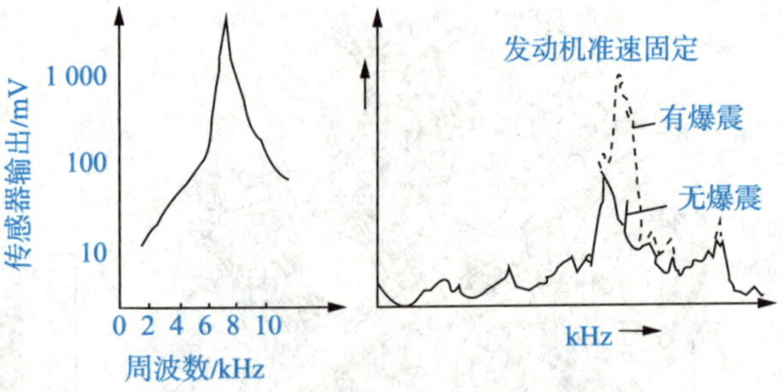

图 4-40　压电式爆震传感器的输出特性

3. 冷却液温度传感器

冷却液温度传感器都是利用热敏电阻随着温度的变化电阻也发生变化的特性来工作的。热敏电阻有正温度系数和负温度系数之分，负温度系数电阻值会随着温度的升高而降低，汽车上的温度传感器采用的是负温度系数热敏电阻。电脑根据冷却液温度的信号对点火进行修正，图 4-41 为温度传感器工作电路。

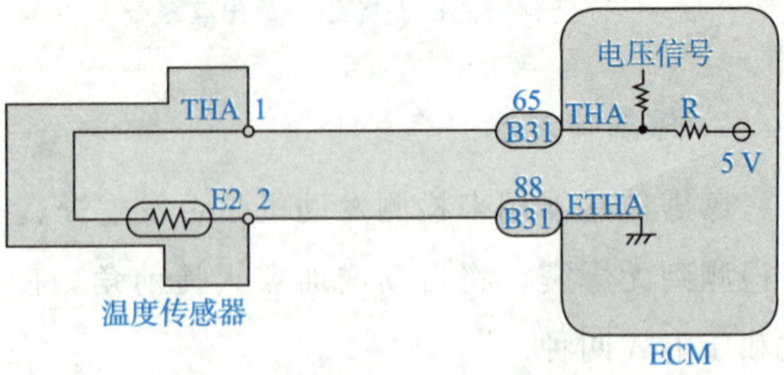

图 4-41　温度传感器工作电路

4. 节气门位置传感器

节气门位置传感器的作用是将节气门的开度转化为电信号输入给 ECU，由 ECU 根据这些信号来计算节气门的开度，用来进行空燃比修正、功率提高及燃油切断控制等。若使用电子加速踏板和电子节气门，此信号还用来检测节气门的实际开度并由 ECU 控制和修正节气门电动机的动作。节气门位置传感器有滑变电阻式及霍尔式等形式。

5. 各种开关输入信号

（1）启动开关信号：在启动机接通时，通知微机发动机处于启动状态，并以此控制启动时的点火提前角。

（2）空调开关信号：发动机在怠速工况下使用空调时，微机在提高发动机转速的同时，也对点火提前角进行修正。

（3）空挡开关信号：在配置自动变速器的车辆上，此信号可以使微机获得变速器位于空挡的信息，对点火提前角进行必要的修正。

三、点火系统的控制

1. 电子控制单元（ECU）及点火器

电子控制单元 ECU 接收各传感器输送的点火控制信号，并进行存储、运算和分析处理，然后向点火器发出指令，以完成对点火提前角、通电时间和爆震的控制。

点火器又称点火模块，是微机点火控制系统的功率输出级，它按电子控制器输出的指令工作，并对点火信号进行放大，驱动点火线圈工作。各种发动机点火器的内部结构也不一样，个别的点火模块只有大功率晶体管，单纯起开关作用。而更多的点火模块还有电流控制、闭合角控制、判别缸位、点火监视等功能。还有一些发动机不单设点火器，将大功率晶体管组合在发动机控制电脑中，由电脑直接控制点火线圈中初级电流的通断。

基本控制过程如下。

(1) 发动机运行，ECU 不断地采集发动机转速、负荷、冷却水、进气温度等信号，并根据存储器 ROM 中存储的有关程序与相关数据，确定该工况的最佳点火提前角，以此向点火器发出指令。

(2) 点火器模块根据 ECU 的指令，控制点火线圈初级回路的导通与截止。当电路导通时，有电流从点火线圈中的初级绕组通过，点火线圈此时将电流以磁场能的形式储存起来。当初级绕组中的电流被切断时，次级绕组感应生成高压电，经分电器送至各缸火花塞，产生电火花点燃可燃混合气。

另外，在带爆震传感器的控制系统中，ECU 还可以根据爆震传感器的输入信号来判断发动机的爆燃程度，并将点火提前角控制在轻微爆燃的范围内，使发动机获得较高的燃烧。

2. 点火系统控制的基本内容

(1) 点火提前角的控制。

ECU 根据汽油机的各种工况信号对点火时刻进行控制。首先根据发动机的转速和进气信号（负荷）从存储器的数据中找到相应的基本点火提前角，其次根据其他传感器信号值加以修正，得出实际的点火提前角。最佳点火提前角由三部分组成：初始点火提前角、基本点火提前角和修正点火提前角。

① 初始点火提前角由发动机的结构及曲轴位置传感器的安装位置决定，是未经电子控制器修正的点火提前角，通常为固定值，其大小因车型或发动机形式而异，此点火提前角一般用作发动机启动时的点火提前角。

② 基本点火提前角是由电子控制器根据发动机的转速和负荷所确定的点火提前角，是发动机运行过程中最主要的点火提前角。发动机在各种工况下的最佳基本提前角是通过大量的台架试验得出的，将试验数据优化后做出了如图 4-42 所示的点火提前角控制脉谱图（MAP），并将其存储在电子控制器的存储器中。发动机在运行过程中，电子控制器通过发动机转速和负荷传感器获得发动机的工况信息，根据发动机所处的工况，从存储的数据中得出最佳的点火提前角。

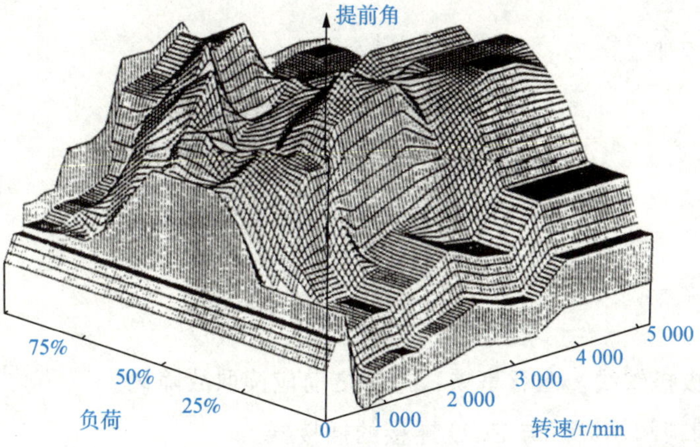

图 4-42　点火提前角控制脉谱图

③ 修正点火提前角主要包括以下几个方面：暖机修正、过热修正、空燃比反馈修正、怠速稳定

性修正等。根据发动机的实际工作情况对点火提前角进行修正，保证发动机在最佳状态下工作。

（2）闭合角的控制

控制初级电路的通电时间，保证点火能量。

（3）爆震控制

当发生剧烈爆震时，发动机各部分温度上升，使输出功率下降，严重时还会引起活塞烧结、活塞环黏着、轴承破坏和气门烧蚀等。推迟点火可以减轻甚至避免爆震，爆震控制的目的就是根据爆震传感器的信号调整点火提前角，使汽油发动机工作在临界爆震状态。使用爆震传感器的控制方式对点火时刻进行检测、反馈并加以修正，因此，也被称为闭环控制。其控制过程如图 4-43 所示。

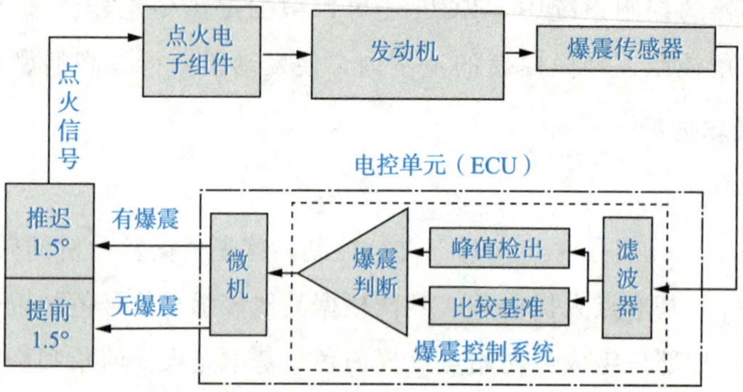

图 4-43　爆震控制过程图

项目实训

一、实训准备

（1）扳手、旋具、尖嘴钳、跨接线、试灯、万用表、塞尺。

（2）翼子板护裙、转向盘护套、变速杆护套、座椅护套和脚垫。

（3）火花塞及部件。

（4）威朗轿车维修手册。

二、实训过程

火花塞的拆装与检测

1. 点火系统的拆卸

（1）关闭点火开关。

（2）拆下蓄电池负极搭铁线。注意事项：拆卸之前应读取故障码。

（3）拉开 ECU 上的锁扣，拔下与 ECU 连接的插接器。

（4）拆开与点火模块连接的插接器。

（5）拔下点火模块上的 4 根高压导线。

（6）松开进气歧管上连接点火模块的螺钉，拆下点火模块。

（7）发动机在冷态时，拔下与火花塞相连的 4 根高压导线。

（8）用火花塞套筒拧下汽缸盖上的火花塞，将缸盖上的火花塞孔用棉纱堵好。

2. 注意事项

（1）按缸序将火花塞摆放整齐，整理好高压导线及线束。

（2）在准备更换前，车辆要熄火冷却一定的时间之后再开始更换。

（3）注意整个操作的清洁情况，一定擦除点火线圈周围的灰尘油污，如果进入燃烧室内，会产生严重不良影响，尽量戴上手套操作。

（4）拧所有螺丝的时候，要力度均匀、直上直下，以免螺口破裂。

（5）安装完成后，检查点火线圈接线，打火试车。

3. 清洁检查

（1）清除火花塞积炭：火花塞积炭较多时，相当于在电极间隙处并联一个电阻，称之为泄漏电阻。泄漏电阻使得次级电压不易建立，甚至造成发动机断火。清除火花塞积炭时，不能使用钢丝等工具，以免损伤绝缘体，应当使用火花塞专用清洗设备。

（2）检查火花塞外观：绝缘体无裂纹、无破损；中心电极无烧蚀、无积炭。

（3）测量火花塞间隙。

4. 火花塞间隙的调整

火花塞间隙一般为 0.7～0.8 mm，测量时应用钢丝式专用量规（不得使用普通量规），若火花塞间隙过小，穿透电压下降，电火花强度变弱，当汽缸新鲜混合气受废气冲淡的影响较大时，可能产生缺火现象。当火花塞间隙不符合规定数值时，可以使用专用工具弯曲旁电极进行调整如图 4-44 火花塞间隙的测量调整。

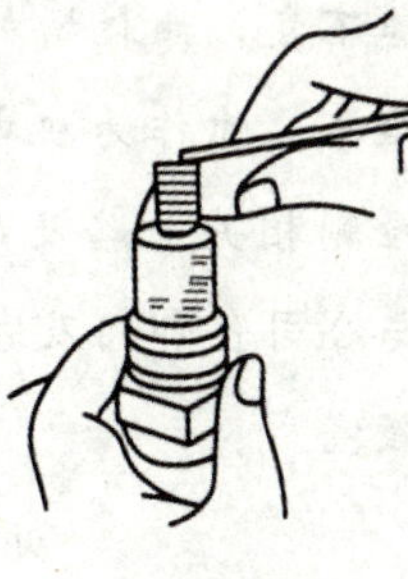
（a）间隙的测量

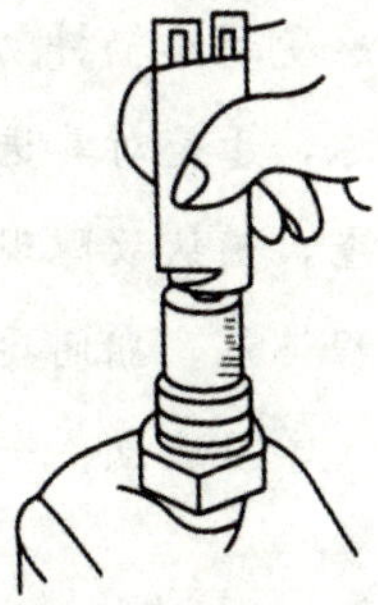
（b）间隙的调整

图 4-44　火花塞间隙的调整

三、评价反馈

对本学习任务进行评价，见表 4-2。

表 4-2　评分表

考核项目	评分标准	分数	学生自评	小组评价	教师评价	小计
活动参与	是否积极主动	5				
安全生产	有无安全隐患	10				
现场 5S	是否做到	10				
任务方案	是否合理	15				
操作过程	（1）火花塞的拆装 （2）火花塞的清洁检查 （3）火花塞间隙的测量 （4）火花塞间隙的调整	30				

（续表）

考核项目	评分标准	分数	学生自评	小组评价	教师评价	小计
任务完成情况	是否圆满完成	5				
工具和设备使用	是否规范、标准	10				
劳动纪律	是否违反	10				
工单填写	是否完整、规范	5				
总分		100				
教师签名：				年　月　日	得分	

典型任务

火花塞不跳火故障检修

工作情境

一辆威朗汽车进厂维修，客户反映自己的车辆难以启动，启动以后易出现熄火现象，而且能明显感受到车辆抖动、加速不良，油耗增加。经过检查，维修人员发现该车辆的故障为火花塞不跳火故障，于是对其进行了维修。你作为机电组维修人员，需在规定时间内按专业要求对点火系统进行检查，确认故障现象，检测相关电路及部件，维修更换损坏部件，要求达到相关法规要求，并作好过程记录，期间要做好与公司各部门及客户的协调与沟通，修复车辆检验合格后交付客户。

学习地点：一体化教室。

火花塞不跳火故障检修评分表

班级：＿＿＿＿＿　组别：＿＿＿＿＿　组长：＿＿＿＿＿　组员：＿＿＿＿＿

学习任务名称：火花塞不跳火故障检修							
类别	考核内容	配分	评分标准		考核记录	考核方式	得分
工作过程知识（自评＋师评）	火花塞组成及各部分功用	10分	能指认火花塞组成名称、功用	5			
			能描述火花塞各组成部分名称和功用	5			
	电路识读与构建的方法	10分	能识读电路图中种符号和标注，并能描述火花塞工作过程	5			
			能根据启动电路图列出电路构建的步骤	5			
	火花塞常见故障分析	10分	能说出火花塞常见故障	5			
			能说出点火线路常见故障	5			
	分析故障原因制定诊断计划	10分	能分析出故障的可能原因	4			
			能制定出科学合理的诊断计划	6			

（续表）

学习任务名称：火花塞不跳火故障检修							
类别	考核内容	配分	评分标准		考核记录	考核方式	得分
工作过程实践技能（师评）	火花塞检查	10 分	能正确使用和检查火花塞，确认现象，规范维护和更换。	10			
	点火系统电路构建与测量	10 分	能拆绘点火系统电路，构建和测量点火系统电路，按技术规范查找和测量各部件及线路，并判断是否完好	10			
	线路修复、损坏部件更换	10 分	能按技术要求规范地拆装、维修、更换损坏部件	10			
	火花塞检测	10 分	能正确规范使用检测仪器进行火花塞检查操作	10			
			能正确判定火花塞是否损坏	5			
职业素养（组评）	职业素养	20 分	安全规范操作	5			
			工具使用与摆放、5S	5			
			沟通、交流、合作	5			
			到勤、纪律	5			
合计		100 分			得		

教师签字/日期

项目总结

本项目主要介绍了汽车点火系统的相关知识。首先介绍了传统点火系统的组成；其次介绍了微机控制点火系统；最后介绍了点火系统的主要元件和相关传感器。通过本项目的学习，帮助读者更好地了解汽车点火系统的工作原理和实际操作过程，提高汽车维修和保养方面的技能。

思考练习

一、填空题

1. 传统点火系统主要由电源、________、________、________、点火开关及附加电阻等部件组成。

2. 点火线圈按其磁路结构形式的不同，可分为________式和________式两种。

3. 配电器由分火头和分电器盖组成，其作用是________。

4. 电子点火系中常见的点火信号发生器有________式、________式、________式三种。

5. 霍尔式分电器总成主要由____________、____________、____________组成。

6. 实际点火提前角＝________提前角＋________提前角＋________提前角。

7. 发动机每完成一个工作循环，曲轴转________周，分电器轴及触发叶轮转________周，霍尔元件被交替地隔离________次，因而随之产生________次霍尔电压。

二、简答题

1. 点火系统是如何分类的？

2. 传统点火系统由哪些部分组成？

3. 点火线圈的类型？说明它们的主要区别。

4. 电子控制点火系统由哪几部分组成？各有什么功用？

5. 简述微机控制点火系统的工作原理。

6. 一辆威朗轿车火花塞不点火，请结合点火系统所学的相关知识判断哪些原因可能导致此种故障？

项目五

汽车照明及信号系统的检修

项目导读

汽车照明系统是汽车安全行驶的必备系统之一。在夜间或者能见度低的情况下，照明系统能够向行人、乘客和交通管理人员提供照明，同时对其他车辆或者行人起到提示或者警告作用，以保证汽车安全行驶。

学习目标

知识目标

- 掌握汽车灯系的组成。
- 掌握汽车前照灯的种类、构造、调整方法、电路工作过程及故障诊断排除方法。
- 掌握汽车信号装置种类、组成、电路工作过程及故障诊断排除方法。
- 掌握电喇叭的构造、电路组成、工作过程及故障诊断排除方法。

能力目标

- 能够按照要求正确操控前照灯、雾灯、尾灯、制动灯、转向灯和倒车灯等灯具。
- 能够通过分析电路图对典型车型的照明与信号系统进行检修。
- 能完成“汽车前照灯不亮故障检修”的工作任务。

素质目标

- 培养学生具有环保意识，能够自觉保持工作场所的整洁。
- 培养学生养成精益求精、关注细节的良好习惯。

思政目标

- 培养学生树立服务制造强国理想信念、增强民族自豪感。
- 培养学生的社会责任感，能意识到自己的职业选择和发展方向对于社会进步的重要性。

任务一 汽车灯系的组成

汽车照明系统的主要作用是在夜间行车时帮助驾驶员和乘员获得外界信息，改善车内照明条件，同时向外界提供行车信息，以保证行车安全。照明系统的功用如图 5-1 所示。

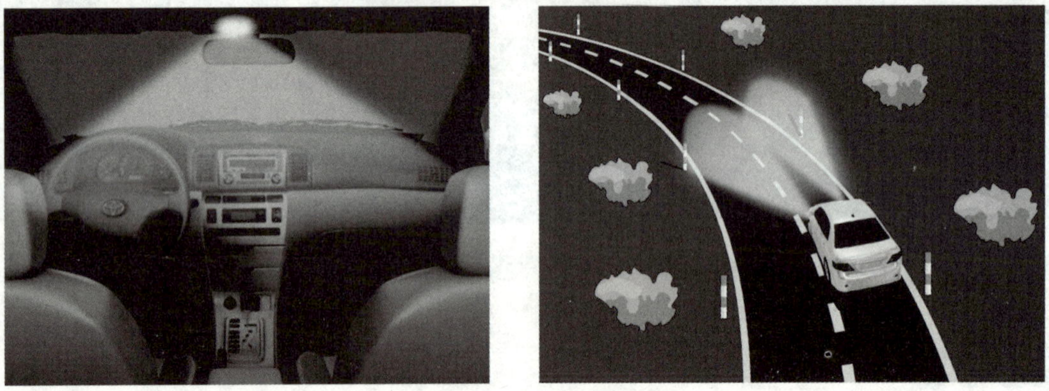

(a) (b)

图 5-1 照明系统的功用

汽车照明系统可分为外部照明装置和内部照明装置两部分，主要包括行车照明、车厢照明、仪表照明以及检修照明等，其中主要的照明部件有前照灯、雾灯、牌照灯、仪表灯、顶灯以及工作灯等，如图 5-2 所示。

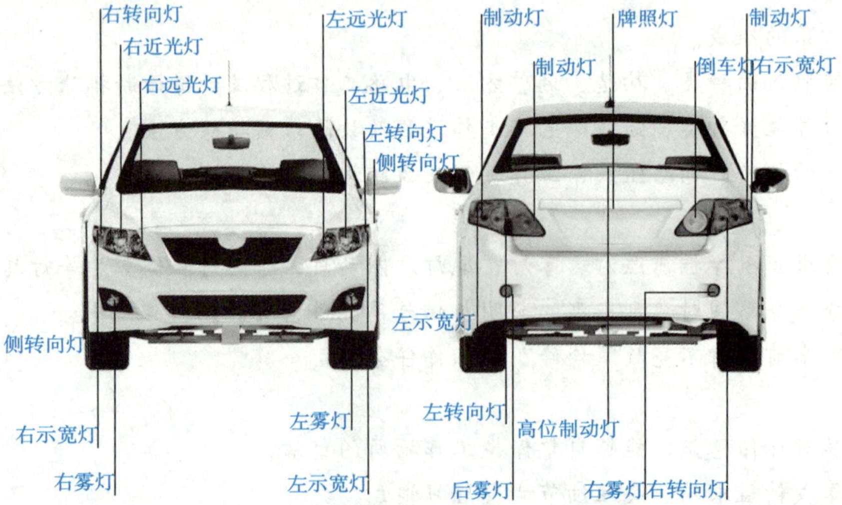

图 5-2 照明系统组成

1. 前照灯

前照灯安装在汽车头部两侧，用来照明车辆前方道路，发出的光一般为黄色或白色。前照灯俗称大灯，装在汽车头部的两侧，用于夜间或光线昏暗路面上汽车行驶时的照明，有两灯制和四灯制两种。

2. 雾灯

雾灯安装位置比前照灯略低，射出的光线倾斜度较大，发出的光为黄色或橙色。安装在车头和车尾，位置比前照灯稍低。装于车头的雾灯称为前雾灯，装于车尾的雾灯称为后雾灯。交通法规规定在高速公路行驶的汽车必须有后雾灯。前雾灯主要用于在有雾、下雪、暴雨或尘埃等恶劣条件下改善道路照明情况，此外，当前很多车型还使用前雾灯作为驾驶转向时的辅助照明。

3. 示宽灯与尾灯

示宽灯与尾灯都是低强度灯，用于夜间给其他车辆指示车辆位置与宽度。位于前方的称为示宽灯，位于后方的称为尾灯。

4. 制动灯

制动灯安装在车辆尾部，通知后面车辆该车正在制动，以避免后面车辆与其后部碰撞。

5. 转向信号灯

转向信号灯安装在车辆两端以及前翼子板上，向前后左右车辆表明驾驶人正在转弯或改换车道。转向信号灯每分钟闪烁 60～120 次。

6. 危险警告灯

车辆紧急停车或驻车时，危险警告灯给前后左右车辆显示车辆位置。转向信号灯同时闪烁时，即作危险警告灯用。

7. 牌照灯

牌照灯用于夜间行车时的牌照照明，安装在牌照的上方或侧面，发出的光为白光。牌照灯用于照亮尾部车牌，当尾灯点亮时，牌照灯也点亮。

8. 倒车灯

倒车灯安装于车辆尾部，在点火开关接通且变速器挂入倒挡时点亮，为驾驶人倒车时提供照明，同时也警告后车驾驶人及车后的行人。

9. 仪表灯

仪表灯用于夜间照亮仪表盘，使驾驶人能看清仪表。尾灯亮时，仪表灯同时亮。有些车辆还加装了灯光亮度控制变阻器，使驾驶人能够调整仪表灯的亮度。仪表灯由灯光开关控制。

10. 顶灯

顶灯用于车内照明，装于驾驶室或车厢顶部。有些车型，顶灯也作为车门未关警告灯，当门关闭不严时灯亮，提醒驾驶人注意。顶灯由顶灯开关和门控开关控制。

11. 行李舱灯

行李舱灯用于打开行李舱时照明，由车灯开关和行李舱门控开关控制。

以上装置中的前照灯、示宽灯及尾灯、倒车灯、转向信号灯、牌照灯、制动灯等都是强制安装使用，其他灯光设备是在一定条件下强制安装或选装。

任务二 汽车前照灯的检修

一、汽车前照灯的结构和类型

前照灯主要用于夜间行车道路照明，有些车型也兼作超车信号灯。灯光为白色，有两灯制和四灯制（外双内远）两种配置方式，功率一般为 40～60 W。前照灯有较特殊的光学结构，因为它既要保证夜间车前道路 100 m 以上有明亮而均匀的照明，又要具有防眩目装置，以避免夜间两车交会时造成对方驾驶人眩目而发生事故。前照灯主要由灯泡、反射镜和配光镜三部分组成。灯泡有单灯丝和双灯丝两种。

1. 前照灯的结构

（1）灯泡

汽车前照灯灯泡有白炽灯泡、卤素灯泡、新型高压放电氙气灯泡和 LED 灯泡四种类型，如图 5-3 所示。

① 白炽灯泡是从玻璃泡抽出空气，再充以氩和氮的混合惰性气体制成的，可以减少钨的蒸发，延长灯泡的使用寿命。

② 素灯泡是在充入的惰性气体中掺入某种卤族元素，卤素灯泡的尺寸小，壳体用耐高温、机械强度较高的石英玻璃制成，亮度是白炽灯泡的 1.5 倍，寿命是白炽灯泡的 2～3 倍，现已广泛应用。卤素灯泡从外形上分为 H1、H2、H3、H4。其中 H4 为双灯丝，广泛应用于前照灯，其余为单灯丝。

③ 新型高压放电氙气灯泡由弧光灯组件、电子控制器和升压器组成。光色和日光灯非常相似，灯泡里没有灯丝，取而代之的是装在石英管内的两个电极，管内充有氮气及微量金属，如图 5-4 所示。亮度是目前卤素灯泡的 3 倍左右，克服了传统钨灯的缺陷，完全满足汽车夜间高速行驶的需要。

④ LED 灯的核心是一个半导体的晶片，晶片的一端是负极，另一端连接电源的正极，整个晶片被环氧树脂封装。半导体晶片由 3 部分组成：一部分是 P 型半导体，里面空穴占主导地位；另一部分是 N 型半导体，里面主要是电子；其余部分通常是 1～5 个周期的量子阱。当电流通过导线作用于晶片的时候，电子和空穴就会被推向量子阱，在量子阱内电子跟空穴复合，然后就会以光子的形式发出能量，从而发光。LED 灯及实车照明如图 5-5 所示。

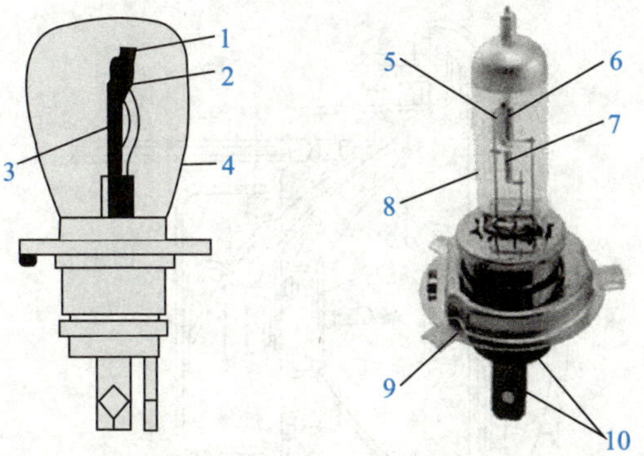

（a）　　（b）

1、5—配光屏；2、6—近光灯丝；3、7—远光灯丝；

4、8—灯泡壳；9—定焦盘；10—灯泡插脚。

图 5-3　前照灯的灯泡

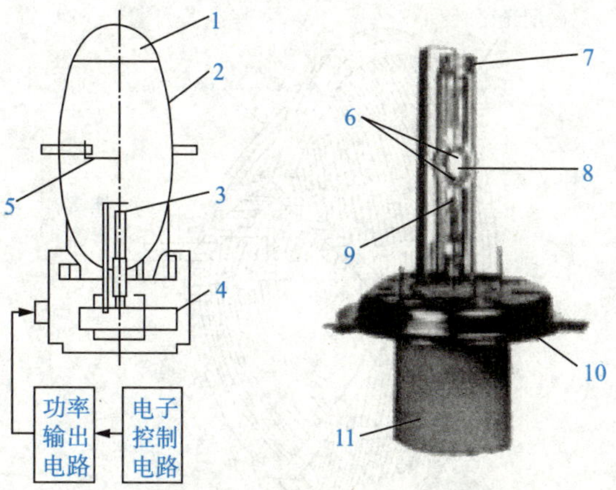

（a）　　（b）

图 5-4　新型高压放电氙气灯灯泡结构图

图 5-5　LED 灯及实车照明

（2）反射镜

反射镜的作用是将灯泡的光线聚合后导向前方，如图 5-6（a）所示。反射镜是抛物型，内表面镀银、铝或铬，再抛光。前照灯灯泡的远光灯丝安装在抛物面的焦点上，灯光经反射镜聚合，光度增强几百倍。近光灯丝安装在抛物面的焦点上方或前方，灯光经反射镜后，照亮车前 30 m 路面。

（3）配光镜

配光镜由透镜和棱镜组合而成，外形一般为圆形或方形，其作用是使光线折射向较宽的路面，如图 5-6（b）所示。

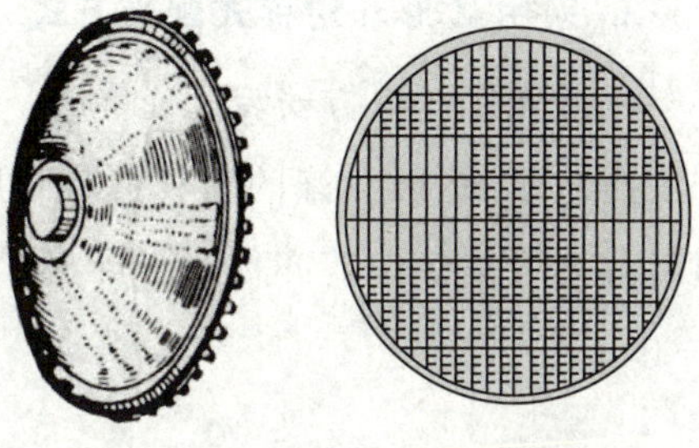

（a）　　（b）

图 5-6　反射镜及配光镜

2. 前照灯的类型

按前照灯的光学组件类型不同，前照灯可分为可拆式、半封闭式和全封闭式三种。全封闭式、半封闭式前照灯分别如图 5-7 和图 5-8 所示。可拆式前照灯由于密封性差，易进入灰尘，影响反射镜的反射能力，从而降低照明亮度，故已被淘汰。半封闭式的散光玻璃与反射镜用牙齿紧固结合为一整体，构成泡体，灯泡从泡体后端拆装，维修方便。全封闭式的散光玻璃与反射镜用玻璃制成整体，灯丝直接焊在反射镜的底座上，泡体内充入惰性气体。它可完全避免反射镜被污染，但灯丝损坏时，需整体更换，维修成本高。

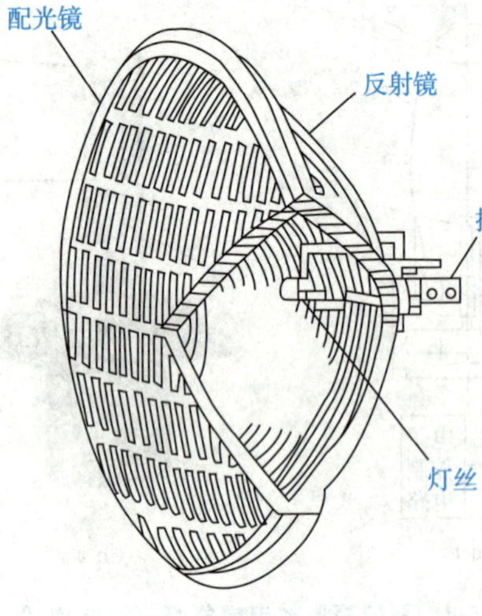

图 5-7　全封闭式前照灯

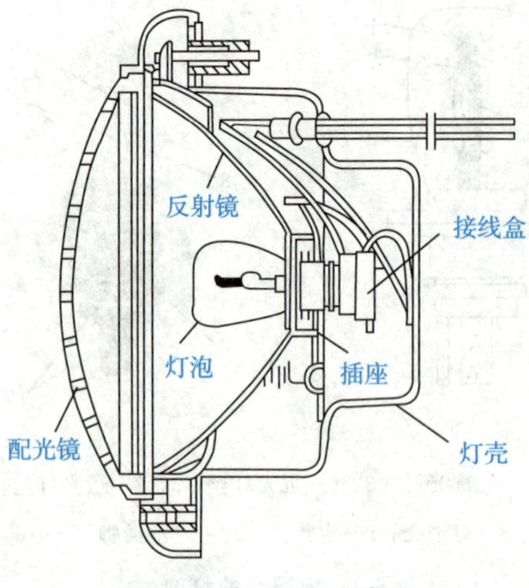

图 5-8　半封闭式前照灯

二、汽车前照灯的防眩目措施

1. 采用远、近光变换

前照灯由车灯开关控制，远光与近光的变换由变光开关控制，若作为超车信号时，由超车灯开关控制。当通过变光开关变换为近光时，近光灯光线经反射镜后，只照亮本车前约 50 m 范围路面，夜晚会车时，使用近光灯有一定的防眩目作用。

2. 采用配光屏

在近光灯丝下方安装配光屏，遮住反射镜下半部分光线，避免近光灯束向斜上方照射。

3. 采用 Z 形非对称式配光方式

在近光灯丝下方安装配光屏时，将配光屏偏转一个角度，使近光的光形分布不对称。该种加装方法使迎面 50 m 处来的驾驶员眼睛所受的光强度降低，达到防止眩目的目的，如图 5-9（a）所示。明暗截止线呈 Z 形，亦称 Z 形配光。图 5-9（b）为对称光和非对称光的光形示意图。

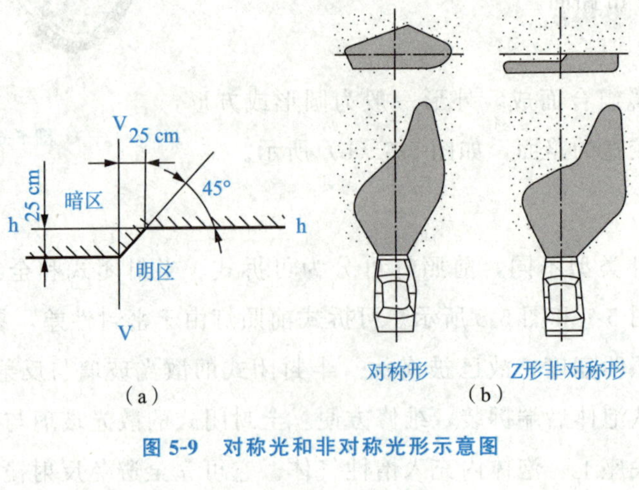

图 5-9　对称光和非对称光形示意图

三、汽车前照灯电路的组成及控制特点

1. 前照灯电路的组成

前照灯电路主要由灯光开关、变光开关、前照灯继电器及前照灯组成。

（1）灯光开关。灯光开关有拉杆式、旋转式和组合式等多种形式，现代汽车上用得较多的是一体式组合开关。图 5-10 为汽车常用的组合灯光开关，转动开关端部，便可依次接通尾灯、前后示宽灯、前照灯，将开关向下压，由近光变为远光，将开关向上扳，可变为远光，此位置用来作为行车时的超车信号，松手后开关自动弹回近光位置。前后扳动开关，可使左右转向灯工作。

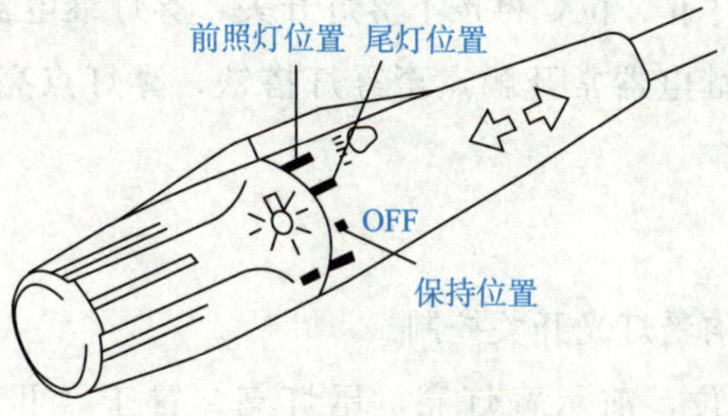

图 5-10　汽车常用的组合灯光开关

（2）前照灯继电器。前照灯的工作电流较大，特别是四灯制的汽车，远光时约为 15 A，若用车灯开关直接控制前照灯，车灯开关易烧坏，因此在前照灯电路中设有灯光继电器。它由一对触点和一个磁化线圈组成，外形有四个引脚，称为常开式继电器。

2. 雾灯电路

雾灯采用波光较长的黄色、橙色或红色灯光。其穿透能力强，用于当汽车在雨雾天气行驶时道路的照明和警示。雾灯有前雾灯和后雾灯两种。前雾灯安装在汽车前部比前照灯稍低的位置，左、右各一个。后雾灯安装在汽车尾部，有些车辆只安装一个后雾灯，如桑塔纳 2000 轿车（左后方规格 12 V/21 W）。前照灯继电器和雾灯继电器如图 5-11 所示，雾灯控制电路如图 5-12 所示。

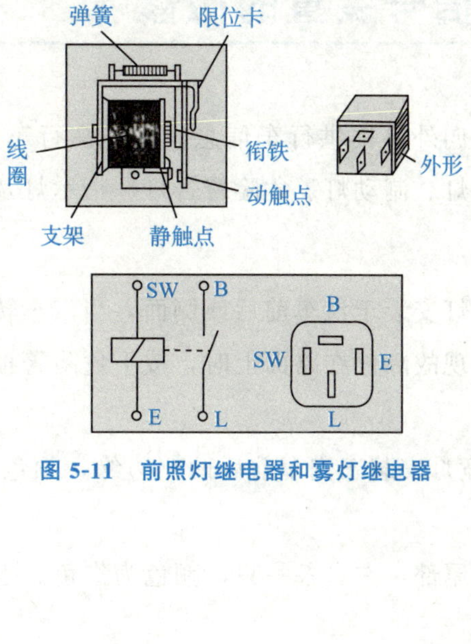

图 5-11　前照灯继电器和雾灯继电器

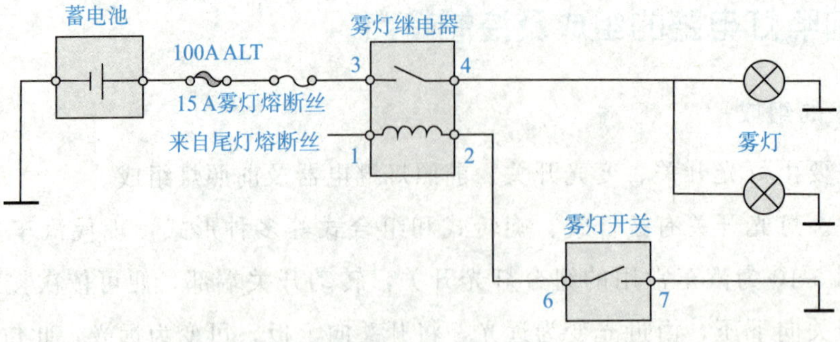

图 5-12　雾灯控制电路

将灯光开关置于“Ⅰ”位或者“Ⅱ”位，再按下雾灯开关，雾灯继电器磁化线圈有电流通过，其常开触点闭合。蓄电池电流经雾灯继电器常开触点至雾灯搭铁，雾灯点亮。雾灯一般由灯光开关和雾灯开关控制。

3. 前照灯电路的特点

（1）照明电路一般情况下均受灯光开关控制。

（2）灯光开关置于“Ⅰ”位，前示宽灯亮，尾灯亮。置于“Ⅱ”位，示宽灯、尾灯、前照灯均亮。

（3）变光开关可以实现对前照灯远近光的变换。

（4）雾灯一般由灯光开关和雾灯开关控制。只有将灯光开关置于“Ⅰ”位或者“Ⅱ”位情况下，按下雾灯开关，雾灯才会工作。

（5）由于前照灯、雾灯在工作时电流大，为保护前照灯开关、雾灯开关，装有灯光继电器。开关控制继电器，继电器控制前照灯和雾灯的工作。

任务三　汽车常见信号装置的检修

汽车信号系统的主要作用是向外界提供行车信息，以提高行车安全，减少交通事故的发生。汽车信号系统的主要设备有：转向灯、制动灯、危险警告灯、指示灯及喇叭等。

1. 灯光信号装置

（1）转向信号灯。转向信号灯安装于汽车前后或侧面，当汽车转弯时发出明暗交替的闪光信号。

（2）危险警告灯。当车辆出现故障停在路面上时，按下危险警报开关，全部转向灯同时闪亮，危险警告灯与转向信号灯共用。

（3）示宽灯（前小灯）。示宽灯安装于汽车前后两侧边缘，颜色为白色。用于标示汽车夜间行驶或停车时的宽度轮廓。

（4）尾灯。尾灯安装于汽车尾部，左右各一只，颜色为红色。当汽车夜间行驶时向后面的车辆或行人提供位置信息。

（5）制动灯。制动灯安装于汽车后面，用于当汽车制动或减速停车时，向车后发出灯光信号，以警示随后车辆及行人。

（6）倒车灯。倒车灯安装于汽车尾部，左右各一只，颜色为白色。用于照亮车后路面，并且警告车后的车辆和行人，该车正在倒车。

2. 声音信号装置

常见的声音信号装置有倒车蜂鸣器、语音和电喇叭等。

一、转向灯及其闪光器

转向信号灯电路由转向信号灯、闪光继电器和转向开关等组成。转向灯为橙色，闪光频率一般为 60～120 次/min。常见的闪光器有电热式、电容式和电子式三类。电热式闪光器结构简单，成本低，但闪光频率不够稳定，使用寿命短，已趋于淘汰。电容式闪光器闪光频率稳定。电子式闪光器具有性能稳定、工作可靠等优点，故被广泛应用。

转向灯及其闪光器

1. 电热式闪光器

电热式闪光器是通过其热胀条的热胀冷缩通、断电，使翼片产生变形来控制触点的开闭，实现了转向信号灯的闪烁，如图 5-13 所示。该闪光器有“B”“L”两个接线柱，分别接电源正极和转向灯开关。

2. 电容式闪光器

电容式闪光器主要由继电器和电容器组成。在继电器的铁芯上绕有串联线圈和并联线圈，利用电容器充放电时电流方向相反和延时的特性，控制继电器串联线圈和并联线圈所产生的电磁力的大小和方向，进而控制常闭触点的开闭状态，使转向信号灯因通过电流的大小交替变化而闪烁，如图 5-14 所示。

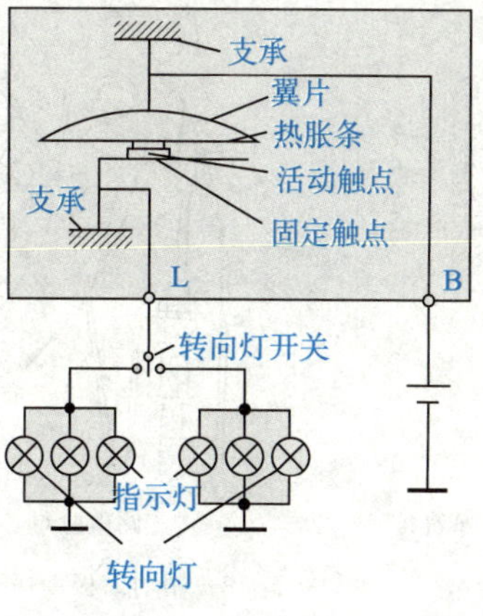

图 5-13　电热式闪光器

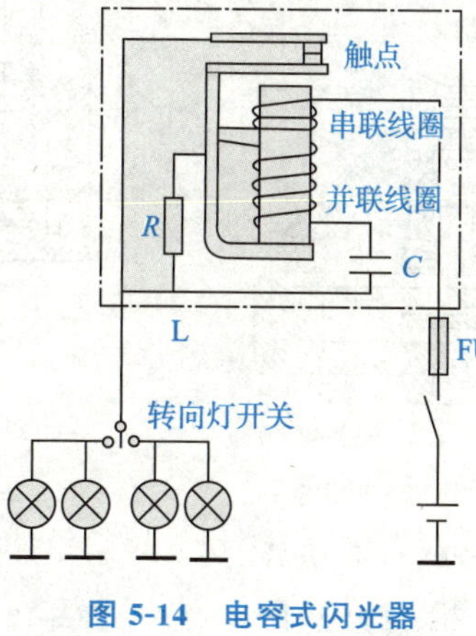

图 5-14　电容式闪光器

电容式闪光器具有监视功能，当一侧转向灯有灯泡烧断或接触不良时，该侧闪光灯只亮不闪，提示转向灯电路异常。该闪光器有“B”“L”两个接线柱，分别接电源正极和转向灯开关。

3. 有触点式晶体管闪光器

有触点式晶体管闪光器是利用电容的充电和放电（图5-15），使晶体管不断地导通与截止，控制继电器触点反复打开、闭合，使转向灯闪烁。该闪光器有“B”“L/S”“E”三个接线柱，分别接电源正极、转向灯开关、蓄电池负极（搭铁）。

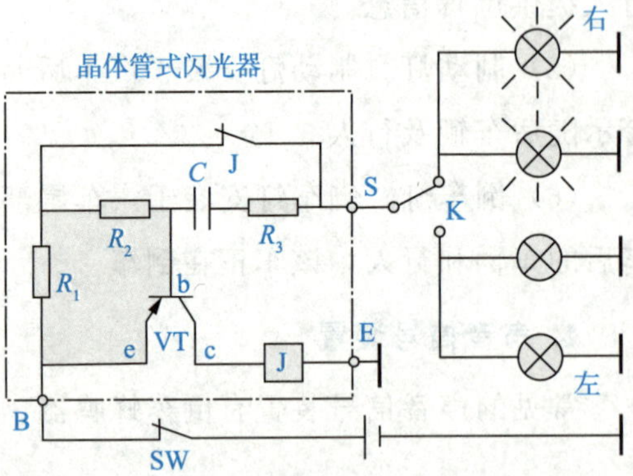

图 5-15　有触点式晶体管闪光器

二、制动灯电路

制动灯电路主要由制动灯和制动开关等组成。制动开关安装在制动踏板的附近，当踩下制动踏板时，制动开关闭合，制动灯被点亮。制动灯由制动开关控制，制动开关的形式有气压式、液压式和机械式。制动灯电路示意图如图 5-16 所示。

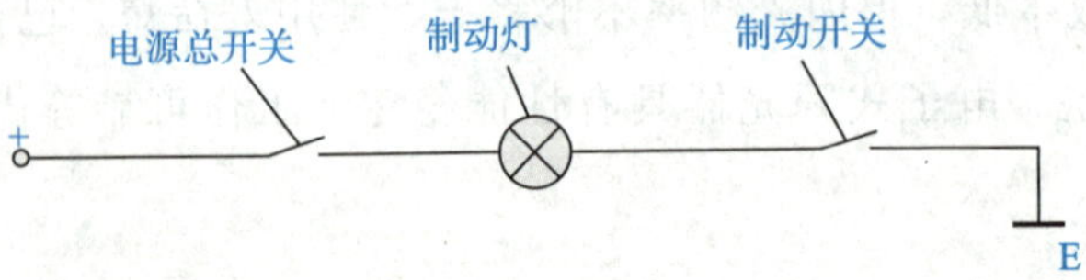

图 5-16　制动灯电路示意图

气压式和液压式制动开关通常用于商用汽车上，一般安装在制动管路中，利用管路中的气压或液压使开关中两接线柱相连，从而导通制动灯的电路。

机械式制动开关一般安装在制动踏板的下方。当踩下制动踏板时，制动开关内的动触点使两个接线柱接通，制动灯亮。松开制动踏板后，断开制动灯电路。制动开关结构及安装位置如图 5-17 至图 5-19 所示。

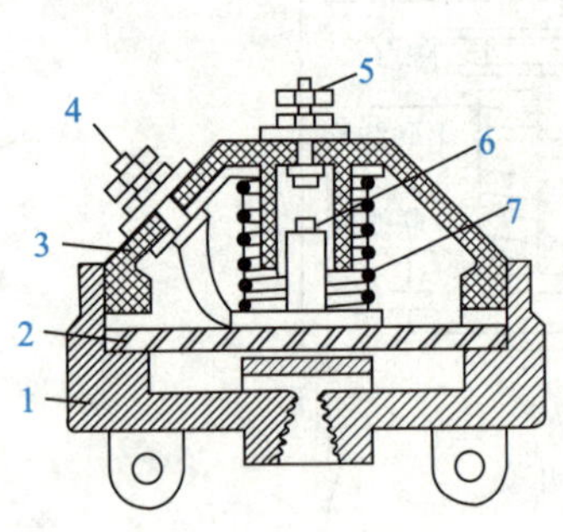

1—壳体；2—膜片；3—胶木盖；
4、5—接线柱；6—触点；7—弹簧。

图 5-17　制动开关结构（1）

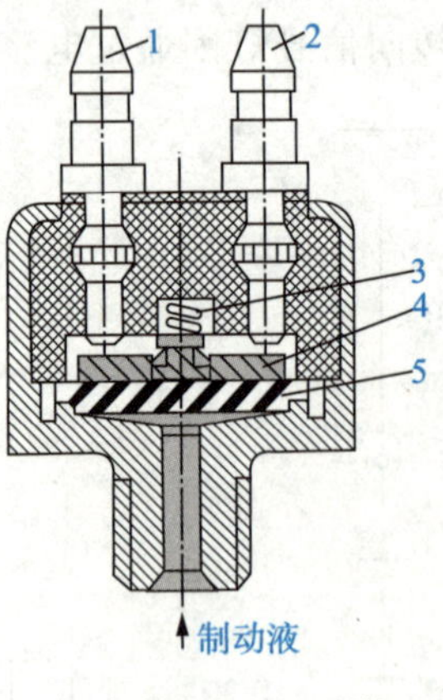

1、2—接线柱；3—弹簧；
4—触点；5—膜片。

图 5-18　制动开关结构（2）

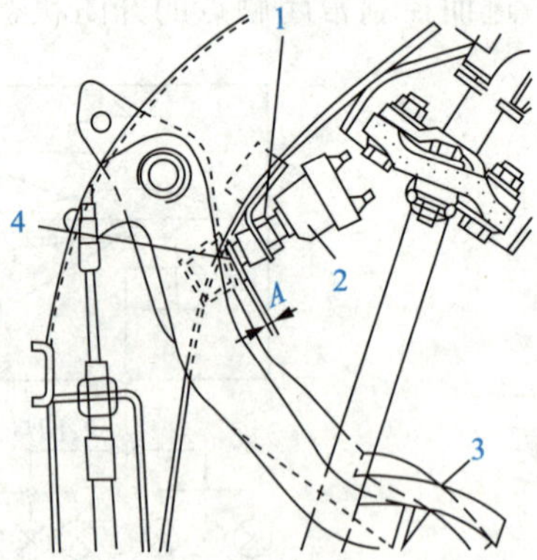

1—调整螺母；2—制动开关；
3—制动踏板；4—制动踏板限制块。

图 5-19　制动开关安装位置

三、倒车灯电路

倒车灯安装在车辆的尾部，给驾驶人提供额外照明，使其能够在夜间倒车时看清汽车的后部，同时也警告后面的车辆，该汽车驾驶人想要倒车或正在倒车。

倒车信号装置主要由倒车开关、倒车灯和倒车蜂鸣器等部件组成。倒车灯电路示意图如图 5-20 所示。其工作过程是：当变速杆挂入倒挡时，在拨叉轴的作用下，倒挡开关接通倒车报警器和倒车灯电路，倒车灯亮，同时倒车蜂鸣器发出声响信号。

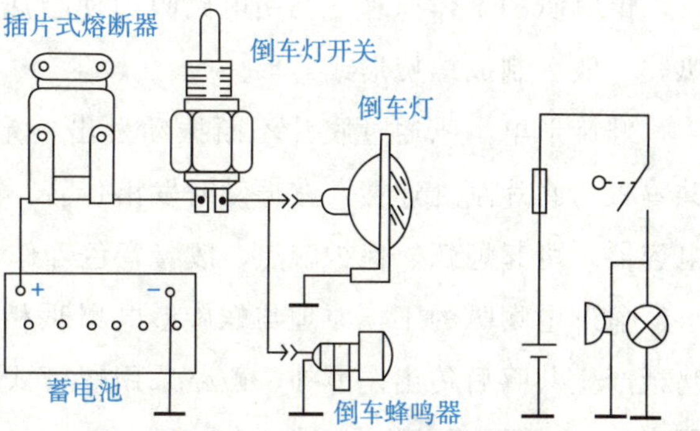

图 5-20　倒车灯电路示意图

四、电喇叭电路

喇叭是汽车的音响信号装置。在汽车行驶过程中，驾驶员根据需要和规定发出必需的音响信号，警告行人和其他车辆，保证交通安全，同时还用于催行与传递信号。

1. 汽车喇叭的作用与分类

（1）喇叭的作用。目前汽车上所装用的喇叭多为电喇叭，电喇叭具有能源方便、结构简单、体积小、质量小、噪声小、保修容易、声音洪亮及音质悦耳等优点。主要用于警告行人和其他车辆，以引起注意，保证行车安全。

（2）喇叭的分类。喇叭按发音动力有气喇叭和电喇叭两种。按外形有螺旋形、筒形、盆形三种。按声频有高音和低音两种。按接线方式有单线制和双线制两种，图 5-21 为气喇叭外形，图 5-22 为电喇叭外形。

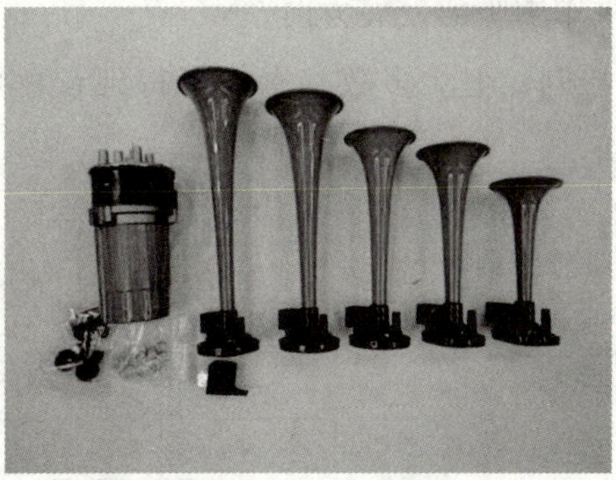

图 5-21　气喇叭外形

图 5-22　电喇叭外形

2. 汽车电喇叭的工作原理与结构

气喇叭的工作原理是利用压缩空气的气流使金属膜片振动而发出声音，因此必须在带有空气压缩机的汽车上方能使用。一般在大客车和重型货车上都装有气喇叭，特别是长途运输车在山区或弯道等地段行驶时，用气喇叭鸣叫，能有效地提醒行人和对方来车的驾驶员。气喇叭音量大、余音好、声音悦耳且传播较远。气喇叭一般采用筒形，并可使用高音与低音两个喇叭联合工作。

电喇叭的工作原理是利用电磁吸力使金属膜片振动而发出声音。它是汽车上广泛应用的一种喇叭，一般多制成螺旋形或盆形。

螺旋形电喇叭通过膜片不断振动发出一定音调的音波，声音通过共鸣板和扬声筒加强后传出。共鸣板与膜片刚性连接，在振动时发出伴音，加强音量和改善音色，使声音悦耳动听。触点间并联电容器，可起熄弧、保护触点、改善音色等作用，如图 5-23（a）所示。

盆形电喇叭的工作原理与螺旋形电喇叭相同，结构上也基本一致，只是没有扬声筒，声音靠共鸣板产生共鸣后传出。另外，磁路采用螺管式电磁铁，而不是 E 形铁芯，螺管式较 E 形电磁铁体积更小、电磁吸力更强，如图 5-23（b）所示。

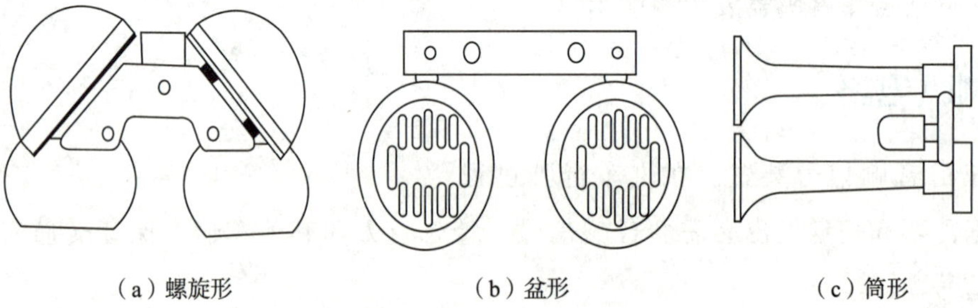

图 5-23　喇叭外形

通常使用的电喇叭根据其工作方式可以分为机械式和电子式两种。其中电子喇叭又分为触点式和无触点式两种。触点式电喇叭利用触点的闭合与断开控制电磁线圈中励磁电流的通断，从而使铁芯（或衔铁）以一定频率进行上下移动，并带动金属膜片振动而产生声音。无触点电喇叭利用电子线路来控制电磁线圈中励磁电流的通断，使铁芯以一定频率移动，并带动金属膜片振动而产生声音。

无触点电喇叭因克服了触点式电喇叭触点烧蚀、氧化而使喇叭变音的缺点，从而更加耐用。而且它的音色和音量比触点式的要容易调整，因此它是汽车喇叭的发展方向。

汽车上装用单只电喇叭时，一般直接用喇叭按钮控制。但大多数汽车为了得到音色更好的音响效果，常常装用高、低音两种喇叭，甚至高、中、低三种不同音调的电喇叭，两个电喇叭同时工作时，电流可达 15 A 或 20 A 以上。如果用喇叭按钮直接控制，大电流将很快把喇叭按钮烧坏，因此需采用喇叭继电器。

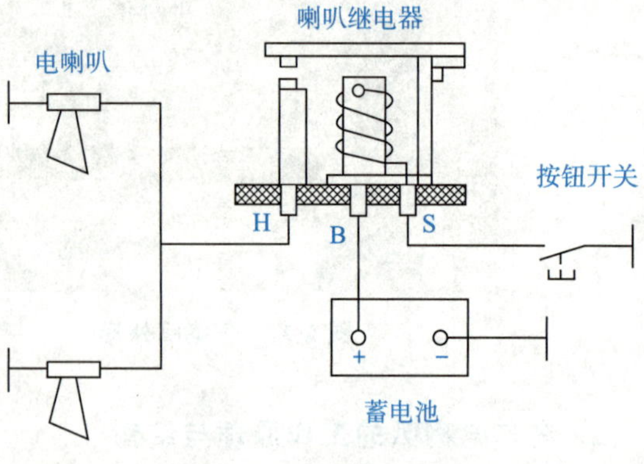

图 5-24　喇叭继电器电路

通过按钮控制继电器线圈中电流的通断，再通过继电器触点控制喇叭。12V 电系的汽车上所用喇叭继电器，一般要求闭合电压不大于 6 V，释放电压不小于 3 V。继电器线圈通常为 1 000 匝，20 ℃时的电阻为 26 Ω。继电器的额定电流一般选用 20 A 以上。盆形电喇叭工作额定电流通常为 3～4 A，电流虽不大，但为了提高按钮的使用寿命，不少车上还是配置了喇叭继电器，其电路如图 5-24 所示。

喇叭的型号如图 5-25 所示。

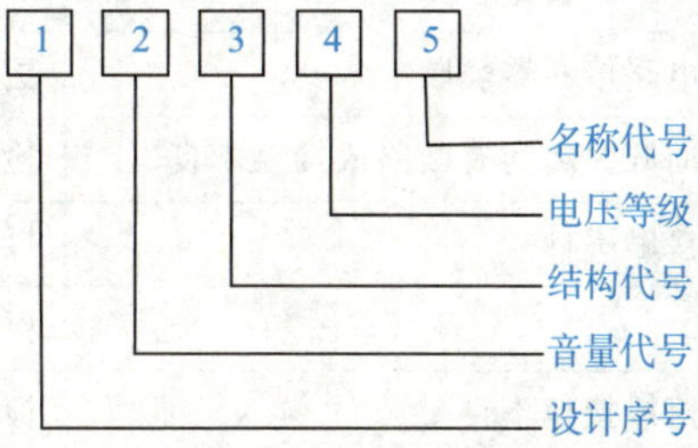

图 5-25　喇叭的型号

第 1 部分表示名称代号：DL——有触点，DLD——无触点。

第 2 部分表示电压等级：1～12 V，2～24 V，6～6 V。

第 3 部分表示结构代号：1——长筒形，2——盆形，6——螺旋形。

第 4 部分表示音量代号：G——高音，D——低音。

第 5 部分表示设计序号。

3. 电喇叭的维护和调整

不同形式的电喇叭其构造不完全相同，所以调整方法也不一致。为了保证喇叭声音正常，不应刚性安装，在喇叭与固定架之间应装有片状弹簧或橡胶垫。

技术参数良好的喇叭，发音响亮清晰而无沙哑声，喇叭触点应保持清洁且接触良好。电喇叭的调整包括音调和音量的调整。

(1) 音调调整。音调的高低取决于膜片的振动频率。减小喇叭上、下铁芯间的间隙，则音调提高。增大间隙，则音调降低。调整方法：松开锁紧螺母，如图 5-25 所示，转动下铁芯，将上、下铁芯间的间隙调至合适量，通常为 0.5～1.5 mm，间隙太小会发生碰撞，太大则会吸不动衔铁。调整时铁芯要平整，铁芯与衔铁四周的间隙要均匀，否则会产生杂音。调整完毕后拧紧螺母。

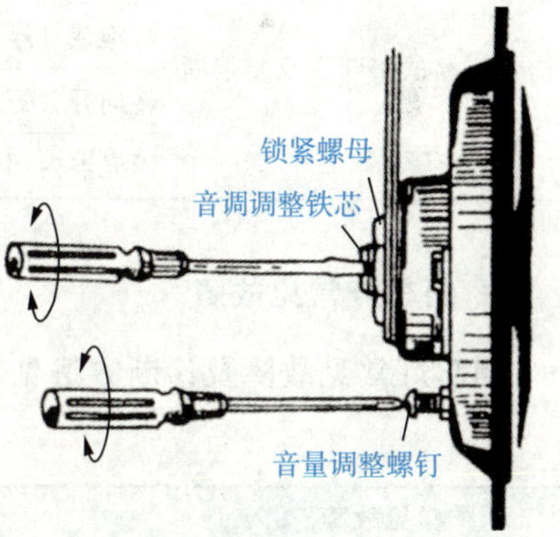

图 5-26　盆形电喇叭的音调调整

(2) 音量调整。音量的强弱取决于通过喇叭线圈的电流大小，电流大则音量强。线圈电流可通过调整螺钉，改变喇叭触点的接触压力来调整，如图 5-26 所示。若触点的接触压力增大，喇叭的音量则变大。

五、汽车信号系统常见故障的诊断与排除

1. 转向信号灯常见故障

转向信号灯常见故障及诊断方法见表 5-1。

表 5-1 转向信号灯常见故障及诊断方法

常见故障	故障原因	故障排除
所有转向灯都不亮	转向信号灯电路熔断器烧断	更换熔断器
	蓄电池至转向开关之间有断路或接触不良	检修转向灯线路
	转向灯开关接触不良	拆修或更换转向灯开关
	闪光器损坏	更换闪光器
左或右转向灯不亮	导线接头脱落或接地不良	检修转向灯线路
	闪光器接线松脱或断路	检修转向灯线路
转向灯闪烁频率过高或过低	灯泡功率不当	更换灯泡
	闪光器故障	更换闪光器
	电源电压过高或过低	检修蓄由池和发电机
转向指示灯不亮	闪光器不匹配	更换规定型号的闪光器
	转向指示灯损坏，接线不良	更换指示灯，检修线路
转向灯常亮	闪光器故障	更换闪光器
	发电机输出电压过高	调整或更换发电机调节器
	转向灯开关故障	检修或更换转向灯开关
	转向灯线路接错或短路	检修转向灯线路
转向灯有时亮，有时不亮	闪光器工作不良	检修或更换闪光器
	导线接触不良	检修转向灯线路
转向灯电路的熔断器反复熔断	转向灯电路的火线短路	拨下转向灯熔断器，将一试灯短路串在该熔断器处，然后查找短路故障点，并排除故障
	灯泡或灯座短路	
	转向开关短路	
	闪光器内部短路	

2. 倒车灯常见故障

倒车灯常见故障及诊断方法见表 5-2。

表 5-2 倒车灯常见故障及诊断方法

常见故障	诊断方法
倒车灯不亮	先查看倒车灯熔断器是否烧断。若熔断器完好，可将倒车灯开关用导线短接。短接后若灯变亮，说明倒车灯开关有故障。短接后若灯仍不亮，可查倒车灯灯丝是否烧断，灯座是否接触不良。最后用试灯在蓄电池→倒车灯熔断器→倒车灯开关→倒车灯之间逐段查找线路是否存在断路故障点
挂不进倒挡	遇此故障，可旋出倒车灯开关再重挂，挂进了说明倒车灯开关钢球卡死、漏装垫圈或垫圈太薄。重挂挂不进，说明变速器有故障，应检修变速器
仅倒挡时灯不亮，其余挡位倒车灯全亮	倒车灯开关型号选错，若将常开式倒车灯开关用在常闭式倒车灯开关电路中，应更换规定型号的倒车灯开关

3. 制动灯常见故障

制动灯常见故障及诊断方法见表 5-3。

表 5-3　制动灯常见故障及诊断方法

常见故障	诊断方法
全部制动灯不亮	可先查制动灯熔断器是否烧断，再查制动灯丝是否烧断、制动灯座是否接触不良。若上述情况正常，可用导线短接制动灯开关，若灯变亮，则说明制动灯开关有故障。若灯仍不亮，用试灯在蓄电池→制动灯熔断器→制动灯开关→制动灯之间逐段查找线路是否存在断路故障点
单边制动灯不亮	检查不亮的制动灯是否烧断、灯座是否接触不良，该侧灯线是否断路
制动灯常亮	松开制动踏板，制动灯常亮，这种故障一般出在踏板控制式制动灯开关上。应检查制动踏板能否回位，制动灯开关内部是否短路

4. 电喇叭常见故障

电喇叭常见故障及诊断方法见表 5-4。

表 5-4　电喇叭常见故障及诊断方法

常见故障	诊断方法
喇叭不响	按下喇叭按钮，喇叭不响，可能原因有熔断器烧断、喇叭继电器损坏、喇叭电路断路、喇叭调整不当或喇叭损坏。应先检查熔断器、喇叭继电器，并调整和检查喇叭，当三者正常时，再去查找喇叭电路中的断路点
喇叭长鸣	喇叭长鸣主要是喇叭按钮卡死不能回位、喇叭继电器触点烧结、喇叭继电器与喇叭按钮之间导线绝缘层破损搭铁引起。应先检查喇叭按钮是否能正常回位，再用一新的喇叭长鸣喇叭继电器替换原继电器检查喇叭继电器触点是否正常。若上述检查正常，再拆下喇叭继电器 S 接线柱上的导线，若喇叭长鸣现象消失，说明喇叭继电器与喇叭按钮之间有搭铁故障
喇叭变音	喇叭变音多由喇叭膜片破裂、膜片锁紧螺母松动、铁芯间隙失调、喇叭触点烧蚀和各紧固螺钉松动等引起。声音沙哑是膜片破裂、锁紧螺母松动所致。声音变低沉多是铁芯间隙变大的结果。喇叭触点烧蚀常会使喇叭先响后哑。喇叭变音应先对喇叭进行调整，若调整无效，应更换喇叭
喇叭音量小	若喇叭音调正常，蓄电池电压正常，喇叭音量小的原因多是触点表面烧蚀、氧化和触点压力过小等造成。应先对喇叭进行调整，若调整无效，应更换喇叭
喇叭有时响，有时不响	喇叭时响时不响主要是由于喇叭继电器、喇叭按钮、喇叭等处导线松脱、接触不良所引起，应将它们逐个检查排除
喇叭触点经常烧坏	喇叭触点经常烧坏主要是因为发电机调节器调整电压过高，烧坏喇叭触点，应检修发电机调节器

项目实训

检查转向信号灯

一、实训准备

（1）扳手、旋具、万用表、跨接线。

（2）翼子板护裙、转向盘护套、变速杆护套、座椅护套和脚垫。

（3）组合开关、转向信号继电器。

（4）上汽通用雪佛兰科鲁兹轿车维修手册。

二、实训过程

1. 规范地检查转向信号继电器

（1）从驾驶人侧仪表板下熔断丝/继电器盒上拆下转向信号/危险警告继电器，如图 5-27 所示。

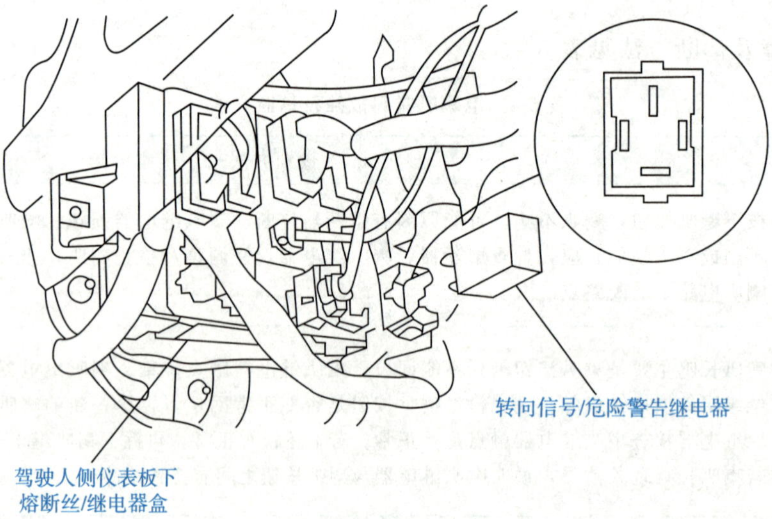

图 5-27　拆下转向信号/危险警告继电器

（2）将蓄电池正极接转向信号/危险警告继电器端子 2，负极接端子 1，用万用表电阻挡检查端子 2 与端子 3 应导通，否则，应更换转向信号/危险警告继电器。

（3）用万用表电阻挡检查熔断丝/继电器盒转向信号/危险警告继电器插座端 1（搭铁）与车身之间应导通，否则，应检查搭铁线是否断路。

（4）用跨接线连接熔断丝/继电器盒转向信号/危险警告继电器插座插孔 2 与插孔 3，打开点火开关，并将转向信号开关置于右转向位置，右转向信号灯应亮，否则，应检查转向开关至右转向信号灯之间线路是否断路。

（5）装上转向信号/危险警告继电器。

2. 规范地检查转向信号灯开关

（1）拆下驾驶人侧仪表板下盖和转向柱盖。

（2）拔下组合开关插头，拧下组合开关 2 个紧固螺钉，取下组合开关，如图 5-28 所示。

(3) 检查组合开关中转向信号灯开关端子间的导通性，见表 5-5。如果不导通，则检查开关线束的导通性。如果开关线束导通，则更换组合开关。

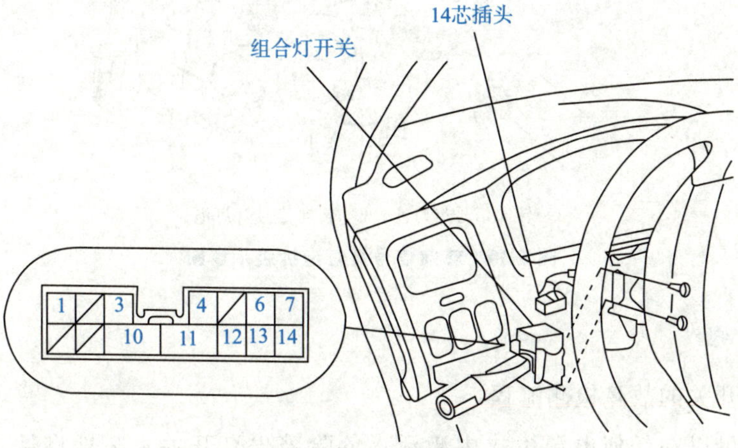

图 5-28　拆下组合开关

表 5-5　检查组合开关中转向信号灯开关端子间导通性

开关位置	端子编号		
	12	13	14
左	○——	——○	
中间	○	○	○
右		○——	——○

(4) 装上组合开关，插上组合开关插头。

(5) 装上驾驶人侧仪表板下盖和转向柱盖。

3. 更换前侧转向信号灯

(1) 拆下前轮罩衬板。

(2) 断开电器连接器。

(3) 更换前侧转向信号灯总成。

(4) 按照维修手册紧固件紧固扭矩进行螺栓紧固，如图 5-29 所示。

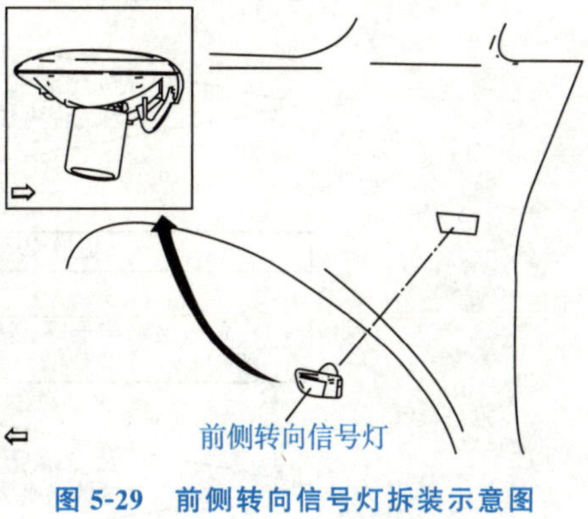

图 5-29　前侧转向信号灯拆装示意图

4. 更换前侧转向信号灯灯泡

(1) 逆时针旋转并从大灯总成上拆下灯座。

(2) 断开电器连接器。

(3) 拆下驻车灯/转向信号灯灯座。

(4) 更换前侧转向信号灯灯泡。

(5) 按照维修手册紧固件紧固扭矩进行螺栓紧固，如图 5-30 所示。

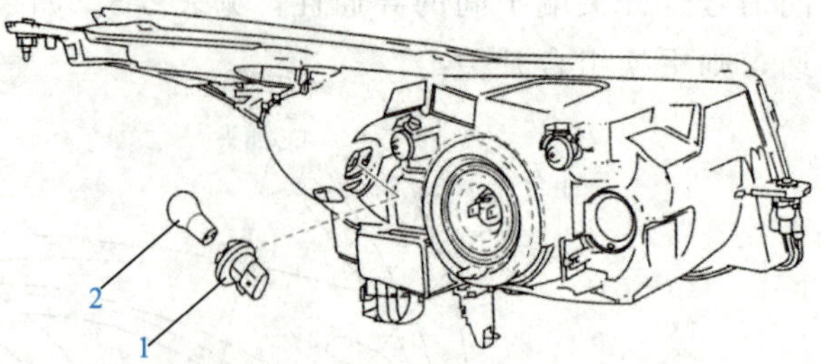

1—转向信号灯灯座；2—转向信号灯灯泡。

图 5-30　转向信号灯灯泡拆装示意图

5. 其他信号灯检修

（1）危险警告灯开关的故障检测流程

危险警告闪光灯可以在任何电源模式中激活。危险警告灯开关永久性搭铁。当危险警告灯开关置于接通位置时，通过危险警告灯开关信号电路向车身控制模块（BCM）提供搭铁。车身控制模块以 ON（打开）和 OFF（关闭）占空比形式向所有转向信号灯提供蓄电池电压。激活危险警告灯开关时，车身控制模块向组合仪表发送一个串行数据信息，请求转向信号指示灯循环点亮和熄灭。

危险警告灯开关的故障检测流程如图 5-31 所示。

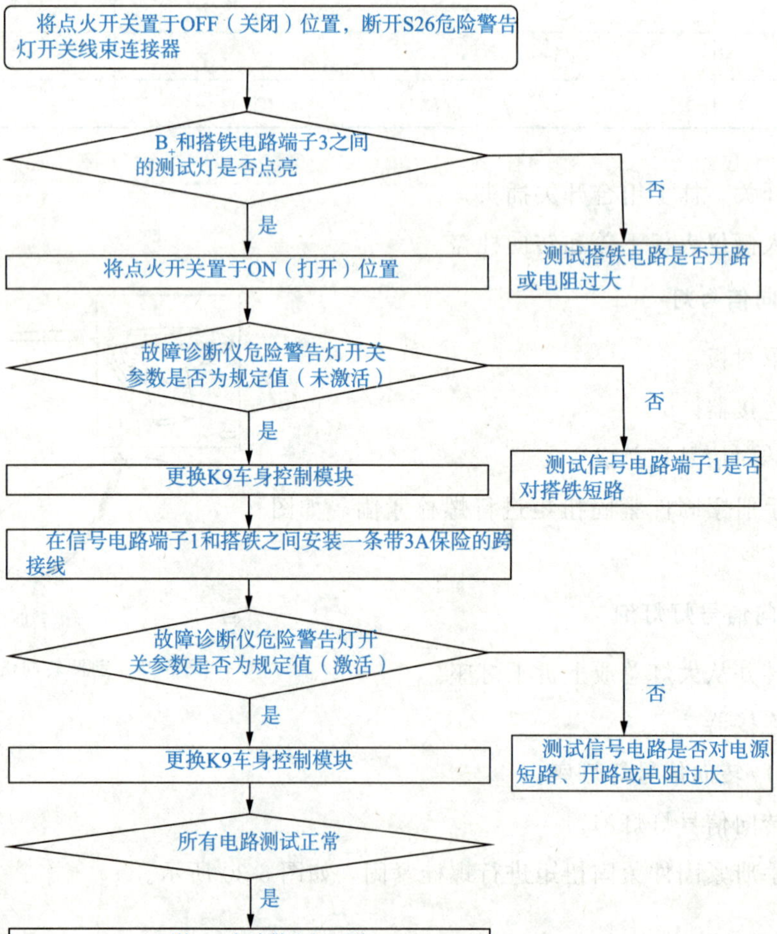

图 5-31　危险警告灯开关故障检测流程

（2）雾灯的故障检测方法

雾灯安装于车辆的前部和后部，用于在雨雾天气行车时照明道路，同时警示尾随车辆及迎面来车保持安全行驶距离。雾灯的控制相对来说比较简单，主要由点火开关、前照灯开关、雾灯开关控制。使用时，点火开关处于 ON 位置，打开车灯开关和雾灯开关，雾灯就可以工作了（打开前雾灯后，才能打开后雾灯）。

雾灯故障的检测如下。

① 检查熔断丝是否正常，若不正常，更换熔断丝。

② 若熔断丝正常，检查雾灯继电器。如果继电器有输出电压，检查开关是否有电流。若开关有电流，则检查更换后面的线路到雾灯灯泡。若开关无电流则更换开关。

③ 如果雾灯继电器没有输出电压，则检查继电器是否正常，不正常则更换雾灯继电器。

④ 如果雾灯继电器正常，则检查控制线路是否正常，若控制电路不正常，则更换前照灯开关。

⑤ 如果控制电路正常，则更换车身控制模块。

（3）倒车灯的故障检测方法

① 如果两侧倒车灯均不亮，首先检查熔断器的熔丝是否断路。

② 如果熔断器的熔丝良好，应挂入倒挡，检测灯座处导线上的电压是否正常。

③ 如果电压正常，应检测倒车灯灯泡是否损坏，搭铁线接触是否良好。如果电压为零，则应检测倒车灯开关处导线的电压是否正常。

④ 如果电压正常，使用跨接线将倒车灯开关短路，若倒车灯点亮，说明倒车灯开关损坏，应更换。若倒车灯仍不亮，说明连接线路有断路处，应修复。

（4）制动灯的故障检测方法

① 将点火开关置于 OFF 位置，断开制动灯上相应的线束连接器。

② 测试制动灯线束连接器相应端子、相应的搭铁电路线束连接器端子和搭铁之间的电阻是否小于 5 Ω。如果大于规定值，则测试相应的搭铁电路是否开路或电阻过大。

③ 在左、右侧制动灯线束连接器相应端子、相应端子相应的控制电路线束连接器端子和搭铁之间连接一个测试灯。

④ 使用故障诊断仪，指令制动灯测试。在指令状态之间切换时，测试灯应点亮和熄灭。如果测试灯始终点亮，则测试相应的控制电路是否对电源短路。如果测试灯始终熄灭，测试相应的控制电路是否对搭铁短路、开路或电阻过大。如果电路测试正常，则更换车身控制模块。

三、评价反馈

对本学习任务进行评价，评价内容见表 5-6。

表 5-6　评分表

考核项目	评分标准	分数/分	学生自评	小组评价	教师评价	小计/分
活动参与	是否积极主动	5				
安全生产	有无安全隐患	10				
现场 5S	是否做到	10				
任务方案	是否合理	15				

（续表）

考核项目	评分标准	分数/分	学生自评	小组评价	教师评价	小计/分
操作过程	(1) 转向信号继电器检查 (2) 转向信号灯开关检查	30				
任务完成情况	是否圆满完成	5				
工具和设备使用	是否规范、标准	10				
劳动纪律	是否违反	10				
工单填写	是否完整、规范	5				
总分		100				
教师签名：			年　月	日	得分	

典型任务

汽车前照灯不亮故障检修

工作情境描述：

某客户的威朗汽车照明灯光不亮来站维修，你作为机电组维修人员，需在规定时间内按专业要求对照明系统进行检查，确认故障现象，检测相关电路及部件，维修更换损坏部件，并检测与调整车辆的前照灯。要求达到相关法规要求，并作好过程记录，期间要做好与公司各部门及客户的协调与沟通，修复车辆检验合格后交付客户。

学习地点：一体化教室。

汽车前照灯不亮故障检修评分表

班级：＿＿＿＿＿　组别：＿＿＿＿＿　组长：＿＿＿＿＿　组员：＿＿＿＿＿

学习任务名称：汽车前照灯不亮故障检修考核评分表							
类别	考核内容	配分	评分标准		考核记录	考核方式	得分
工作过程知识（自评＋师评）	汽车照明系统组成及各部件功用	10分	能指认照明系统各灯名称、种类、功用、灯泡识别与应用	5分			
			能描述照明电路各组成部件的名称和功用	5分			
	电路识读与构建的方法	10分	能识读电路图中种符号和标注，并能描述前照灯工作过程	5分			
			能根据照明电路图列出电路构建的步骤	5分			

（续表）

学习任务名称：汽车前照灯不亮故障检修考核评分表							
工作过程知识（自评+师评）	灯光照明的相关法规要求	10 分	能说出两灯制、四灯制灯光检测法规要求的照明强度	5 分			
			能说出灯光检测的项目和要求	5 分			
	分析故障原因制定诊断计划	10 分	能分析出故障的可能原因	4 分			
			能制定出科学合理的诊断计划	6 分			
工作过程实践技能（师评）	汽车灯光使用与检查	10 分	能正确使用和检查前照灯，确认现象，规范更换电路易损件	10 分			
	照明电路构建与测量	10 分	能拆绘照明电路，构建和测量照明电路，按技术规范查找和测量各部件及线路，并判断是否完好	10 分			
	线路修复、损坏部件更换	10 分	能按技术要求规范地拆装、维修、更换损坏部件	10 分			
	灯光检测与调整	10 分	能正确规范使用检测仪器进行灯光各项检测操作	10 分			
			能正确调整灯光，使之达到法规要求。	5 分			
类别	**考核内容**	**配分**	**评分标准**		**考核记录**	**考核方式**	**得分**
职业素养（组评）	职业素养	20 分	安全规范操作	5 分			
			工具使用与摆放、5S	5 分			
			沟通、交流、合作	5 分			
			到勤、纪律	5 分			
合计		100 分					

教师签字/日期：

项目总结

本项目主要介绍了汽车照明及信号系统的相关知识。首先介绍了汽车灯系的组成；其次介绍了汽车前照灯的结构和类型；最后介绍了汽车信号系统常见故障的诊断与排除。通过本项目的学习，读者能够更好地了解汽车照明系统，并对行车安全和驾驶舒适性有着重要影响。

思考练习

一、填空题

1. 汽车照明装置按位置及用途可分为________、________和________。

2. 前照灯的光学系统包括________、________和________。

3. 汽车照明系统的作用主要是________、________、________、________等。汽车照明系统根据安装位置和用途的不同，一般可分为________和________。

4. 前照灯电路主要由________、________、________及________组成。

5. 前照灯在使用中需要对________、________进行检测调整。

6. 喇叭按发音动力有________和________之分。按外形有________、________和________之分。按声频有高音和低音之分。按接线方式有________和________之分。

二、简答题

1. 简述汽车灯系的组成。

2. 前照灯为什么要具有防眩目装置？

3. 简述汽车前照灯的控制特点。

4. 简述汽车喇叭不响的诊断方法。

5. 单边制动灯不亮的诊断方法有哪些？

项目六

汽车仪表报警系统的检修

项目导读

汽车组合仪表用来指示汽车运行以及发动机运转状况，是汽车与驾驶员进行信息交互的界面，让驾驶员随时了解汽车各系统的工作状态，保证汽车安全而可靠地行驶。组合仪表安装在驾驶室转向盘前方的面板上，仪表盘上有各种指示仪表、指示灯和报警灯，因此组合仪表也是维修人员发现和排除故障的重要参考装置。

学习目标

知识目标

- 掌握车速里程表控制线路分析及故障检测。
- 掌握燃油表的功用、类型及工作原理。
- 熟悉燃油表常见故障及原因。
- 掌握汽车报警装置的作用和组成。

能力目标

- 能够诊断典型车型的仪表与报警系统的常见故障。
- 能够通过分析电路图对汽车仪表与报警系统进行检修。
- 能完成“汽车仪表及报警装置不工作故障检修”的工作任务。

素质目标

- 引导学生树立环保意识，提倡低碳出行，减少汽车的使用频率和里程数。
- 引导学习不断提高自己的专业技能和素质，为今后的职业发展奠定基础。

思政目标

- 引导学生增强自身的管理意识和管理观念，为企业树立一个良好的外在形象，创造更多的经济效益和社会效益，促进企业的长远健康与可持续性发展。
- 引导学生关注国产汽车品牌的发展，支持国产汽车工业的壮大。

任务一 车速里程表的检修

车速里程表用来指示汽车行驶速度和汽车累计行驶里程，它由车速表和里程表两部分组成。奥迪 100 型轿车的组合仪表中装有指针式电子车速里程表。电子车速里程表电路主要由车速传感器、电子电路、车速表和里程表四部分组成，如图 6-1 所示。

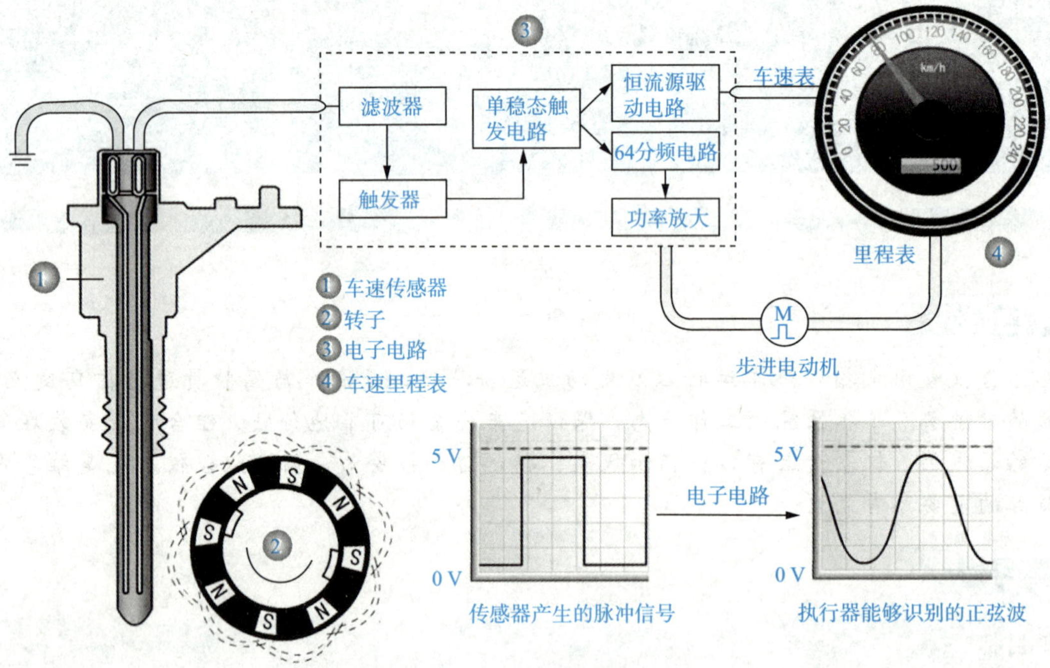

图 6-1 电子式车速里程表

安装在仪表板背后的印制线路软板，是将连接电路印制在聚氯乙烯塑料薄片上，一方面使各仪表及指示灯之间的电路连接；另一方面实现了仪表板与线束之间的连接。从而使仪表电路连接简单清晰，提高了使用的方便性和可靠性。

一、车速里程表控制线路分析及故障检测

1. 电子式车速里程表控制电路

电子式车速里程表控制电路图如图 6-2 所示。

2. 常见故障

(1) 行车中车速表指针永远指零，里程表不计数。

(2) 行车中车速表指针不断摆动，有时跳动。

（3）指针只在高速行驶时才稍许摆动，中速、低速时常指向零，或中低速时指针指数偏大，示值不准。

3. 故障原因

（1）车速里程表霍尔车速传感器故障。

（2）车速里程表指针卡住。

（3）车速器输出轴驱动齿轮磨损严重或齿轮啮合间隙过大。

（4）车速里程表损坏。

（5）动机损坏。

（6）接线路故障。

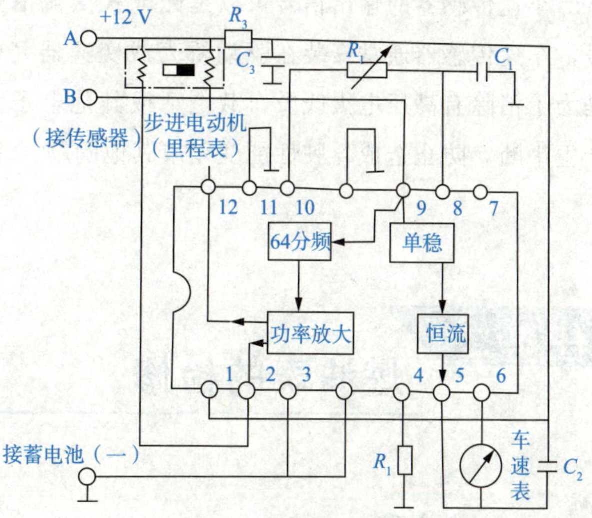

图 6-2　电子式车速里程表控制电路图

4. 故障诊断与排除

（1）如果出现车速里程表不工作的故障，应先检查霍尔车速传感器及驱动齿轮的啮合有无故障。如果正常，再拆检车速里程表。

（2）如果只出现车速表指示不准的故障，一般是表内部损坏。

（3）检查车速信号到发动机电脑连线，发动机至仪表的信号线。

二、车速传感器

车速传感器具有检测电控汽车的车速，控制电脑用这个输入信号来控制发动机怠速，自动变速器的变扭器锁止，自动变速器换档及发动机冷却风扇的开闭和巡航定速等其他功能。光电式车速传感器原理如图 6-3 所示，光电式车速传感器原理如图 6-4 所示。

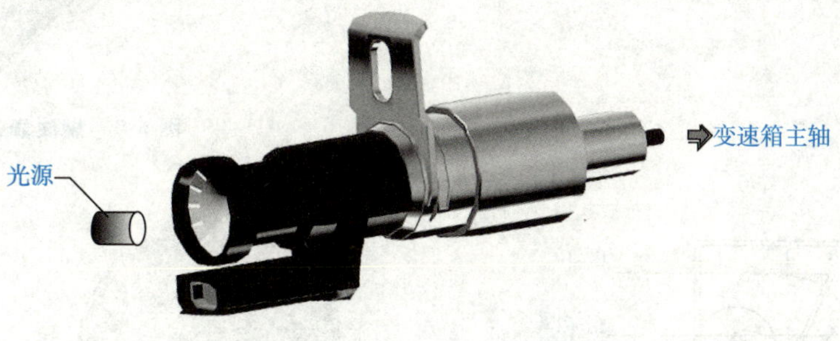

图 6-3　光电式车速传感器

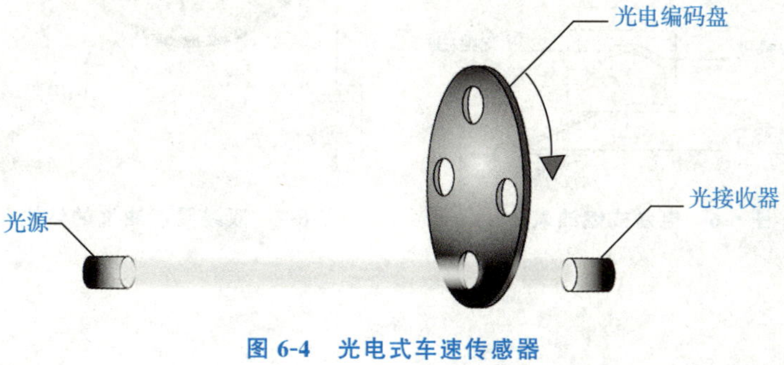

图 6-4　光电式车速传感器

车速传感器的输出信号可以是磁电式交流信号，也可以是霍尔式数字信号或者是光电式数字信号，车速传感器通常安装在驱动桥壳或变速器壳内，车速传感器信号线通常装在屏蔽的外套内，这是为了消除有高压电火线及车载电话或其他电子设备产生的电磁及射频干扰，用于保证电子通讯不产生中断，防止造成驾驶性能变差或其他问题。

任务二 燃油表的检修

一、燃油表

燃油表用来指示汽车油箱中的存油量。它与装在油箱内的燃油传感器配合工作，其传感器一般为可变电阻式。燃油指示表从工作原理上可分为电磁式燃油表、电热式燃油表、动磁式燃油表、电子式燃油表。燃油表工作原理如图 6-5 所示。

燃油表

1. 电磁式燃油表

电磁式燃油表如图 6-6 所示。双线圈燃油表的结构和电路如图 6-7 所示。其燃油表有左右两只线圈，(线圈内有铁芯)，中间置有转子，转子上连有指针。可变电阻式传感器由电阻器、滑片、浮子等组成。浮子漂浮在油面上，随油面的高低而起落，带动滑片使电阻器的阻值随之改变。

图 6-5 燃油表工作原理

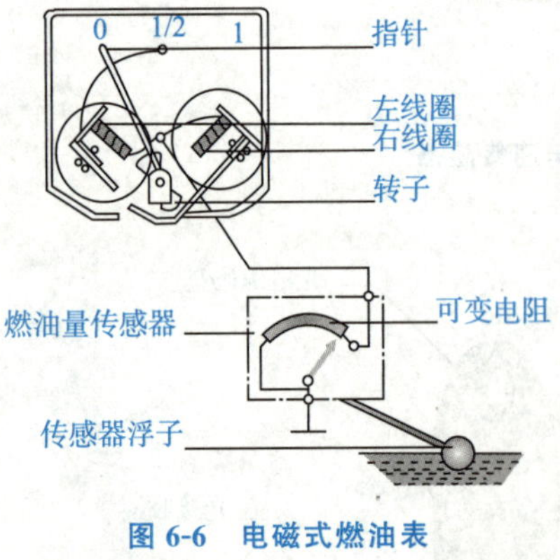

图 6-6 电磁式燃油表

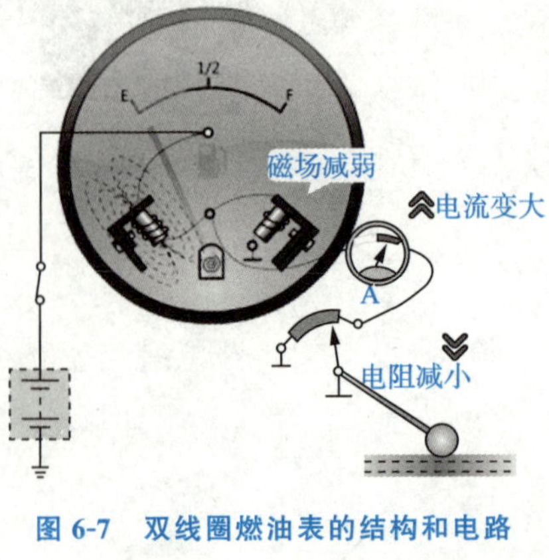

图 6-7 双线圈燃油表的结构和电路

当油箱内无油时，浮子下降到最低位置，传感器上的电阻器被短路。同时右线圈也被短路；而左线圈在电源电压的作用下，电流达到最大，产生的电磁强度也最大，吸引转子带动指针偏向最左端，指在“0”刻度上。

当向油箱中加油时，随着油量的增多，浮子也上升，电阻逐渐增大。左线圈中的电流逐渐减小，电磁强度相对减弱。右线圈中电流逐渐增大，电磁强度相对增强，两线圈合成磁场偏向右方，吸引指针顺时针偏转，指示油量增多。

当油箱注满浮子上升到最高位置，传感器的电阻被全被接入，这时左线圈中的电流最小，而右线圈中的电流最大，电磁力也达到最大，在两线圈合成磁场的作用下，带动指针偏向最右端指在“1”刻度上，表示油箱已经盛满油。

传感器的可变电阻末端搭铁，可避免滑片与可变电阻接触不良时产生火花，引起火灾危险。

2. 电热式燃油表

电热式燃油表如图 6-8 所示，为了稳定电源电压，在电路中还串接了一个仪表稳压器。

当燃油量较多时，浮子上升，传感器阻值减小，流过指示表电热线圈中的电流较大，双金属片变形大，指针指向燃油较多方向；相反燃油较少时，浮子下降，传感器电阻较大，流过电热线圈中的电流减小，双金属片变形小，指针指向燃油较少方向。

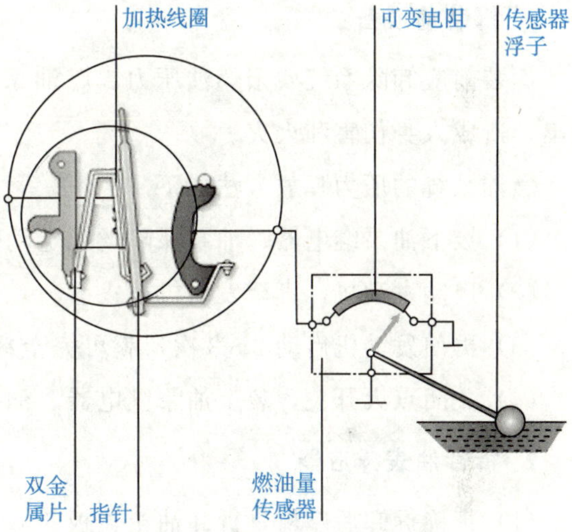

图 6-8　电热式燃油表

二、燃油表常见故障及原因

1. 电故障现象

(1) 故障现象：接通电源，指针不动，无论存油多少其示值均为“0”。故障原因如下。

① 指示表电源线断脱。

② 燃油表内部断路或接触不良。

③ 指示仪表接线柱的导线接反。

④ 右线圈烧断或指示表至传感器间导线。

⑤ 油箱内浮子被卡住。

(2) 故障现象：无论存油量多少，示值总为“1”或偏高。故障原因如下。

① 指示表下接线柱至传感器之间的连线断脱。

② 传感器可变电阻损坏，滑片与可变电阻接触不良，滑动触点臂折断。

(3) 故障现象：指示表指针大幅度摆动，指示表示值失准。故障原因如下。

① 线头松动，搭铁不良。

② 传感器滑片与电阻接触不良或中间电阻磨断。

③ 仪表未配套使用性能不良。

④ 传感器浮子使用过久，防油能力差，失去规定浮力，激烈震动，使柱杆弯曲。

2. 故障检查步骤

接通点火开关，观察燃油表是否工作。如果燃油表不工作，则进行如下检查。

①拔下燃油表传感器插头，用万用表测量紫/黑色线是否有电，再检查棕色线与车身搭铁情况。如果紫/黑色线有电、棕色线正常，则说明燃油表传感器有故障，应更换。

② 如果紫/黑色线无电，则检查燃油表传感器插头紫/黑色线至组合仪表插头之间线路是否断路。

③ 检查保险丝。

④ 检查点火开关。

三、油表感应器性能检测、拆装及更换

1. 拆装前准备

拆装前应卸除系统残余燃油压力。燃油系统的压力释放目的：防止在拆卸时，系统内的压力油喷出，造成人身伤害和火灾。

燃油系统的压力释放方法如下。

(1) 拔下油泵继电器、油泵保险丝或电动燃油泵电线接线。

(2) 启动发动机，直至发动机熄火。

(3) 再使发动机启动 2～3 次，就可完全释放燃油系统压力。

(4) 关闭点火开关，装上油泵继电器、油泵保险丝或电动燃油泵电源接线。

2. 拆卸油表感应器

(1) 正确拆卸后座椅，拆卸油箱盖板。

(2) 正确规范拆卸燃油压力管，拆卸连接线束。

(3) 正确规范拆卸燃油泵总成压板，取出燃油泵总成。

(4) 解燃油泵，取出油表感应器。

3. 燃油表的检测

(1) 拆下燃油泵连接器。

(2) 用专用工具把测试灯连接到配线侧的连接器上。

(3) 将点火开关置于 ON 位置，观察测试灯是否点亮，不亮则修理电气配线。

(4) 观察燃油表指针摆动是否正常，不正常则更换组合仪表。

(5) 常则更换燃油泵。

4. 安装油表感应器

(1) 正确安装油表感应器于燃油泵总成内。

(2) 正确规范安装燃油泵总成。

(3) 正确规范安装燃油泵总成压板。

（4）正确规范安装燃油压力管及连接线束。

（5）正确安装油箱盖板及后座椅。

（6）正确规范预置系统燃油压力。

四、燃油不足报警灯及燃油表的检测

燃油不足报警灯电路如图 6-9 所示。

燃油不足报警灯的报警开关为热敏电阻式，装在油箱内。当箱内燃油量多时，负温度系数的热敏电阻元件浸没在燃油中，散热快，温度较低，电阻值较大。因此，电路中几乎没有电流，报警灯不亮。

而当燃油减少到规定值以下时，热敏电阻元件露出油面，散热较慢，温度升高，电阻值减小，电路中流增大，则报警灯点亮。

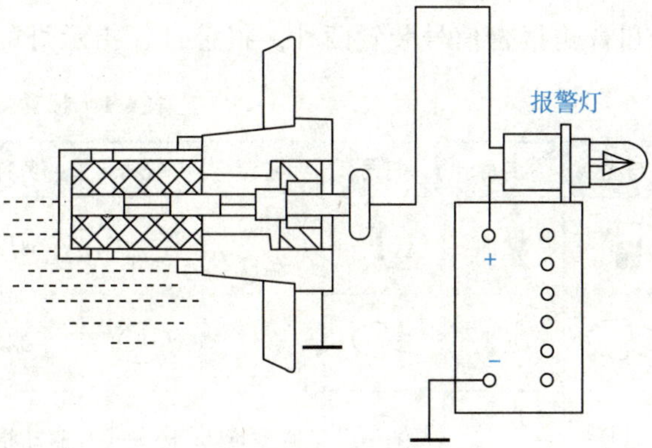

图 6-9　燃油不足报警灯电路

任务三　汽车报警装置的检修

一、报警装置的作用

为了便于驾驶员随时了解汽车各个主要系统的工作情况，及时发现问题、采取措施，防止发生人身和机械事故，保证汽车可靠而安全地行驶，汽车上安装了一些报警信号装置，如图 6-10、图 6-11 所示，用来监测和反映汽车及发动机的一些重要系统的工作情况。

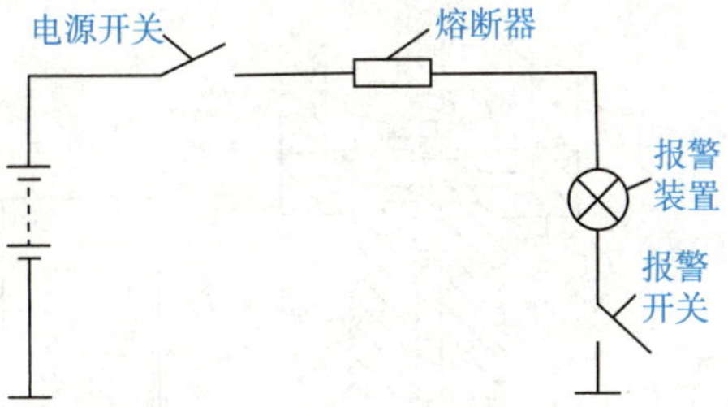

图 6-10　报警装置电路

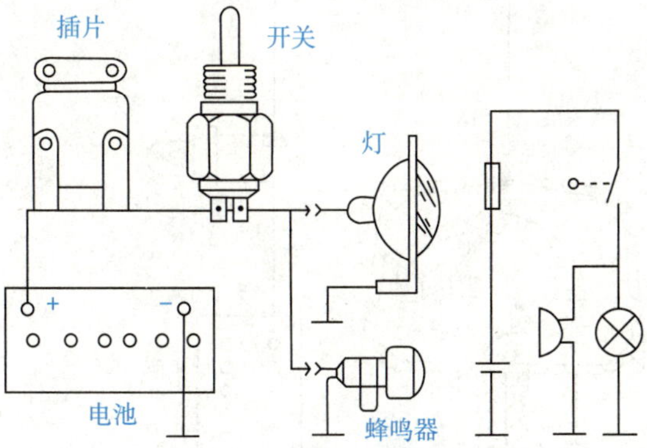

图 6-11　倒车信号电路

二、报警装置的组成

报警信号装置包括报警装置和信号装置。报警装置是在被监测的系统或总成工作状态不正常时工作，以提醒驾驶员注意，如水温报警灯、燃油液面报警灯等。信号装置是在被监测的系统或总成工作时工作，以提醒驾驶员注意，如远光指示灯、转向指示灯等。报警信号装置有灯光报警信号装置和音响报警信号装置两种。报警灯、指示灯的符号含义见表 6-1。

表 6-1　报警灯、指示灯的符号含义

符号	名称	符号	名称	符号	名称	符号	名称	符号	名称	符号	名称
	燃油		（水）温度		油压		充电指示		转向指示灯		远光
	近光		雾灯		手制动		制动失效		安全带		油温
	示廓（宽）灯		真空度		驱动指示		发动机室		行李室		停车灯
	危机报警		风窗除霜		风机		刮水/喷水器		刮水器		喷水器
	车灯开关		阻风门		喇叭		点烟器		后刮水器		后喷水器

1. 机油压力过低报警灯

（1）弹簧式机油压力过低报警灯。图 6-12 为弹簧管式机油压力过低报警灯电路，有一对常闭触点。点火开关接通，在发动机未启动时，油压开关是接通的，报警灯亮。在发动机启动后，主油道压力升高，开关的触点断开，报警灯熄灭，表示润滑系统工作正常。运行中若主油道堵塞、泄漏等原因使机油压力过低时，开关接通，报警灯亮。

（2）膜片式机油压力过低报警灯。膜片式机油压力过低报警灯电路如图 6-13 所示。当机油压力低于一定值时，油压报警传感器中的动触点下降与静触点相接触，接通油压报警灯电路，报警灯发亮。

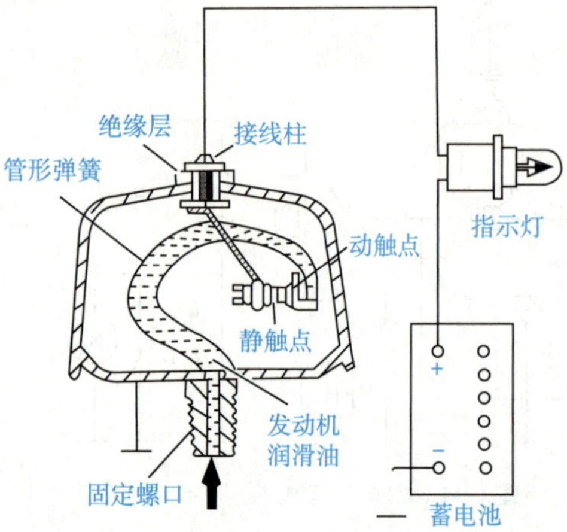

图 6-12　弹簧管式机油压力过低报警灯电路

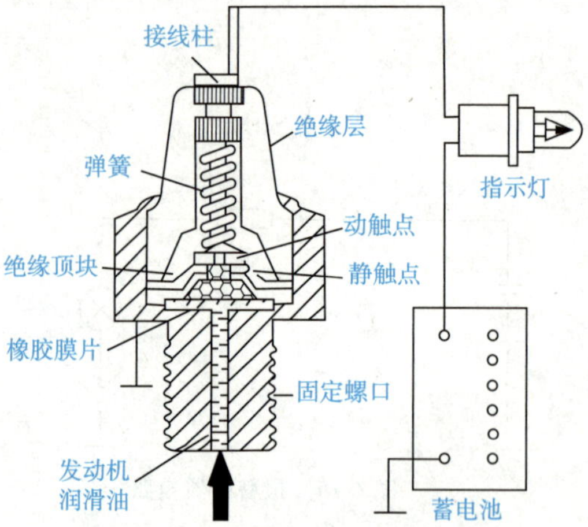

图 6-13　膜片式机油压力过低报警灯电路

2. 燃油量不足报警

燃油量不足报警灯电路如图 6-14 所示。其报警开关为热敏电阻式，装在油箱内。当油箱内燃油量多时，负温度系数的热敏电阻元件浸没在燃油中散热快，温度较低，电阻值较大。因此电路中几乎没有电流，报警灯不亮。而当燃油量减少到规定值以下时，热敏电阻元件露出油面，散热较慢，温度升高，电阻值减小，电路中电流增大，于是报警灯发亮，提醒驾驶员应及时加注燃油。

3. 制动灯断线报警

制动灯断线报警灯电路如图 6-15 所示。在正常情况下制动时，踩下制动踏板，制动灯开关接通，电流分别流经左右两电磁线圈，使左右制动信号灯亮。此时，两线圈所产生的磁场相互抵消，舌簧开关触点断开，报警灯不亮。若左（或右）制动信号灯线断路或灯丝烧断时进行制动，则左（或右）电磁线圈无电流通过，而通电的线圈所产生的电磁吸力吸动舌簧开关触点闭合，报警灯发亮，表示制动灯电路有断路故障。

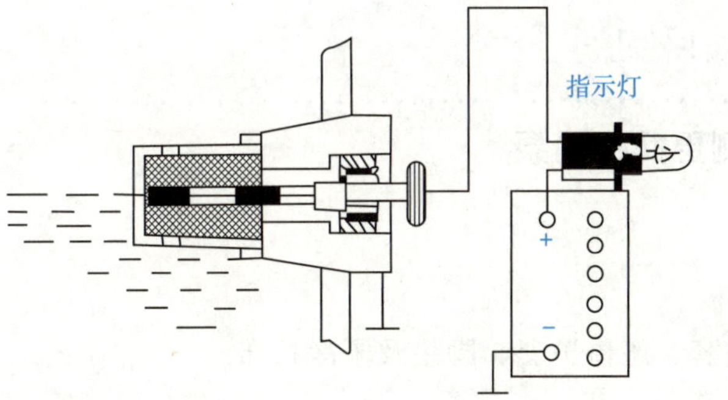

图 6-14　燃油量不足报警灯电路

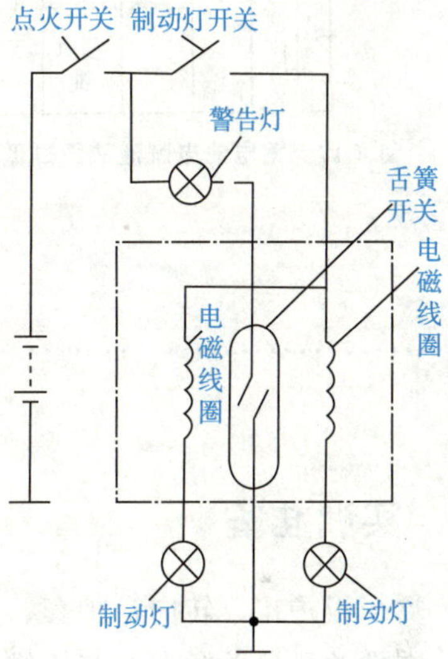

图 6-15　制动灯断线报警灯电路

4. 液面过低报警

液面过低报警装置适用于发动机冷却水、制动液、挡风玻璃清洗液等液面过低的报警，其电路如图 6-16 所示。其工作原理：当浮子随液面下降到规定值以下时，永久磁铁吸动舌簧开关使之闭合，接通电路，使报警灯发亮，以示告警。当液面在规定值以上时，浮子上升，磁铁吸力不足，舌簧开关在自身弹力作用下，使电路断开，报警灯熄灭。

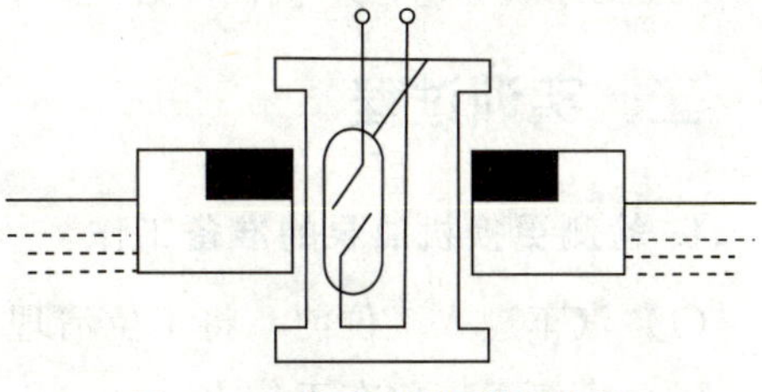
图 6-16　液面过低报警灯电路

5. 蓄电池液面过低报警

图 6-17 为蓄电池电解液液面过低报警装置电路。其报警开关是一个电子开关，由传感器和放大器组成，传感器为一铅棒，通常安装在由正极柱算起第三个单格内。当蓄电池电解液液面高度正常时，传感器铅棒上的电位为 8 V，从而使 VT_1 导通，VT_2 截止，报警灯不亮。当电解液液面在最低限位以下时，铅棒无法与电解液接触，也就无正电位，从而使 VT_1 截止，VT_2 导通，报警灯发亮。

6. 水温过高报警

水温过高报警灯电路如图 6-18 所示，其报警开关为双金属片式温度开关。当冷却水温正常时，双金属片几乎不变形，触点分开，报警灯不亮。如果冷却水温升高到 95～105 ℃时，双金属片由于温度升高而弯曲变形，使触点闭合，红色报警灯便通电发亮，提醒驾驶员采取适当降温措施。

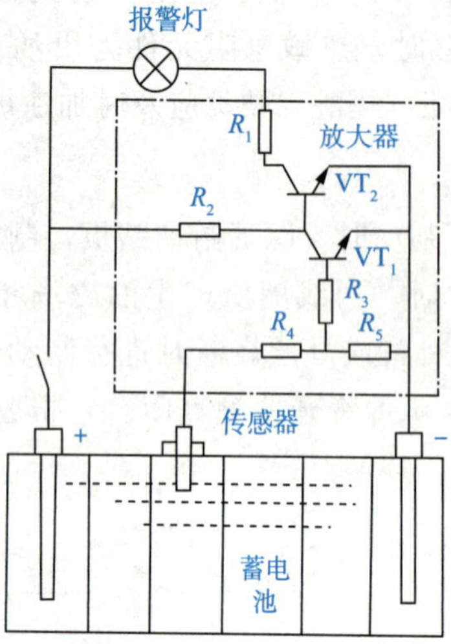

图 6-17　蓄电池电解液液面过低报警装置电路

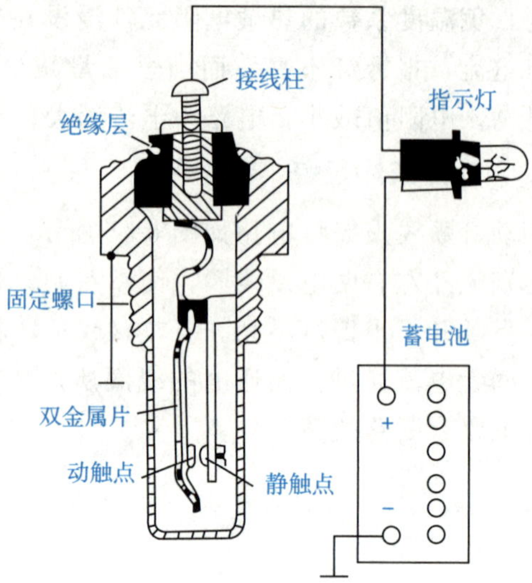

图 6-18　水温过高报警灯电路

项目实训

检测更换机油泵

一、实训准备

(1) 翼子板护裙、转向盘护套、变速杆护套、座椅护套、脚垫及干净抹布。

(2) 雪佛兰科鲁兹轿车及车辆维修手册。

(3) 套筒（10 mm、14 mm、17 mm）及棘轮扳手、机油回收车。

(4) 举升机、机油压力表及转换接头。

(5) SN 级 5W－30 机油 4 L、快干胶及室温硫化密封胶。

二、实训过程

1. 检测更换机油泵的准备工作

(1) 汽车进入工位前，将工位清理干净，准备好相关器材。

(2) 将汽车停放在工位上。

(3) 拉紧驻车制动器操纵杆。

(4) 套上转向盘护套、变速杆护套、座椅护套、铺好脚垫。

(5) 在车内拉动发动机舱盖开启手柄，在车外打开并支撑发动机舱盖。

(6) 粘贴翼子板护裙。

(7) 连接故障诊断仪。

2. 检查机油是否渗漏

机油渗漏常用目视法检查，具体步骤如下。

（1）检查机油液面高度，必要时进行添加，确保液面在正常位置。

（2）操作举升机（图 6-19），将车辆举升至合适高度。

（3）确保车辆固定在举升机上安全后，才可进行操作。

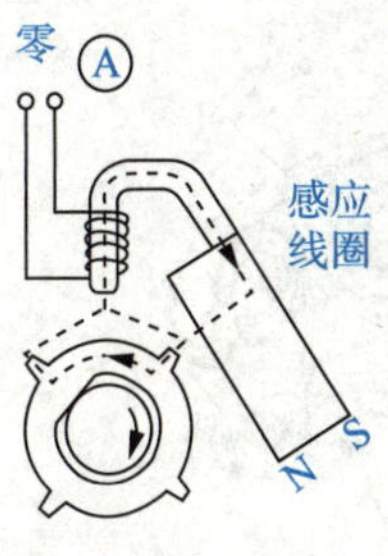

（a）　（b）　（c）　（d）

图 6-19　操作举升机

注意：车辆在举升前，务必卸下承载物。举升车辆时，车内禁止有乘客，并关好门。车辆举升中，车辆下方严禁站人或穿梭，不得晃动车辆。

（4）检查曲轴前、后端油封和油底壳衬垫等处是否有机油泄漏现象，油底壳是否存在变形现象，如图 6-20 所示。

（5）平稳降下车辆至地面。

（6）启动发动机并怠速运转至冷却液温度达到 60～70 ℃后熄火，在油底壳下面铺上一张纸或其他清洁的物品，观察 15 min。如有泄漏，根据油滴在纸上的位置方可找到泄漏部位，并进行处理。

图 6-20　检查曲轴前、后端油封和油底壳衬垫是否漏油

3. 规范的检测机油压力

在机油液面高度正常情况下，拆下密封螺栓（图 6-21）并清洁螺纹。利用转换接头安装机油压力表（图 6-22）。启动发动机并检查机油压力。怠速时，机油压力必须为至少 130 kPa（18.85 lbf/in^2），且机油温度必须为 80 ℃（170℉）或以上。将发动机熄火，拆下机油压力表和转换接头并安装新的密封螺栓紧固至 15 N・m。

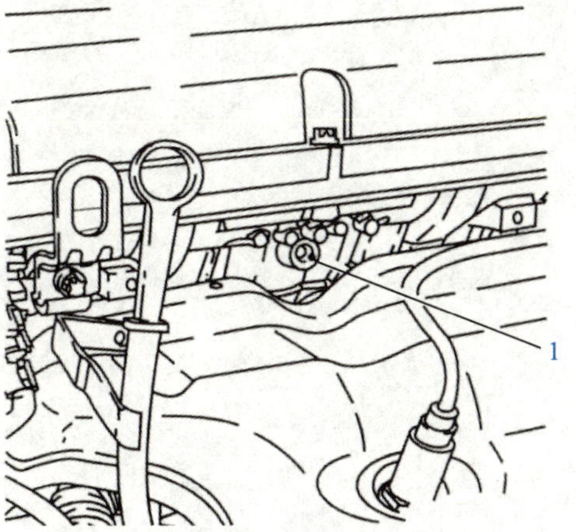

1—密封螺栓孔。

图 6-21　螺栓密封位置

1—金属转换接头；2—橡胶软管；3—机油压力表。

图 6-22　安装机油压力表

4. 规范的更换机油泵

图 6-23 为雪佛兰科鲁兹 LDE 发动机润滑系统零部件分解图，该车型机油泵与发动机前盖为一体式。

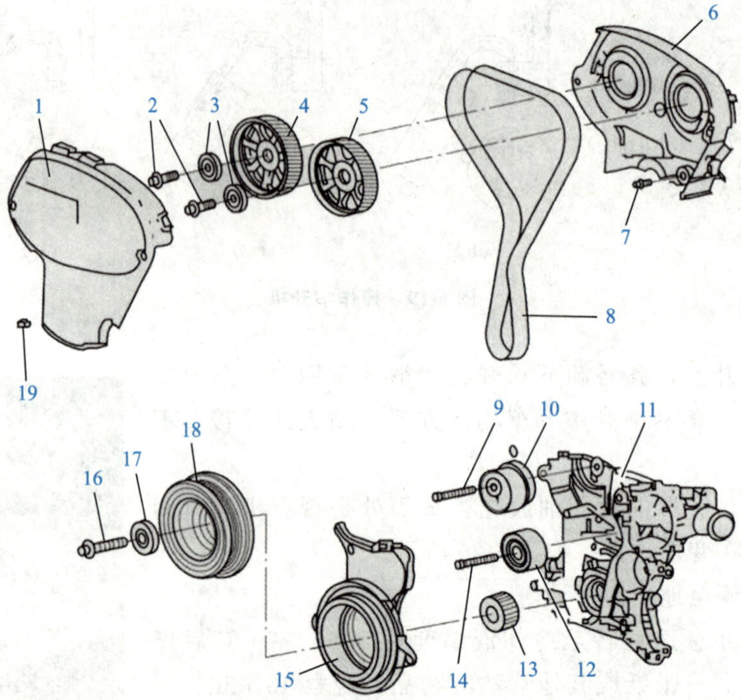

1—正时传动带上前盖；2—凸轮轴链轮螺栓；3—凸轮轴链轮垫圈；4—进气凸轮轴链轮；
5—排气凸轮轴链轮；6—正时传动带后盖；7—正时传动带后盖螺栓；8—正时传动带；
9—正时传动带张紧器螺栓；10—正时传动带张紧器；11—发动机前盖（机油泵总成）；
12—正时传动带惰轮；13—曲轴链轮；14—正时传动带惰轮螺栓；15—正时传动带下前盖；
16—曲轴扭转减振器螺栓；17—曲轴扭转减振器垫圈；18—曲轴扭转减振器；19—正时传动带上前盖螺栓。

图 6-23 雪佛兰科鲁兹 LDE 发动机润滑系统零部件分解图

（1）拆卸

① 断开蓄电池负极电缆。

② 拆下排气歧管。

③ 排空发动机冷却系统。

④ 拆卸空调压缩机。

⑤ 拆下发电机。

⑥ 拆下正时传动带后盖。

⑦ 拆下油底壳。

⑧ 将散热器出口软管从水泵上拆下。

⑨ 排空冷却系统。

⑩ 拆卸空调压缩机。

⑪ 拆下发电机。

⑫ 拆下正时传动带后盖。

⑬ 拆下油底壳。

⑭ 将散热器出水口软管从水泵上拆下。

⑮ 拆下发动机机油冷却器进口管螺栓（图 6-24 中 4）。

⑯ 将发动机机油冷却器进口管（图 6-24 中 1）推入发动机机油冷却器壳体（图 6-24 中 2）。

⑰ 从水泵上拆下 2 个发动机机油冷却器出口管螺栓（图 6-24 中 5）。

⑱ 将发动机机油冷却器出口管（图 6-24 中 3）接入发动机机油冷却器壳体（图 6-24 中 2）。

⑲ 将发动机机油冷却器出口管（图 6-24 中 3）接入发动机机油冷却器壳体（图 6-25 中 2）。

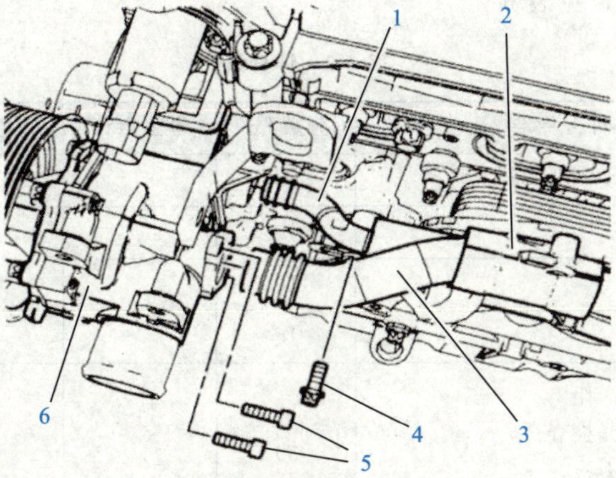

1—发动机机油冷却管进口管；2—发动机机油冷却器壳体；3—发动机机油冷却器出口管；

4—发动机机油冷却器进口管螺栓；5—发动机机油冷却器出口管螺栓；6—水泵。

图 6-24　机油泵与发动机前盖拆卸简图

（2）安装

① 清洁密封面。

② 装一个新的发动机前盖密封垫（图 6-25 中 1）。

③ 装发动机前盖（图 6-25 中 4）。

④ 装 8 个发动机前盖螺栓（图 6-25 中 2、3）并紧固至 20 N · m。

⑤ 发动机机油冷却器出口管（图 6-24 中 3）接入水泵（图 6-24 中 6）。

⑥ 安装发动机机油冷却器出口管螺栓（图 6-24 中 5），并紧固至 8 N · m。

⑦ 将发动机机油冷却器进口管（图 6-24 中 1）接入水泵（图 6-24 中 6）。

⑧ 安装发动机机油冷却器进口管螺栓（图 6-24 中 4），并紧固至 8 N · m。

⑨ 将散热器出口软管安装到水泵上。

⑩ 安装正时传动带后盖。

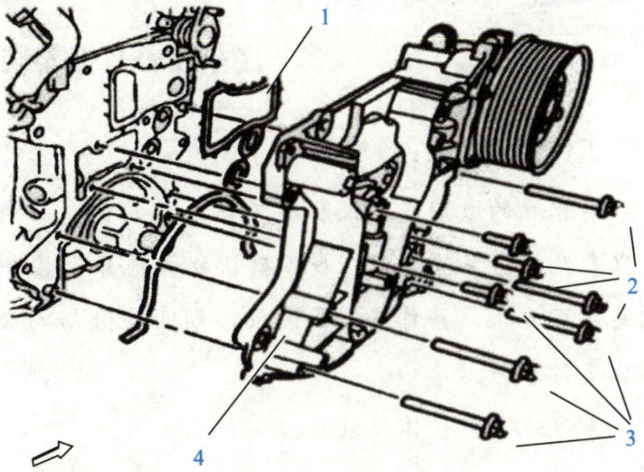

1—发动机前盖密封件；2、3—发动机前盖螺栓；4—发动机前盖。

图 6-25　机油泵与发动机前盖安装简图

⑪ 安装发电机。

⑫ 安装空调压缩机。

⑬ 安装排气歧管。

⑭ 连接蓄电池负极电缆。

⑮ 加注冷却系统冷却液。

⑯ 关闭发动机舱盖。

三、评价反馈

对本学习任务进行评价，见表 6-2。

表 6-2 评分表

考核项目	评分标准	分数/分	学生自评	小组评价	教师评价	小计/分
活动参与	是否积极主动	5				
安全生产	有无安全隐患	10				
现场 5S	是否做到	10				
任务方案	是否合理	15				
操作过程	(1) 举升机操作 (2) 机油渗漏检查 (3) 机油压力检查 (4) 机油泵的更换	30				
任务完成情况	是否圆满完成	5				
工具和设备使用	是否规范、标准	10				
劳动纪律	是否违反	10				
工单填写	是否完整、规范	5				
总分		100				
教师签名：				年 月 日	得分	

典型任务

汽车仪表及报警装置不工作故障检修

工作情境描述：

某客户的威朗汽车仪表不工作来站维修，你作为机电组维修人员，需在规定时间内按专业要求对仪表及报警装置进行检查，确认故障现象，检测相关电路及部件，维修更换损坏部件，要求达到相关法规要求，并作好过程记录，期间要做好与公司各部门及客户的协调与沟通，修复车辆检验合格后交付客户。

学习地点：一体化教室。

汽车仪表及报警装置不工作故障检修评分表

班级：＿＿＿＿＿　　组别：＿＿＿＿＿　　组长：＿＿＿＿＿　　组员：＿＿＿＿＿

学习任务名称：汽车仪表及报警装置不工作故障检修							
类别	考核内容	配分	评分标准		考核记录	考核方式	得分
工作过程知识（自评＋师评）	仪表及各报警装置的功用	10分	能指认仪表的名称、功用	5分			
			能指认报警装置的名称和功用	5分			
	电路识读与构建的方法	10分	能识读电路图中种符号和标注，并能描述仪表及报警装置的工作过程	5分			
			能根据仪表电路图列出电路构建的步骤	5分			
	仪表及报警装置常见故障分析	10分	能说出仪表常见故障	5分			
			能说出报警装置常见故障	5分			
	分析故障原因制定诊断计划	10分	能分析出故障的可能原因	4分			
			能制定出科学合理的诊断计划	6分			
工作过程实践技能（师评）	仪表及报警装置检查	10分	能正确检查仪表及报警装置，确认现象，规范维护和更换	10分			
	仪表及报警装置电路构建与测量	10分	能拆绘仪表及报警装置电路，构建和测量仪表系统电路，按技术规范查找和测量各部件及线路，并判断是否完好	10分			
工作过程实践技能（师评）	线路修复、损坏部件更换	10分	能按技术要求规范地拆装、维修、更换损坏部件	10分			
	仪表及报警装置检测	10分	能正确规范使用检测仪器进行仪表及报警装置检查操作	10分			
			能正确判定仪表及报警装置是否损坏	5分			
职业素养（组评）	职业素养	20分	安全规范操作	5分			
			工具使用与摆放、5S	5分			
			沟通、交流、合作	5分			
			到勤、纪律	5分			
合计		100分					

教师签字/日期：

项目总结

本项目主要介绍了汽车仪表报警系统检修的相关知识。首先介绍了车速里程表控制线路分析及故障检测；其次介绍了燃油表的检修；最后介绍了汽车报警装置的检修。通过本项目的学习，为读者提供汽车电路故障检修的理论知识和技术支持。

思考练习

一、填空题

1. 车速里程表用来指示汽车行驶速度和汽车累计行驶里程，它由________和________两部分组成。

2. 车速传感器具有________，控制电脑用这个输入信号来________，自动变速器的________锁止，________及________和________等其他功能。

3. 燃油表用来________。它与________配合工作，其传感器一般为________。

4. 燃油系统的压力释放目的：防止在拆卸时，________，造成________和________。

5. 报警系统由________、________、________、________等部件组成。

6. 当报警指示灯电路所监测的系统不能正常工作时，报警传感器处于________状态或其电阻值处于________状态，报警指示灯将由________状态变为________状态。

二、简答题

1. 简述车速里程表常见故障。
2. 简述燃油表常见故障及原因。
3. 查阅资料，说明别克威朗轿车、科鲁兹轿车仪表控制系统的控制电路。
4. 简述报警装置的作用及组成。

项目七

汽车辅助电器系统的检修

项目导读

汽车辅助电器系统主要向舒适、娱乐、保障安全等方面发展。汽车上的辅助电器除了汽车用音响设备、通信器材和汽车电视等服务性装置外，都是一些与汽车本身使用性能有关的电器设备，如电动刮水器、电动喷洗嚣、风窗除霜装置、电动车窗、电动后视镜、电动座椅、汽车防盗系统等。

学习目标

知识目标

- 熟悉电动座椅调节装置的结构和工作过程。
- 掌握电动车窗和电动天窗的检修。
- 掌握汽车防盗系统的检修。
- 掌握电动后视镜检修。
- 了解汽车空调系统功用及组成。

能力目标

- 能够对后视镜故障进行诊断、分析和排除。
- 能完成“汽车电动车窗不工作故障检修”的工作任务。

素质目标

- 在实践操作和故障诊断过程中，要求学生认真观察、仔细分析，确保操作的准确性和安全性。
- 提升学生全面思考能力，增强学生逻辑思维。

思政目标

- 鼓励学生遵守职业道德，尊重他人劳动成果，培养良好的沟通协作能力。
- 培养学生的责任感，使其坚持诚信和道德原则，为客户提供合法、诚信的服务。

任务一 电动座椅的检修

为了适应不同驾驶人、乘员对座椅位置的要求，提高乘坐舒适性，尤其使驾驶人保持正确的坐姿和便于驾驶操作，驾驶人座椅和前排乘客座椅设置了调节装置。座椅一般能进行多部位、多向调整，如前后移动调节、前端上下调节、后端上下调节、靠背倾斜调节、头枕调节等，如图 7-1 所示。

座椅可采用手动或电动方式进行调整。采用电动调整的座椅，称为电动座椅。电动座椅调整灵活、方便、省力。电动座椅由调节开关和调节装置等组成，其中调节装置包括调节电动机和传动机构，如图 7-2 所示。

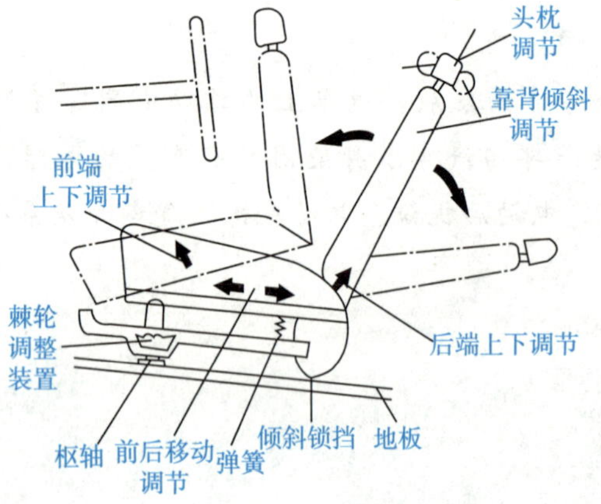

图 7-1 电动座椅调整示意图

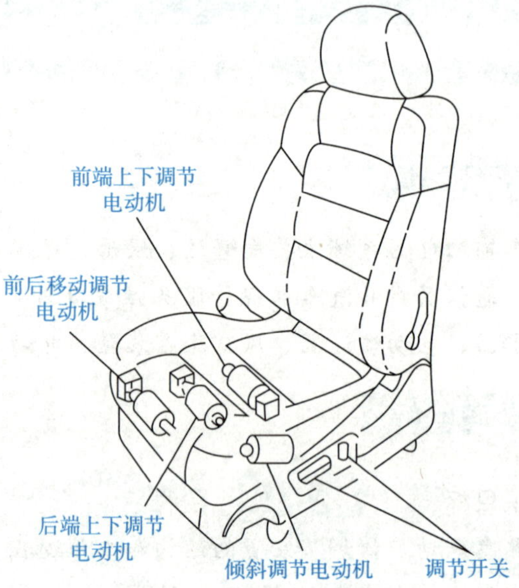

图 7-2 电动座椅的组成

电动机多为双向永磁式电动机，其数量取决于座椅调节功能的完善程度，一般有前后垂直、前后水平、靠背倾斜以及头枕和腰垫位置调节等。电动机的数量可以多达八个，除保证上述的基本运动外，还可以对头枕高度、座椅长度和扶手位置进行调节。每个电动机都装有断电器，防止线路过载。

一、电动座椅调节装置的结构和工作过程

电动座椅的调整是由调节装置完成的。电动座椅的前后移动调节装置如图 7-3 所示，包括前后移动调节电动机和传动机构，前后调节电动机为双向永磁直流电动机，传动机构由螺杆、螺母、轨道、支架等组成。前后移动调节电动机通电旋转，带动螺杆转动，使螺母在轨道上滑动，座椅便可向前或向后移动，其移动量有 230 mm。

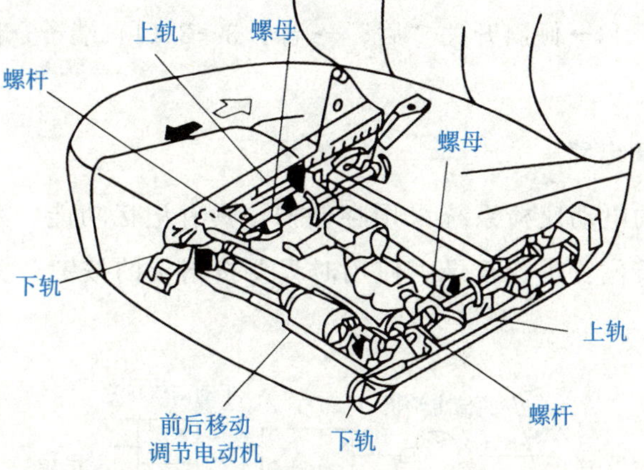

图 7-3　电动座椅前后移动调节装置结构

二、电动座椅的控制电路

1. 普通电动座椅控制电路

电动座椅控制电路（以丰田轿车为例）如图 7-4 所示，以坐垫靠背的倾斜调节为例，介绍控制过程。

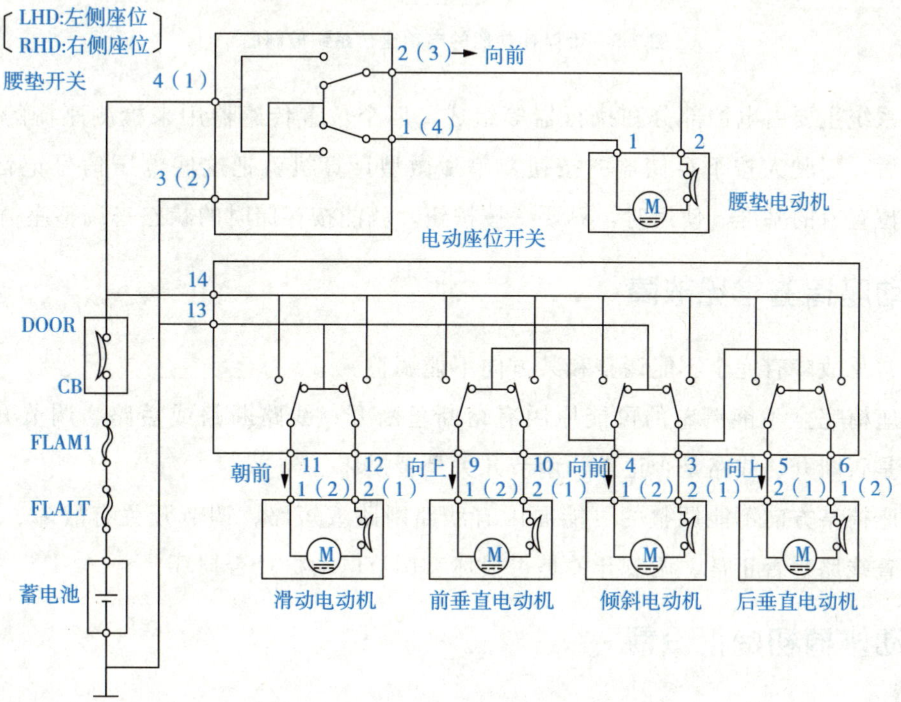

图 7-4　电动座椅控制电路

当电动座椅的开关处于倾斜位置时，如果要调整靠背向前倾斜，则闭合倾斜电动机的前进方向开关，即端子 4 处于左位时，电路为：蓄电池“+”→FLALT→DOOR CB→端子 14→倾斜开关“前”→端子 4→1（2）端子→倾斜电动机→2（1）端子→端子 3→端子 13→搭铁。此时座椅靠背前移。

端子 3 置于右位时，倾斜电动机反转，座椅靠背后移。电路为：蓄电池“＋”→FLALT→FLAM1→DOOR CB→端子 14→倾斜开关“后”→端子 3→2（1）端子→倾斜电动机→1（2）端子→端子 4→端子 13→搭铁。

2. 带储存功能电动座椅电路

目前，许多高档轿车的电动座椅系统采用存储器，具有记忆功能。系统控制示意图如图 7-5 所示，它能将设定的座椅调节位置进行记录，使用时只要按指定的按键开关，座椅就会自动地调节到预先设定的座椅位置上。

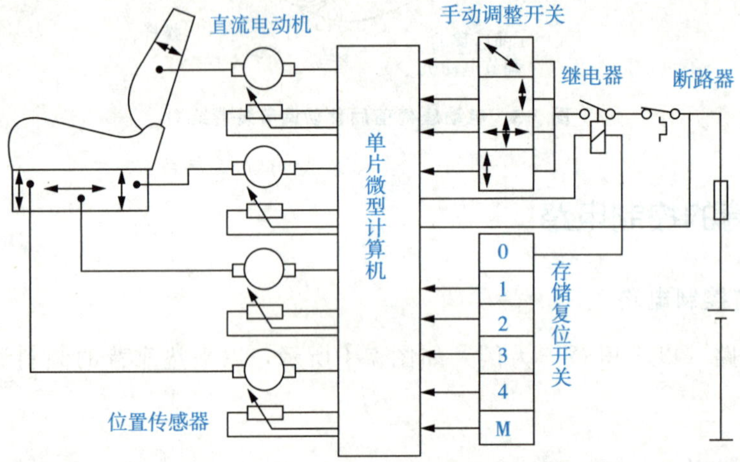

图 7-5　带储存功能的电动座椅系统控制图

电动座椅系统主要由电控部分和执行器等组成，四个位置传感器用来检测座椅的设定位置。当座椅位置设定后，驾驶人按下存储器的按钮，单片微型计算机就把这些电压信号记忆在存储器中，作为重新调整位置时的基准。使用时，只要一按按钮，就能按存储时的状态来调整座椅位置。

三、电动座椅的常见故障

电动座椅常见故障有完全不能调整和某方向不能调整。

（1）电动座椅完全不能调整的可能原因有熔断丝断开、线路断路或短路、调节开关有故障等。应检查熔断丝是否断开、线路是否正常、调节开关是否损坏。

（2）电动座椅某方向不能调整的可能原因有线路断路或短路、调节开关有故障、调节电动机有故障等。应检查线路是否正常、调节开关是否损坏、调节电动机是否损坏。

四、电动座椅初始化设置

1. 对汽车电动座椅初始化

带有位置储存功能的电动座椅在更换座椅后、在解除遥控钥匙储存座椅位置同步时必须先做座椅记忆存储系统初始化，然后方可进行驾驶人侧座椅和车外后视镜记忆设定。大众迈腾轿车座椅记忆储存系统初始化的操作步骤如下。

（1）打开驾驶人侧车门，关闭点火开关。

（2）操作座椅靠背调节按钮，使座椅靠背向前移动到极限位置。座椅靠背向前移动到极限位置后，松开调节按钮，再次向前拨动座椅靠背调整开关直到听到提示锣声后停止。

注意：在初始化过程中，所有记忆和设定将被删除。初始化后可以重新设定座椅和后视镜记忆，并对遥控钥匙进行同步化设置。

2. 储存正常行驶时座椅和车外后视镜位置

（1）打开点火开关，不能挂倒挡。

（2）将座椅和车外后视镜调整到所需位置，按下“SET”按钮并保持 1 s 以上，在 10 s 内按下三个储存按钮的一个，储存结束后，系统会提示锣声。

3. 将所储存的座椅位置输入遥控钥匙上

储存座椅和后视镜位置之后在 10 s 内将该位置输入遥控钥匙上。将遥控钥匙从点火开关内拔下，按下遥控钥匙开锁按钮并保持约 2 s，直到听到输入完成的确认声音。

注意：在重新调整座椅的记忆位置后，在 10 s 内不要随便按遥控钥匙按键，否则，遥控器将记忆最后所储存的座椅位置。

4. 倒车时副驾驶人侧车外后视镜记忆设定

（1）打开点火开关，按下所期望的储存按钮，选择倒挡。

（2）调整副驾驶人侧车外后视镜到倒车时所需的位置，系统会自动将该位置储存。

注意：不能按压 SET 按钮，否则系统将不储存设定的倒车时副驾驶人侧车外后视镜位置。调整完后归位即可。

5. 调出已储存的座椅和车外后视镜位置

车辆静止，点火开关打开情况下轻按一下相应的储存按钮，即可调出设定的座椅及车外后视镜位置。

任务二　电动车窗和电动天窗的检修

电动车窗由电力驱动车窗玻璃的升降，为驾驶人或乘客提供所需的车窗开度。通常电动车窗能保证驾驶人在驾驶座位上，操作控制开关，使全部车窗玻璃自动升降，并能实现后座车窗的锁止。其操纵简便，有利于行车安全。部分汽车电动车窗还能实现锁车、自动关闭车窗等智能控制。

一、电动车窗的检修

电动车窗主要由车窗玻璃、玻璃升降器、直流电动机、继电器、开关（主控开关、分控开关）等组成。其在车上的布置如图 7-6 所示。

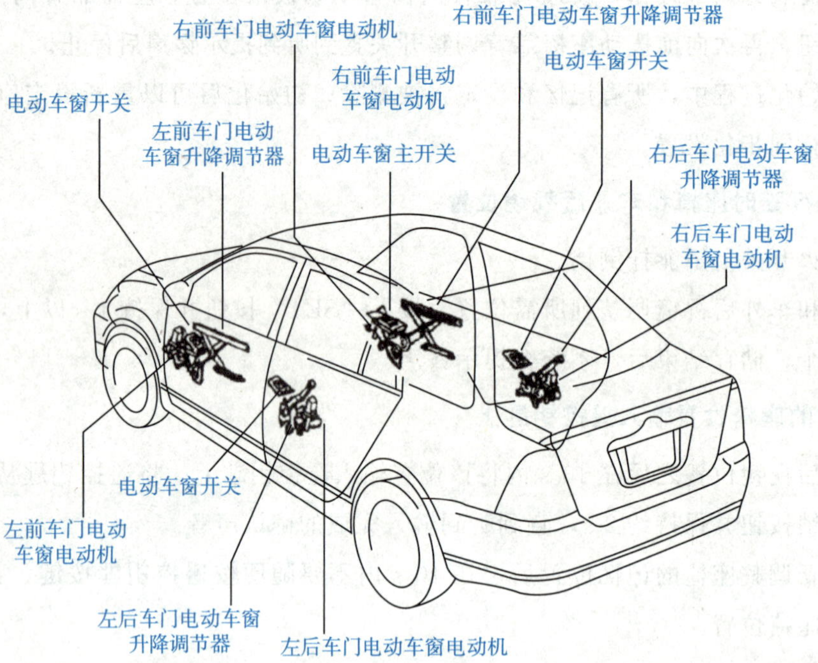

图 7-6 电动车窗部件在车上的布置

（1）玻璃升降器。玻璃升降器是把电动机的旋转运动变为车窗的上下移动。常见的玻璃升降器有钢丝滚筒式、交叉传动臂式。钢丝滚筒式多采用齿扇式传动，交叉传动臂式多采用齿条式传动。

齿条式玻璃升降器如图 7-7 所示。升降器采用柔性齿条和小齿轮结构。当电动机转动时，通过蜗轮蜗杆减速机构将动力传给小齿轮，小齿轮使齿条移动，齿条通过拉绳带动门窗玻璃进行升降。

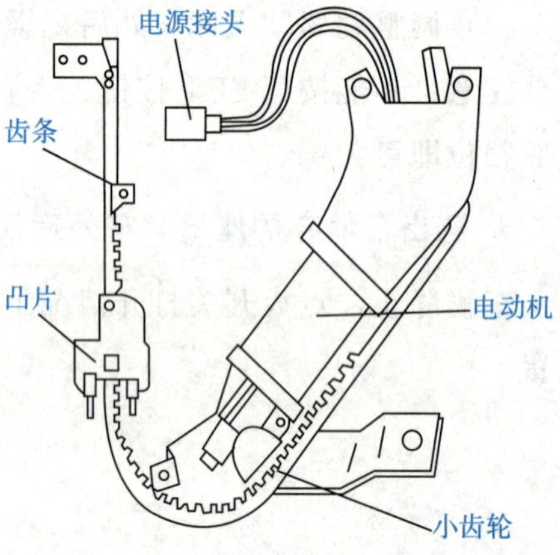

图 7-7 齿条式玻璃升降器

（2）电动机。电动车窗使用双向直流电动机，有永磁式和双绕组串励线绕式。现代汽车的每个车窗都装有一台电动机，通过开关控制电流的流动方向，使电动机正、反转，从而使车窗玻璃上升或下降。电动机的结构控制原理简图如图 7-8 所示，电动机的安装位置及外观如图 7-9 所示。

（3）控制开关。电动车窗的主控制开关一般安装在驾驶人侧车门扶手上，由驾驶人操作，可控制每个车窗的升降。分开关分别安装在每个乘客车门上，可单独控制某个车窗升降。大多数汽车在总开关中装有闭锁开关，当它断开时，其他乘客不能控制车窗升降。电动车窗控制开关如图 7-10 所示。

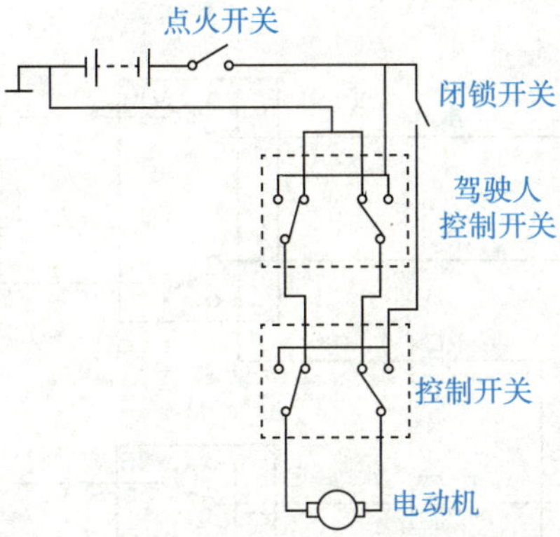

图 7-8　永磁式电动机的结构控制原理简图

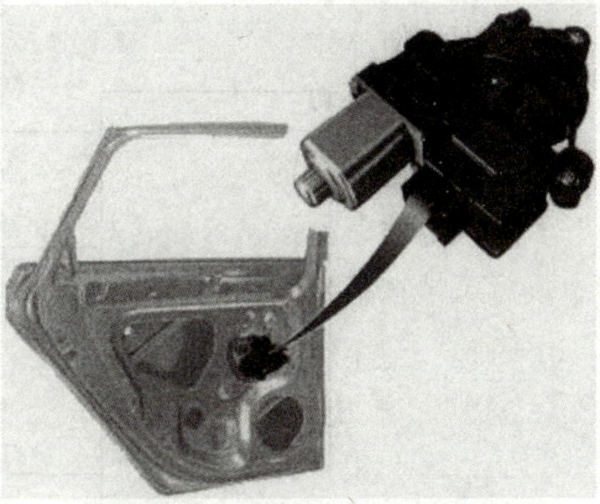

图 7-9　电动机的安装位置及外观

(a) 电动车窗主控开关

(b) 车窗分控开关

图 7-10　电动车窗控制开关

以主开关为例，操作驾驶人侧车窗开关的升、降或快速升降按钮后，驾驶人侧车窗电动机控制模块会接收到相应端子的信号，由控制模块来控制电动机的旋转方向和速度，同时通过数据线将开关信号及电机工作信号传递至 K9 车身控制模块。

若使用驾驶人侧开关控制其余三个车窗电机时，开关相关的动作信号由主开关内的模块通过数据线传递至 K9 车身控制模块，再由车身控制模块指令相应电机的动作。

驾驶人主开关上还设置有车窗锁止开关，按下后将通过数据线向车身控制模块传递锁止信号，则其余三个车窗的分开关将不能控制车窗的升降。

1. 电动车窗的控制电路

(1) 卡罗拉电动车窗控制。卡罗拉电动车窗控制电路如图 7-11 所示。它也采用永磁式直流电动机。

(2) 科鲁兹轿车电动车窗。科鲁兹汽车电动车窗控制电路采用网络数据传输的方式进行控制(图 7-12)，以主开关为例，操作驾驶人侧车窗开关的升、降或快速升降按钮后，驾驶人侧车窗电动机控制模块会接收到相应端子的信号，由控制模块来控制电动机的旋转方向和速度，同时通过数据线将开关信号及电机工作信号传递至 K9 车身控制模块。

若使用驾驶人侧开关控制其他三个车窗电机时，开关相关的动作信号由主开关内的模块通过数据线传递至 K9 车身控制模块，再由车身控制模块指令相应电机的动作。

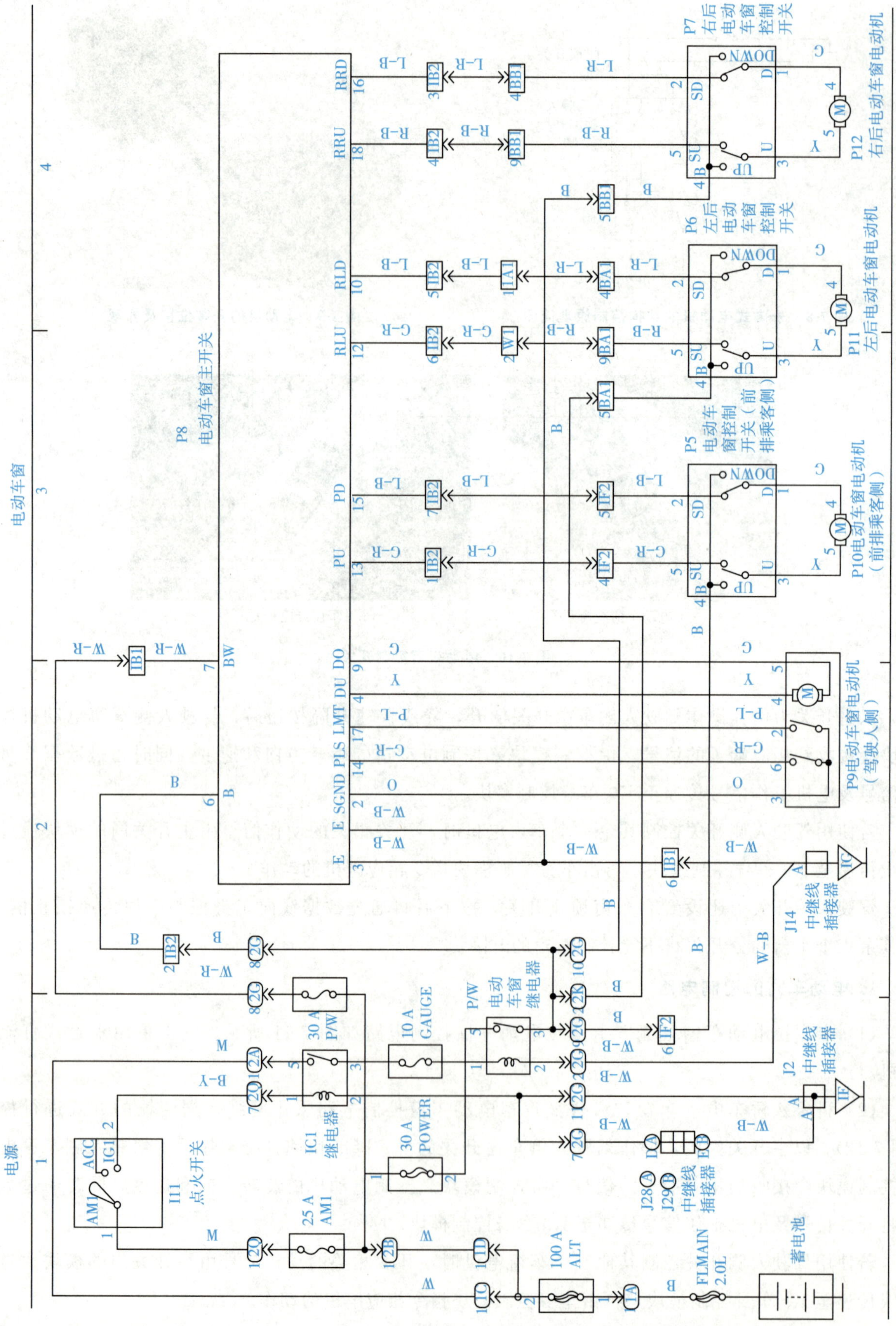

图 7-11　卡罗拉电动车窗控制电路

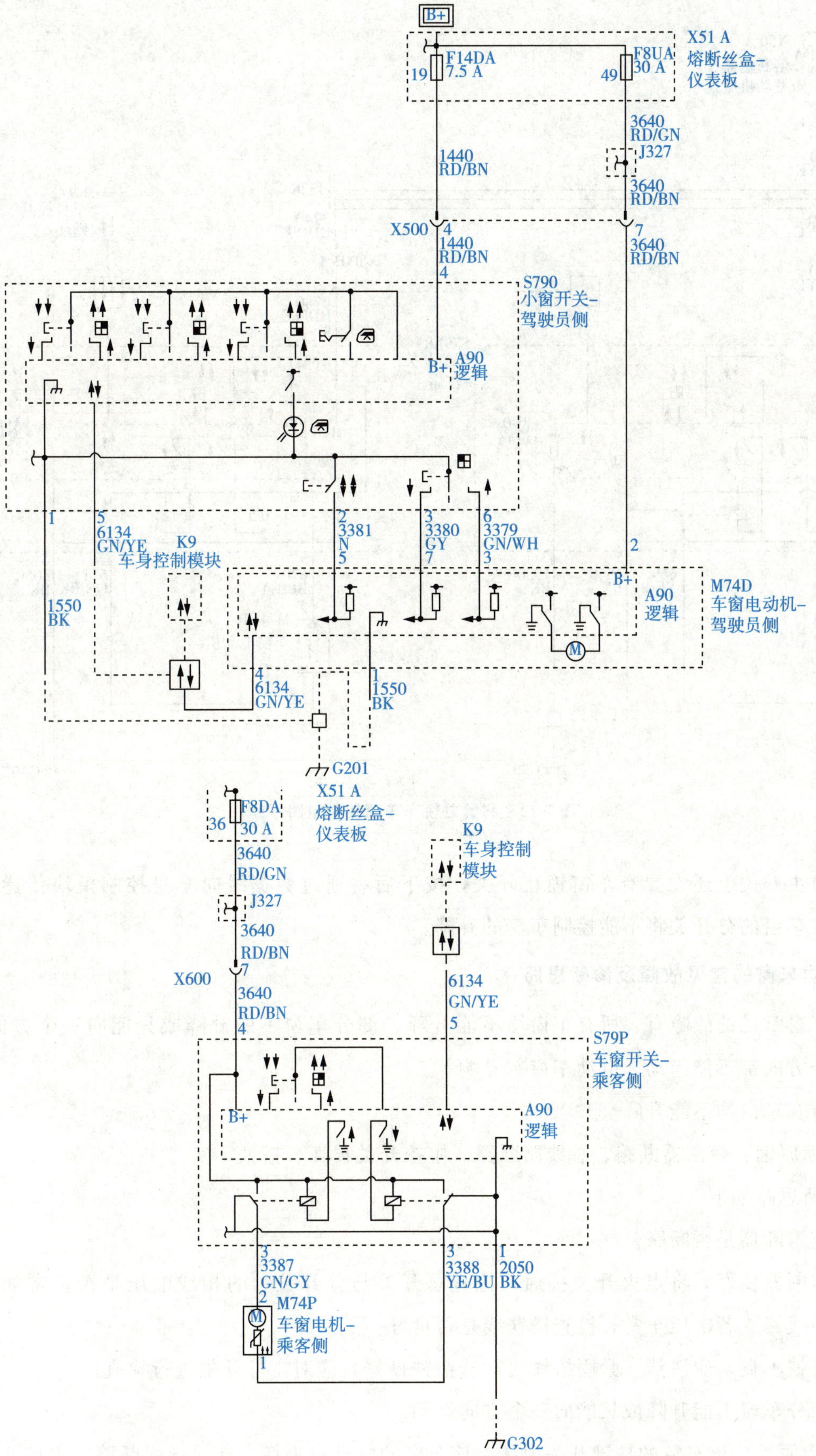

图 7-12　科鲁兹轿车车窗控制电路

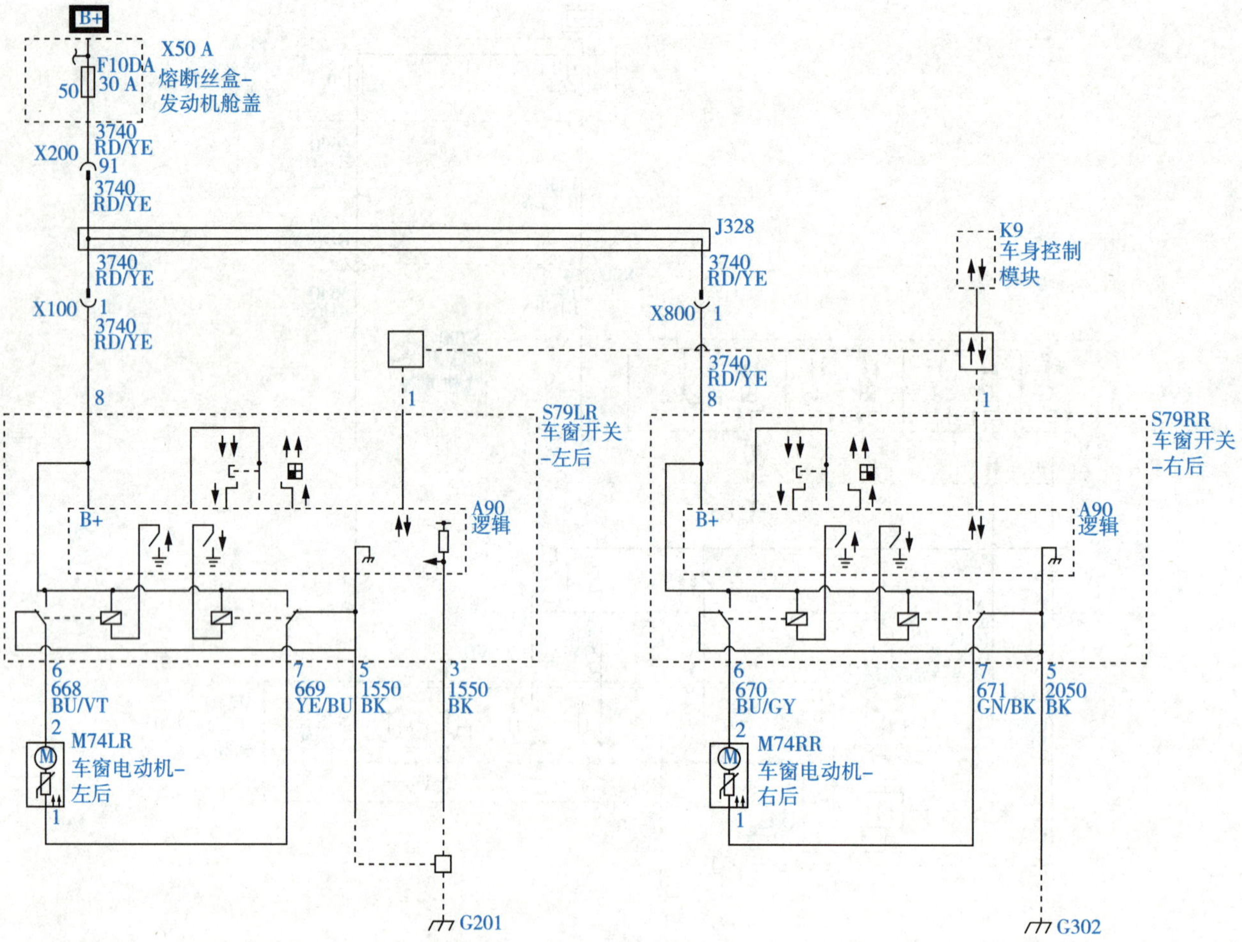

图 7-12　科鲁兹轿车车窗控制电路（续）

驾驶员主开关上还设置有车窗锁止开关，按下后将通过数据线向车身控制模块传递锁止信号，则其他三个车窗的分开关将不能控制车窗的升降。

2. 电动车窗的常见故障及诊断思路

电动车窗常见的故障有：所有车窗均不能升降、部分车窗不能升降或只能向一个方向运动、某个车窗两个方向都不能运动、电动车窗有异响等。

（1）所有车窗均不能升降

① 故障原因：熔断器断路、总线路断路、主控开关损坏、搭铁不实。

② 诊断思路如下。

• 检查熔断器是否断路。

• 若熔断器良好，将点火开关接通，检查总开关与分开关上的相线电压是否正常如电压为零，应检查电源线路。若电压正常，检查搭铁线是否良好。

• 若搭铁不良，应清洁、紧固搭铁线。若搭铁良好，应对主控开关进行检查。

（2）部分车窗不能升降或只能向一个方向运动

① 故障原因：该车窗的按键开关损坏、该车窗的电动机损坏、连接导线断路、主控开关损坏。

② 诊断思路如下。

• 检查主控开关的按键开关与该车窗的按键开关工作是否正常。

• 检查该车窗的电动机正反转是否正常。

• 检查连接导线。

• 若车窗只能向一个方向运动，一般是按键开关或分线路断路，可先检查线路连接是否正常，再检修开关。

• 若一个车窗两个方向都不能运动，应先检查电动机。若电动机正反转正常，应检修传动机构，多数是传动机构卡死。

3. 卡罗拉车型主要部件的检修

以卡罗拉车型为例，主要部件的检修如下。

（1）电动车窗总开关的检修。卡罗拉电动车窗的总开关接线如图 7-13 所示。

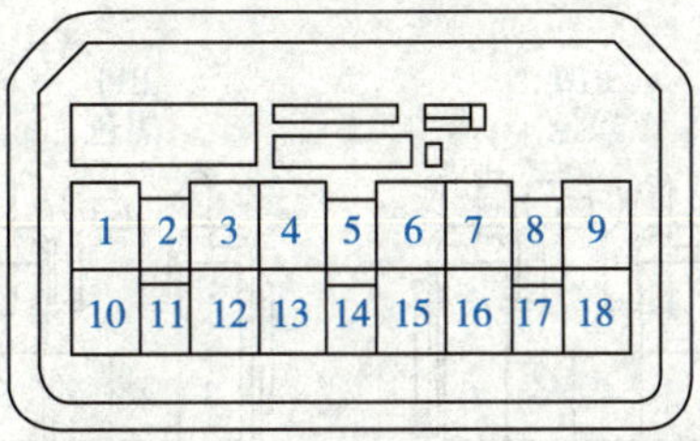

图 7-13　卡罗拉电动车窗的总开关插接器

当总开关处于上升、关闭、下降的不同工作状态时，各端子之间的导通状态见表 7-1，如果测得的结果与表 7-1 不符，说明车窗总开关已损坏，应更换新开关。

表 7-1　车窗工作状态导通状态

检查条件	前								后							
	左				右				左				右			
开关位置	端子号															
	3	6	4	9	3	6	13	15	3	6	10	12	3	6	16	18
上升	○	○	○	○	○	○	○	○	○	○	○	○	○	○	○	○
关闭	○ ○		○	○	○ ○		○	○	○ ○		○	○	○ ○		○	○
下降	○	○	○	○	○	○	○	○	○	○	○	○	○	○	○	○

（2）电动车窗分开关的检修。卡罗拉电动车窗的分开关插接器如图 7-14 所示。

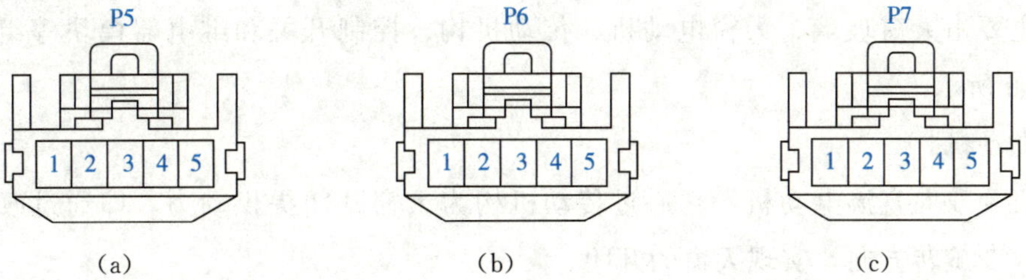

图 7-14　卡罗拉电动车窗的分开关插接器图

当分开关处于上升、关闭、下降的不同工作状态时，各端子之间的导通状态见表 7-2，如果测得的结果与表不符，说明车窗总开关已损坏，应更换新开关。

表 7-2　车窗分开关工作状态导通状态

开关位置	端子号				
	1	2	3	4	5
上升	○	○	○	○	
关闭	○	○	○		○
下降	○		○	○	○

（3）电动车窗电动机的检修。电动车窗电动机的插接器如图 7-15 所示。将蓄电池的正极分别接 4、5 端子，电动机应能正、反转，且运转十分平稳。否则，说明电动机有故障，应更换。

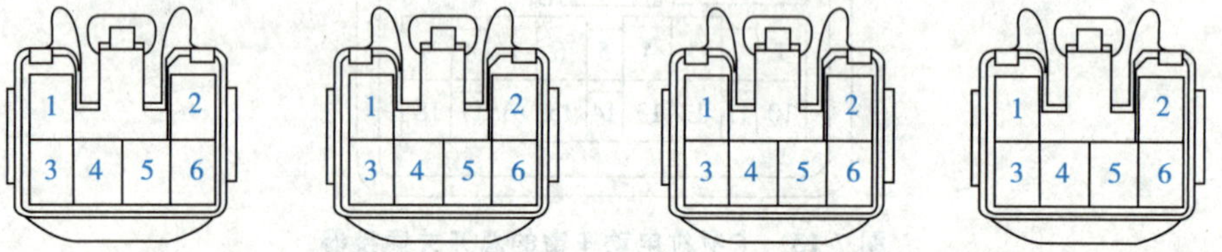

图 7-15　卡罗拉电动车窗的电动机插接器图

（4）车窗继电器的检修。

① 静态检测：将万用表置于 $R\times1$ 挡，测量 1、2 两个端子，应为通路，如不通，说明线圈烧坏，应更换。再测 3、5 两个端子，应断路，如为通路，说明触点烧结，应更换。

② 动态检测：将 12 V 蓄电池电压正极接 1 端子，负极接 2 端子，用万用表检测 3、5 端子，应为通路，否则说明继电器损坏，应更换。

二、电动天窗的检修

现在越来越多的中高档汽车多装有电动天窗，电动天窗依靠汽车行驶过程中气流在汽车顶部的快速流动，有效地使车内空气流通，增加新鲜空气流入车内，给驾驶人和乘客带来健康、舒适的享受。

1. 电动天窗的组成

电动天窗主要由天窗玻璃、天窗电动机、传动机构、控制开关和继电器模块等组成。其在车上的布置如图 7-16 所示。

（1）天窗电动机

天窗电动机为双向直流电动机，它通过传动机构为天窗开闭提供动力，即通过改变流过电动机的电流方向来改变旋转方向，实现天窗的开闭。

（2）天窗的传动机构

电动天窗的传动机构包括滑动机构、连接机构和驱动机构。

① 滑动机构

电动天窗滑动机构结构简图如图 7-17 所示。它由驱动电动机、驱动齿轮、滑动螺杆和后枕座组成。

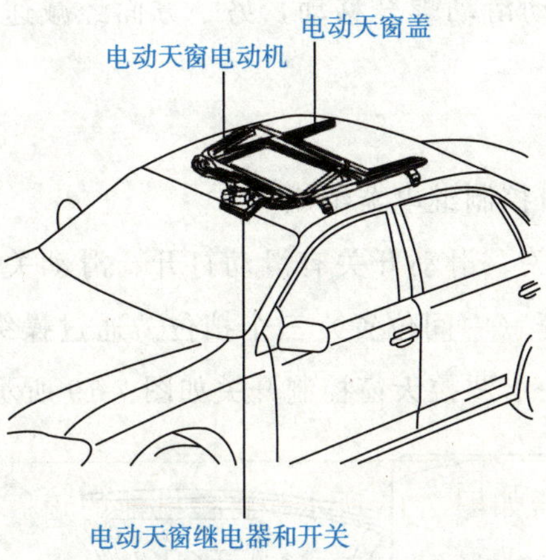

图 7-16　电动天窗部件在车上的布置

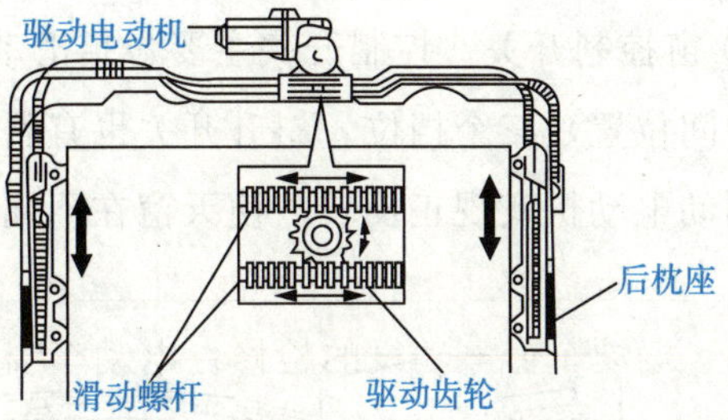

图 7-17　电动天窗的滑动机构简图

天窗开关动作时，驱动电动机所产生的转矩由驱动齿轮传递给滑动螺杆，滑动螺杆带动后枕座滑动。电动机正、反转使后枕座前、后移动，决定天窗玻璃打开还是关闭。在电动机齿轮外壳内部有两个利用凸轮进行工作的限位开关。

② 连接机构

电动天窗连接机构结构简图如图 7-18 所示。

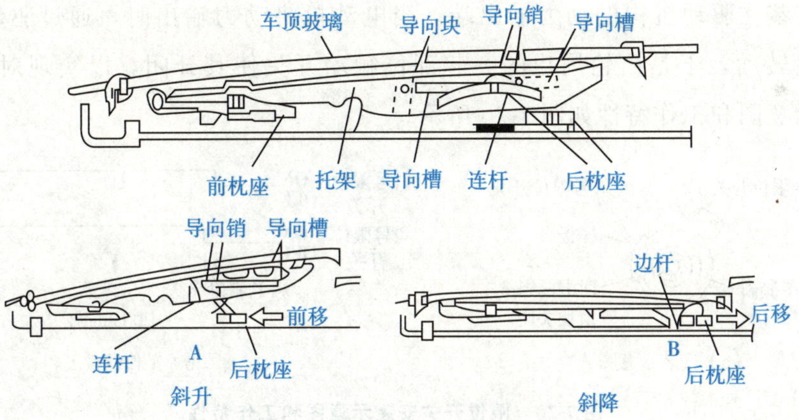

图 7-18　电动天窗的连接机构简图

当天窗玻璃打开时，后枕座由于滑动螺杆的作用，向车辆后方推出。两个导向销分别沿着导向槽移动，首先把天窗后端向下方引出，落入车顶下部。其后，对螺杆压紧，向车辆后方滑动，当天窗玻璃关闭时，后枕座向车辆前方伸出滑动，导向销达到图示位置即为全闭。

从这种状态起，后枕座进一步向车辆前方移动，导向销也沿着导向槽向前移动，连杆即按箭头 A 方向移动，使天窗玻璃斜升。当天窗玻璃斜降开始时，后枕座按箭头 B 的方向收回合拢，使天窗玻璃斜降。斜降完成后，天窗玻璃才可进行滑动打开与关闭。

③ 驱动机构

电动车窗的驱动机构由电动机、驱动齿轮、凸轮、限位开关等组成。电动机通过蜗轮、中间齿轮进行减速，将动力传递给驱动齿轮，驱动齿轮一方面带动滑动螺杆移动，另一方面经减速后再传递给凸轮。

（3）控制装置

电动天窗的控制装置由天窗控制开关、限位开关、天窗控制继电器组成。

① 窗控制开关。控制开关主要包括滑动开关和斜升开关。滑动开关有滑动打开、滑动关闭和断开（中间位置）三个挡位。斜升开关也有斜升、斜降和断开（中间位置）三个挡位。通过操纵开关，天窗驱动电动机实现正反转，使天窗在不同的状态下工作，卡罗拉天窗控制开关如图 7-19 所示。

图 7-19　卡罗拉天窗控制开关

② 限位开关。限位开关主要是用来检测天窗所处的位置。限位开关靠凸轮转动来实现电路的接通和断开。凸轮安装在驱动机构的动力输出端。当电动机将动力输出时，通过驱动齿轮和滑动螺杆减速以后带动凸轮转动，于是凸轮周边的突起部位触动开关使其开闭，以实现对天窗的自动控制。限位开关的安装示意图和工作特性如图 7-20 所示。

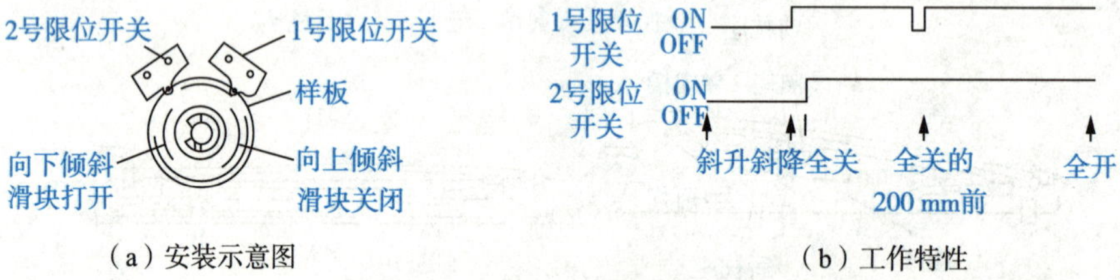

图 7-20　限位开关安装示意图和工作特性

③ 天窗控制继电器模块。天窗控制继电器模块是一个数字控制电路，并设有定时器、蜂鸣器和继电器等。其作用是接受开关输入的信息，通过数字电路进行逻辑运算，确定继电器的动作，给电动机发出指令，控制电动机正、反转，完成天窗的打开、关闭、斜升和斜降。

2. 电动天窗的工作原理及控制电路

（1）凯越电动天窗控制

凯越电动天窗控制电路如图 7-21 所示。它采用永磁式电动机，当控制开关改变流过驱动电动机的电流方向时，驱动天窗玻璃动作。天窗控制开关是一个拨动按钮，位于门控灯总成右侧。必须接通点火开关，天窗才能操作。

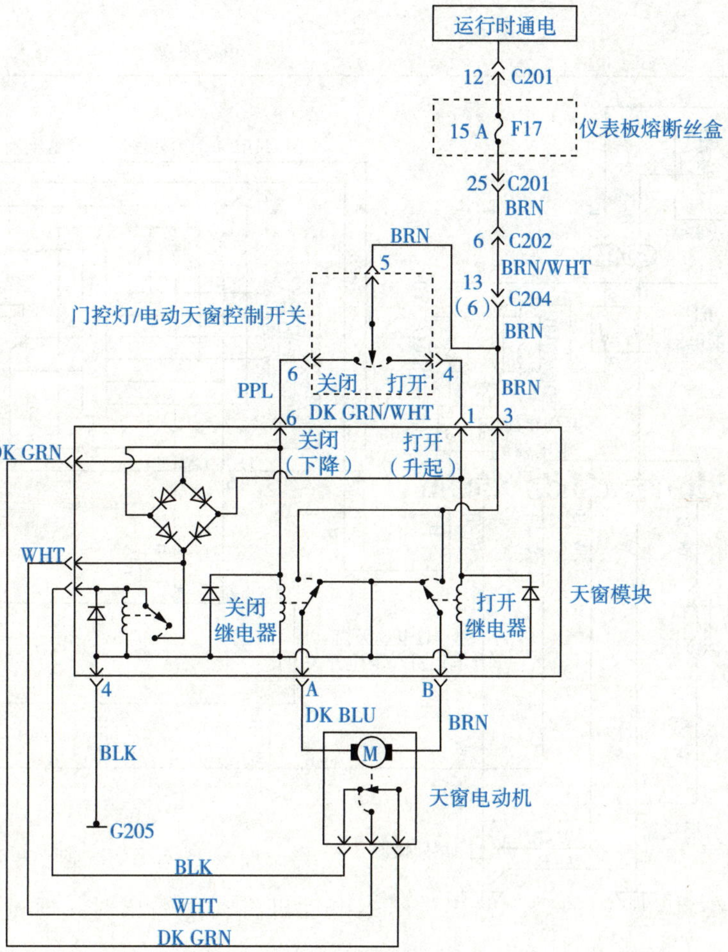

图 7-21　凯越电动天窗控制电路

① 天窗打开：接通点火开关，按下天窗控制开关后部，信号从天窗开关送到天窗控制模块，打开继电器工作，电动机转动，打开天窗。

② 天窗关闭：接通点火开关，按下天窗控制开关前部，信号从天窗开关送到天窗控制模块，关闭继电器工作，电动机反向转动，关闭天窗。

③ 向上倾斜：接通点火开关，天窗关闭后，要想倾斜打开天窗后端，按住天窗控制开关前部，信号从天窗开关送到天窗控制模块，打开继电器工作，电动机转动，天窗向上倾斜。

④ 向下倾斜：接通点火开关，按住天窗控制开关后部，信号从天窗开关送到天窗控制模块，关闭继电器工作，电动机转动，关闭天窗。

按下天窗开关的任一侧可使天窗在中途停止。有些天窗控制系统还具有倾斜提醒功能。当天窗处于向上倾斜时，将点火开关从 ON 挡转至 ACC 或 OFF 挡时，则天窗控制模块接通蜂鸣器，蜂鸣器响起以提醒驾驶人，天窗处于倾斜状态。

(2) 丰田卡罗拉电动天窗控制

丰田卡罗拉电动天窗控制电路如图 7-22 所示。它主要由天窗控制继电器和开关、天窗电动机和限位开关组成。它的主要功能：天窗打开、关闭、斜升和斜降。其控制原理与凯越相似不再赘述。

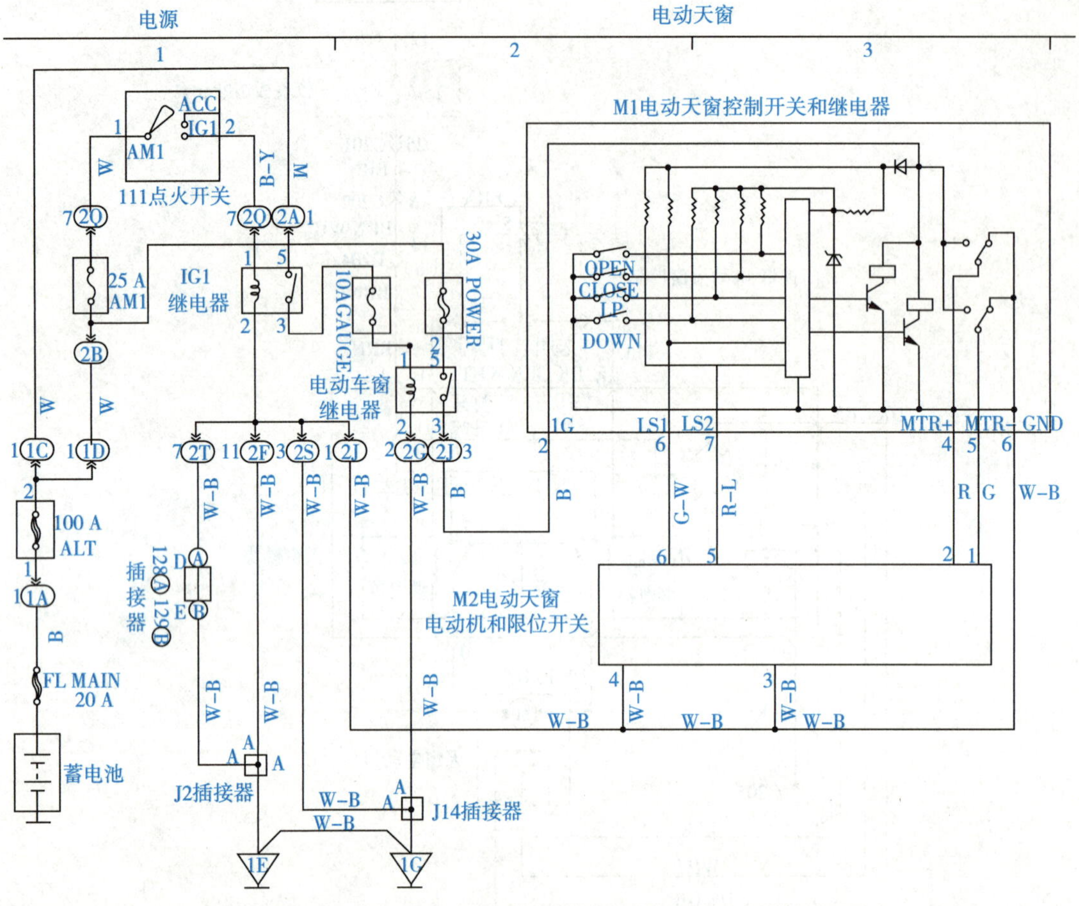

图 7-22　丰田卡罗拉电动车窗控制电路

3. 电动天窗常见故障及诊断思路

电动天窗常见故障有天窗漏水、天窗系统不工作、天窗系统中途停止工作、天窗运行缓慢和时停时走等。

（1）天窗系统不工作

① 故障原因：P/W 熔断丝故障、P/W 电动天窗继电器故障、连接导线故障。

② 诊断思路如下。

• 检查 P/W 熔断丝是否正常，若不正常，查明原因，维修或更换。

• 若 P/W 熔断丝正常，检查 P/W 电动天窗继电器，若不正常，更换。

• 若 P/W 电动天窗继电器正常，检查连接导线。

（2）天窗系统中途停止工作

① 故障原因：电动天窗控制开关和继电器故障、电动天窗电动机和限位开关故障、连接导线故障。

② 诊断思路如下。

• 检查电动天窗控制开关的工作情况，若不正常，更换。

• 若控制开关正常，检查电动天窗继电器，若不正常，更换。

• 若继电器正常，检查连接导线。

（3）天窗运行缓慢，时停时走

① 故障原因：电源电压不够。

② 诊断思路：检查蓄电池的电量，若电量不足，给蓄电池充电。

4. 丰田卡罗拉电动天窗主要部件的检修

以丰田卡罗拉电动天窗为例，电动天窗主要部件的检修如下。

（1）天窗功能的检查

① 检查滑动开启操作情况。将点火开关转至 ON 位置，电动天窗开关位于 OPEN 侧时，检查电动天窗是否滑动并完全打开。

② 检查滑动关闭操作情况。将点火开关转至 ON 位置，电动天窗开关位于 CLOSE 侧时，检查电动天窗是否滑动并完全关闭。

③ 检查斜升操作情况。将点火开关转至 ON 位置，电动天窗开关位于 UP 侧时，检查电动天窗是否斜升。

④ 检查斜降操作情况。将点火开关转至 ON 位置，电动天窗开关位于 DOWN 侧时，检查电动天窗是否斜降。

（2）天窗继电器和开关的检查

① 断开电动天窗继电器和开关插接器，按表 7-3 中的要求，检查电动天窗继电器和开关配线侧插接器各端子间的电压和导通情况，若检测结果不符合要求，则检测相关电路。电动天窗继电器和开关插接器如图 7-23 所示。

表 7-3　电动天窗继电器和开关端子电压和导通情况

测试端子	测试条件	标准值
2—车身	点火开关在 ON 位置	0～14 V
4—车身	无	不导通
5—车身	无	不导通
6—车身	1 号限位开关在 ON 位置	导通
7—车身	2 号限位开关在 ON 位置	导通
8—车身	无	导通

② 插回电动天窗继电器和开关插接器，按表 7-4 的要求，从插接器背面检测电动天窗继电器和开关配线侧插接器各端子间的电压和导通性，若检测结果不符合要求，则检测相关电路，电动天窗继电器和开关插接器如图 7-24 所示。

图 7-23　电动天窗继电器和开关插接器

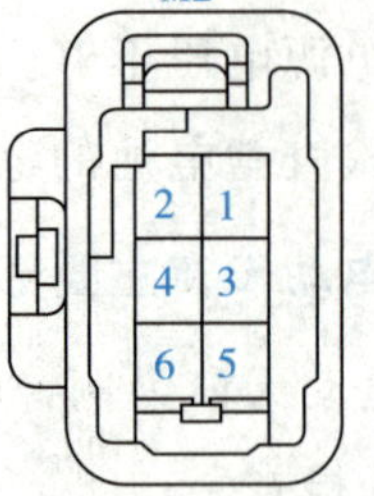

图 7-24　天窗电动机与限位开关插接器

表 7-4　电动天窗继电器和开关端子电压和导通性

测试端子	测试条件	标准值
4—车身	每个开关在 OFF 位置	导通
5—车身	每个开关在 OFF 位置	导通
4—车身	(1) 点火开关在 ON 位置 (2) 电动天窗完全关闭 (3) 1 号限位开关在 ON 位置 (4) 2 号限位开关在 ON 位置 (5) 滑动开关（OPEN 侧）OFF→ON	0～14 V
5—车身	(1) 点火开关在 ON 位置 (2) 电动天窗完全打开 (3) 1 号限位开关在 ON 位置 (4) 2 号限位开关在 ON 位置 (5) 滑动开关（CLOSE 侧）OFF→ON	0～14 V
4—车身	(1) 点火开关在 ON 位置 (2) 倾斜 (3) 1 号限位开关在 OFF 位置 (4) 2 号限位开关在 OFF 位置 (5) 倾斜开关（DOWN 侧）OFF→ON	0～14 V
5—车身	(1) 点火开关在 ON 位置 (2) 停止倾斜 (3) 1 号限位开关在 OFF 位置 (4) 2 号限位开关在 OFF 位置 (5) 倾斜开关（UP 侧）OFF→ON	0～14 V

(3) 天窗电动机与限位开关总成的检查

① 天窗电机工作情况检查。将蓄电池正极与电动天窗电动机 2 端子连接，负极与 1 端子连接，电动机顺时针转动。反之，电动机应能逆时针转动，且没有异常声音，说明电动机正常。若不符合要求，应更换天窗电动机。

② 限位开关导通情况的检查。1 号限位开关在 OFF 位置时，电动天窗限位开关 3、6 端子不导通。1 号限位开关在 ON 位置时，电动天窗限位开关 3、6 端子应导通。2 号限位开关在 OFF 位置时，电动天窗限位开关 5、6 端子不导通。1 号限位开关在 ON 位置时，电动天窗限位开关 5、6 端子应导通。若导通情况不符合要求，则应更换天窗限位开关。

任务三　中控门锁和防盗系统的检修

一、中控门锁的检修

为了方便驾驶人和乘客开关车门，现在大部分汽车中都安装了中央控制门锁系统。安装了中控门锁后，驾驶人可以在锁住或打开自己车门的同时锁住或打开其他的车门，而除了中控门锁控制外，乘客还可以利用各车门的机械式弹簧锁来开关车门。

1. 中控门锁的组成

中控门锁系统一般包括门锁控制开关、钥匙操纵开关、门锁总成、行李舱开启器及门锁控制器等。图 7-25 为中央门锁控制系统及其组件的安装位置。

（1）门锁控制开关。门锁控制开关一般安装在驾驶人侧前门内的扶手上，通过门锁控制开关可以同时锁上和打开所有的车门。图 7-26 为丰田汽车门锁控制开关的位置图。

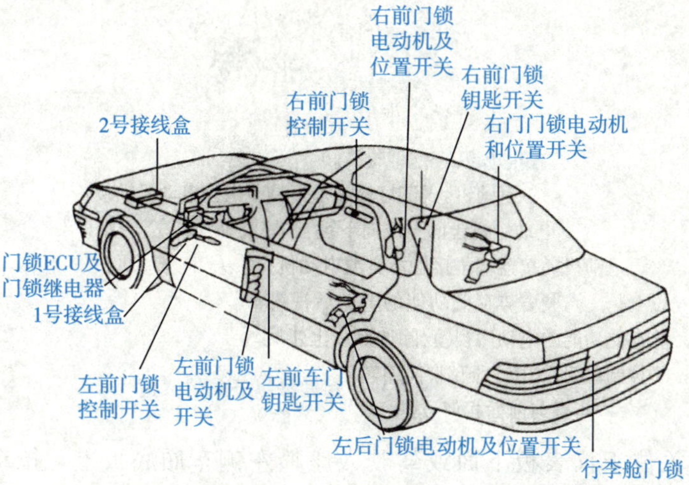

图 7-25　中央门锁控制系统及其组件的安装位置

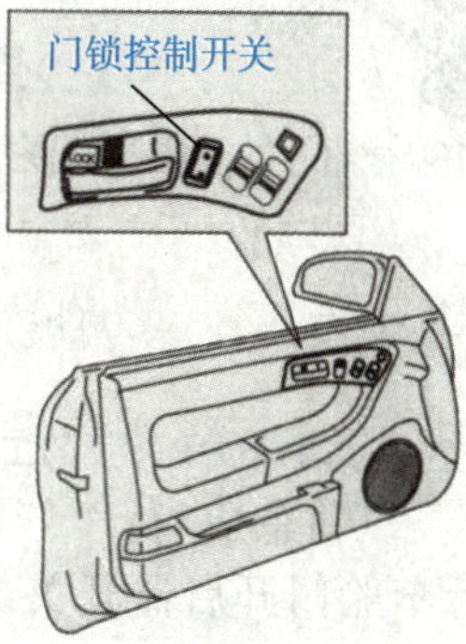

图 7-26　丰田汽车门锁控制开关的位置图

（2）门锁总成。门锁总成主要由门锁传动机构、门锁位置开关、外壳等组成，结构示意图如图 7-27 所示。

门锁传动机构主要由门锁电动机、蜗轮齿轮组等组成，如图 7-28 所示。门锁电动机是门锁的执行器，当门锁电动机转动时，蜗杆带动蜗轮转动，蜗轮推动锁杆，车门被锁上或打开，然后蜗轮在复位弹簧的作用下返回原位置，防止操纵门锁钮时电动机工作。

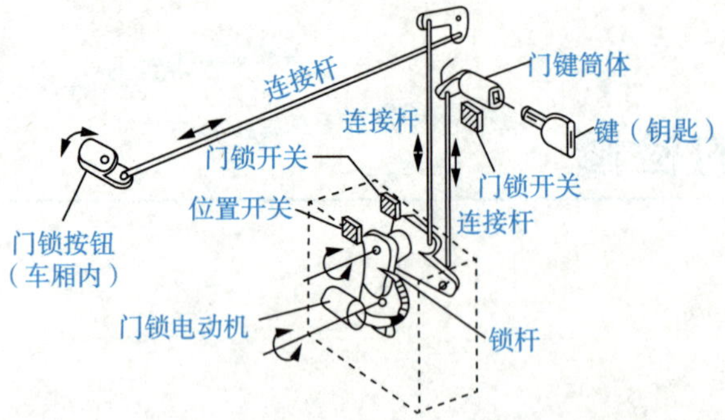

图 7-27　门锁机构示意图

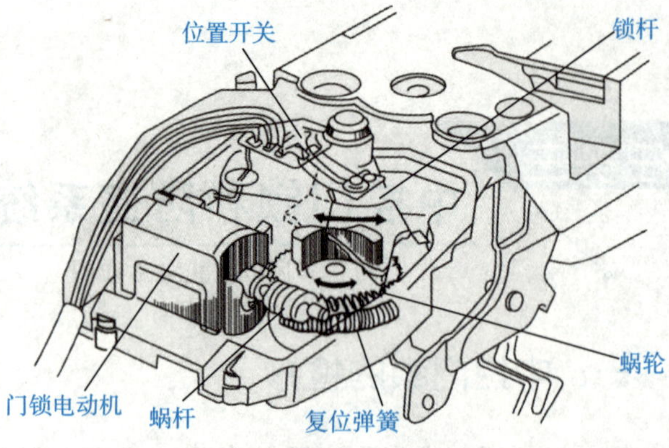

图 7-28　门锁的传动机构

门锁位置开关位于门锁总成内，用来检测车门的锁紧状态，它由一个触点片和一个开关底座组成。当锁杆推向锁门位置时，位置开关断开，推向开门位置时接通。即当车门关闭时，此开关断开，当车门打开时，此开关接通。图 7-29 为门锁位置开关的工作情况。

(3) 钥匙操纵开关。钥匙操纵开关装在每个前门的钥匙门上，当从外面用钥匙开门或关门时，钥匙控制开关便发出开门或锁门的信号给门锁控制 ECU 或门锁控制继电器。钥匙操纵开关的位置如图 7-30 所示。

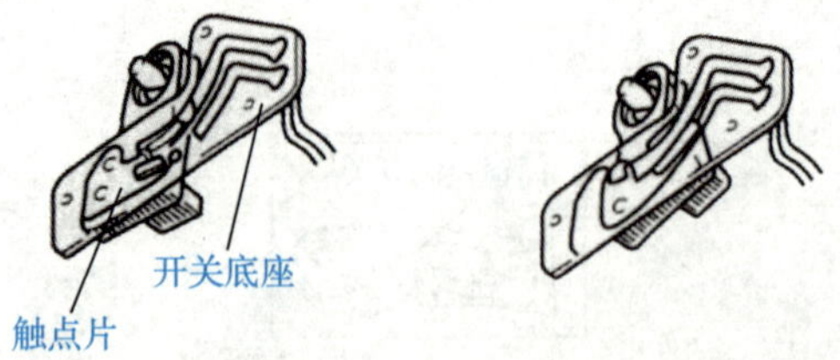

(a) 锁紧（断开）　(b) 未锁（接通）

图 7-29　门锁位置开关的工作情况

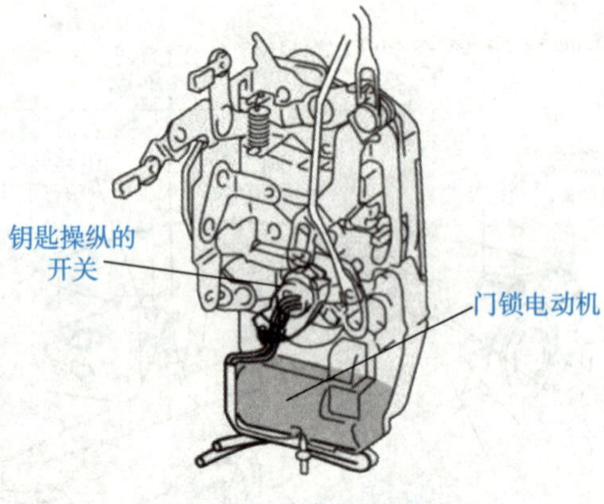

图 7-30　钥匙操纵开关的位置

(4) 行李舱门开启器开关。一般该开关位于仪表板下面或驾驶人座椅左侧车厢底板上，拉动此开关便能打开行李舱门，如图 7-31 所示。行李舱的钥匙门靠近其开启器，推压钥匙门，断开行李舱内主开关，此时再拉开启器开关也不能打开行李舱门。将钥匙插进钥匙门内顺时针旋转打开钥匙门，主开关接通，这样便可用行李舱门开启器打开行李舱。

(5) 行李舱门开启器。行李舱门开启器装在行李舱门上，一般用电磁线圈代替电动机，由轭铁、插棒式铁芯、电磁线圈和支架组成，如图 7-32 所示。当电磁线圈通电时，插棒式铁芯将轴拉入并打开行李舱门。线路断路器用以防止电磁线圈因电流过大而过热。

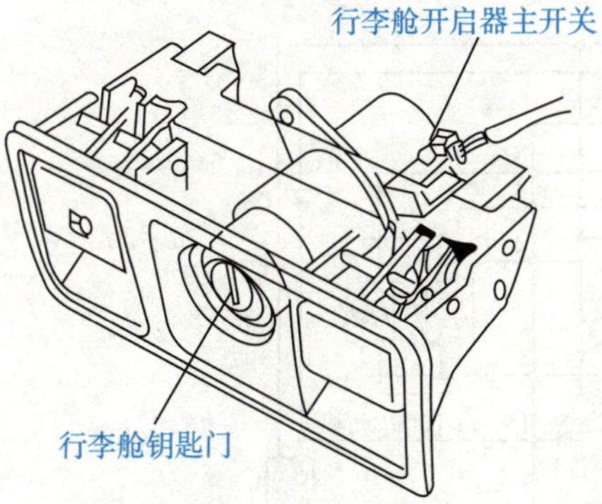

图 7-31　行李舱门开启器开关

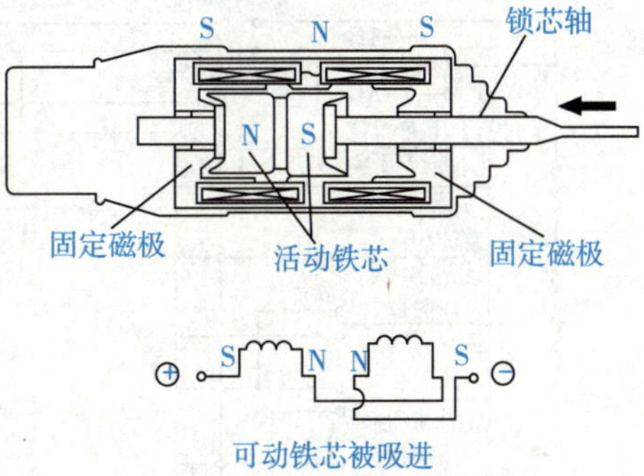

图 7-32　行李舱门开启器

2. 中控门锁的工作原理

中控门锁控制的常见形式有继电器式、集成电路（IC）—继电器式、电脑（ECU）控制式等。

（1）继电器控制的中控门锁控制系统

图 7-33 为使用门锁继电器的中控门锁控制电路。当用钥匙转动锁芯，门锁开关 5 中的“开启”触点闭合时，这样电流便经过蓄电池的正极、熔断丝、开锁继电器线圈后经门锁开关搭铁，开锁继电器开关闭合，电流经过门锁电动机或门锁电磁线圈搭铁，4 个车门同时打开。当用钥匙转动锁芯，门锁开关 5 中的“锁止”触点闭合时，锁止继电器通电使其开关闭合，4 个车门同时锁住。开关 3 受车速的控制，可以实现自动闭锁。

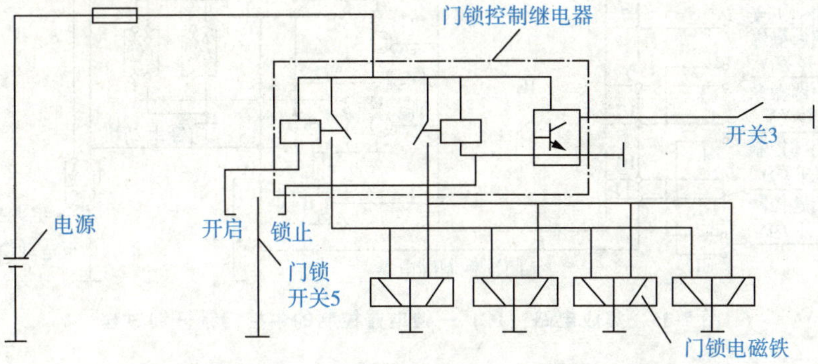

图 7-33　使用门锁继电器的中控门锁控制电路

（2）集成电路（IC）—继电器控制的中控门锁系统

图 7-34 为集成电路（IC）—继电器控制的中控门锁系统电路。门锁控制器由一块集成电路（IC）和两个继电器组成，IC 电路可以根据各种开关发出的信号来控制两个继电器的工作情况。此电路中的 D 和 P 分别代表驾驶人侧和副驾驶人侧。

① 用门锁控制开关锁门和开锁

• 锁门。将门锁控制开关推向“锁门”（LOCK）一侧时，门锁继电器的端子 10 通过门锁控制开关搭铁，将 Tr1 导通。当 Tr1 导通时，电流流至 1 号继电器线圈，1 号继电器开关闭合，电流流至门锁电动机，所有车门均被锁住，如图 7-34 所示。

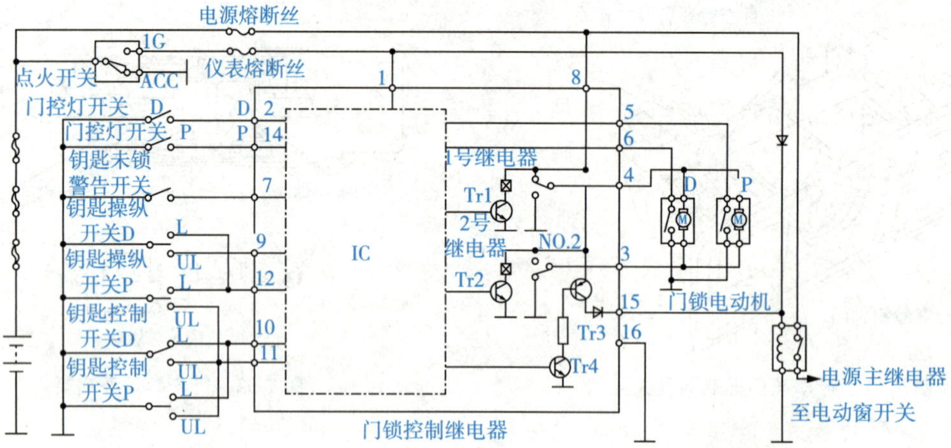

图 7-34 集成电路（IC）—继电器控制的中控门锁控制电路

• 开锁。将门锁控制开关推向“开锁”（UNLOCK）一侧时，门锁继电器的端子 11 通过门锁控制开关搭铁，将 Tr2 导通。当 Tr2 导通时，电流流至 2 号继电器线圈，2 号继电器开关闭合，如图 7-35 所示，电流反向通过门锁电动机，所有的车门打开。

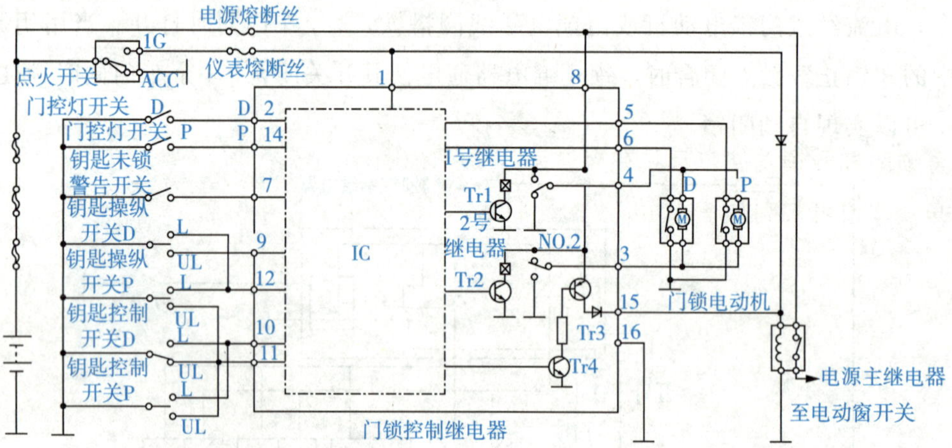

图 7-35 集成电路（IC）—继电器控制的中控门锁开锁过程

② 用钥匙操纵开关锁门和开锁

• 锁门。将钥匙操纵开关转向“锁门”（LOCK）一侧时，门锁继电器的端子 12 通过门锁控制开关搭铁，将 Tr1 导通。当 Tr1 导通时，电流流至 1 号继电器线圈，1 号继电器开关闭合，电流流至门锁电动机，所有车门均被锁住。

• 开锁。将钥匙操纵开关推向“开锁”（UNLOCK）一侧时，门锁继电器的端子 9 通过门锁控制开关搭铁，将 Tr2 导通。当 Tr2 导通时，电流流至 2 号继电器线圈，2 号继电器开关闭合，电流反向通过门锁电动机，所有的车门打开。

3. 遥控门锁

为了便于操作，现在很多汽车的中控门锁系统均配备了遥控发射器来实现锁门和开门等功能。图 7-36 为遥控发射器的外观图。

遥控门锁的基本原理是通过遥控门锁的发射器发出微弱电波，此电波由汽车天线接收后送至中控门锁系统中的ECU进行识别对比，若识别对比后的代码一致，ECU将把信号送至执行器来完成相应的动作。遥控门锁工作示意图如图7-37所示。

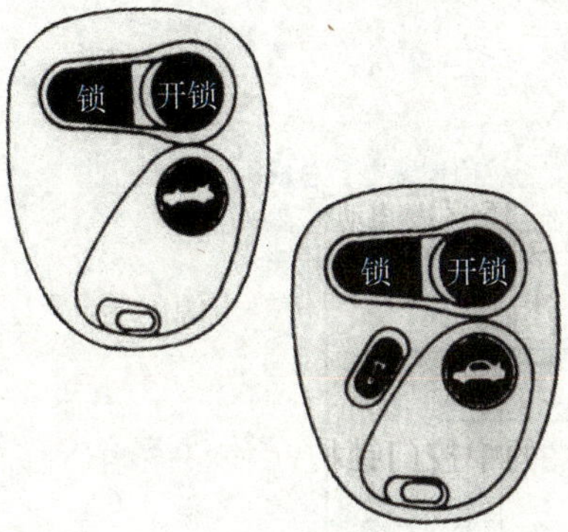

图7-36　遥控发射器外观图

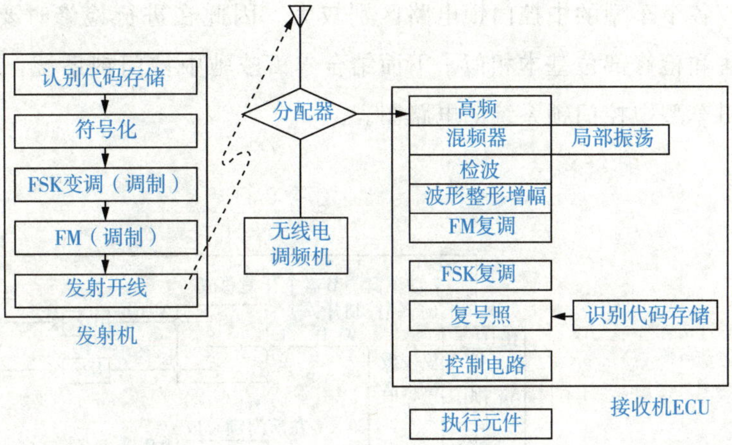

图7-37　遥控门锁工作示意图

例如，凯越遥控门锁的工作过程如下。

手持式高频发射器通过向车内控制模块/发射器发送无线电波，锁闭和开锁车门。发射器的有效范围介于5～10 m，取决于是否有物体（如其他车辆）挡住无线电波。

发射器有锁闭和开锁功能，且只有当点火开关关闭时工作。

(1) 按开锁按钮可起到如下作用。

① 开锁车门。

② 转向信号灯灯泡闪烁两次。

③ 控制模块禁用。

(2) 按锁闭按钮可起到如下作用。

① 锁闭车门。

② 转向信号灯灯泡闪烁一次。

③ 控制模块启用。

发射器电池可以更换，发射器电池的设计寿命至少为3年。

(3) 自动锁车（安全锁）。遥控门锁系统具有自动锁车功能。如果在控制模块/接收器处于启用状态时，用遥控器开锁车门，车门将在30 s后自动重新锁闭，除非发生如下事件。

① 车门打开。

② 点火开关接通。

③ 行李舱打开。

④ 发动机舱盖打开。

4. 无钥匙进入系统

别克新君威无钥匙进入系统的操作如下：当持有一把有效的遥控钥匙靠近车辆时，拉动任一门把手，门把手上的传感器会将开门请求信号传送给 PEPS（模块），PEPS 发出识别钥匙请求信号，然后钥匙通过 RFA 与 BCM 进行数据沟通，如果认定遥控钥匙有效，再通过 PEPS 将车门锁解锁。

5. 中控门锁的检修

各个车型的中控门锁电路区别较大，因此在进行检修时要结合具体的维修手册进行。但检修的方法和检修部位基本相似。下面结合丰田威驰中控门锁系统，分析中控门锁的检修过程。图 7-38 为丰田车型中控门锁系统的电路图。

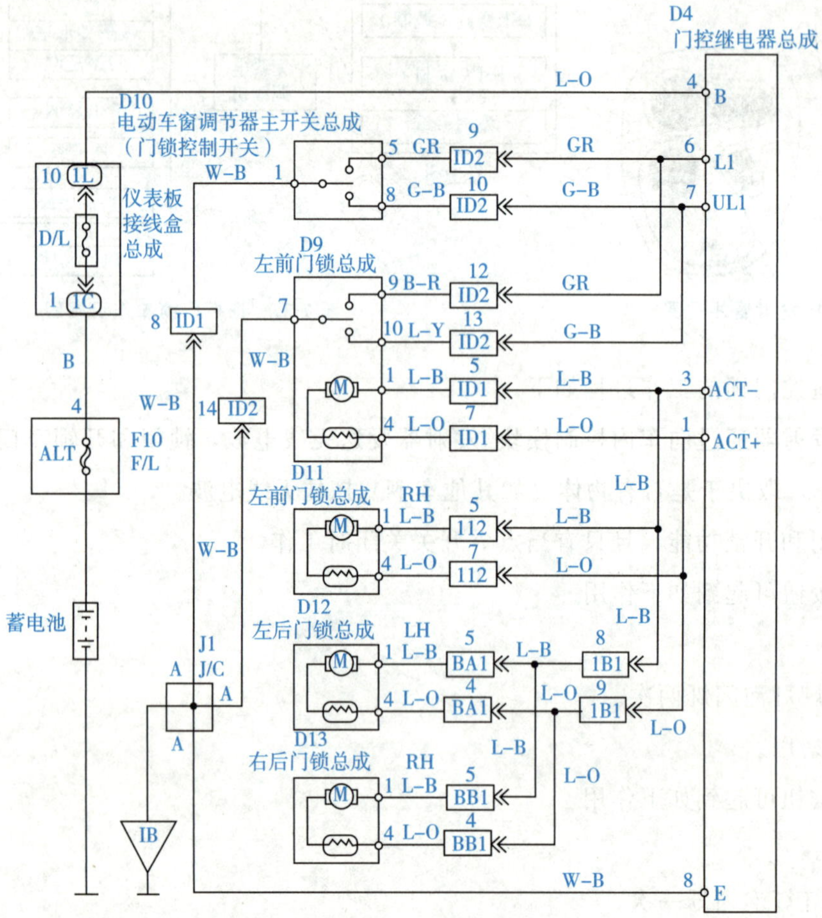

图 7-38　丰田车型中控门锁系统的电路图

（1）门锁控制开关的检查。如图 7-39 所示，拆下主开关，结合表 7-5 检查门锁控制开关的导通性。

表 7-5　门锁开关端子检查

端子号	开关位置	标准状态
1—5	LOCK	导通
—	OFF	不导通
1—8	Unlock	导通

（2）检查左前门门锁总成。如图 7-40 所示，用蓄电池的正负极直接连接端子 4 和端子 1，检查门锁电动机的工作情况。具体的标准见表 7-6。其余 3 个车门门锁总成的检查与左前门锁总成的检查方法相同，此处不再重复。检查门锁在开锁和锁门时开关的导通情况，如图 7-41 和表 7-7 所示。

表 7-6　左前门锁端子的检查

测量条件	标准状态	测量条件	标准状态
蓄电池“+”—端子 4 蓄电池“-”—端子 1	上锁	蓄电池“+”—端子 1 蓄电池“-”—端子 4	开锁

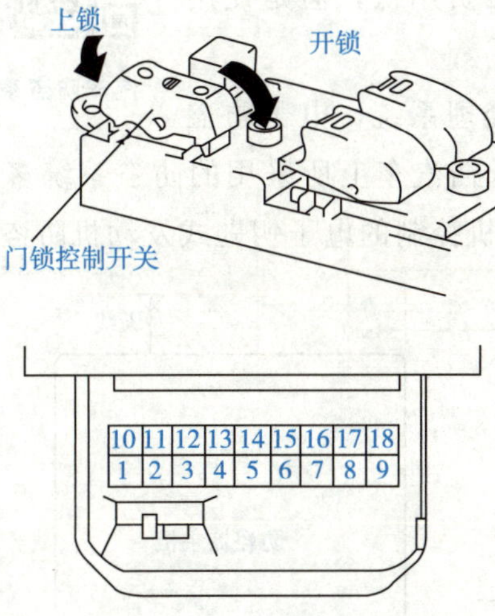

图 7-39　门锁控制开关示意图和端子号

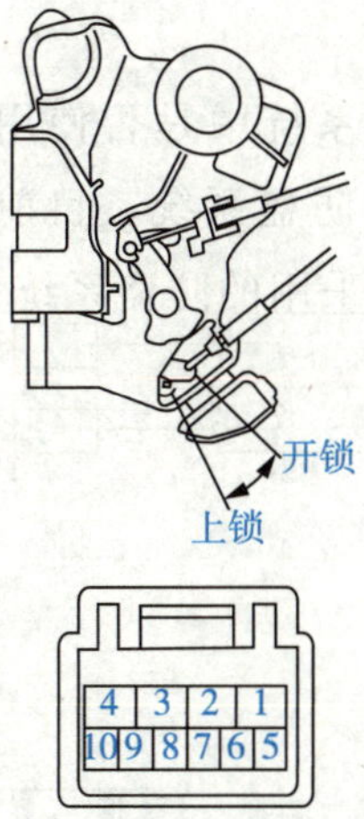

图 7-40　左前门锁电动机的检查

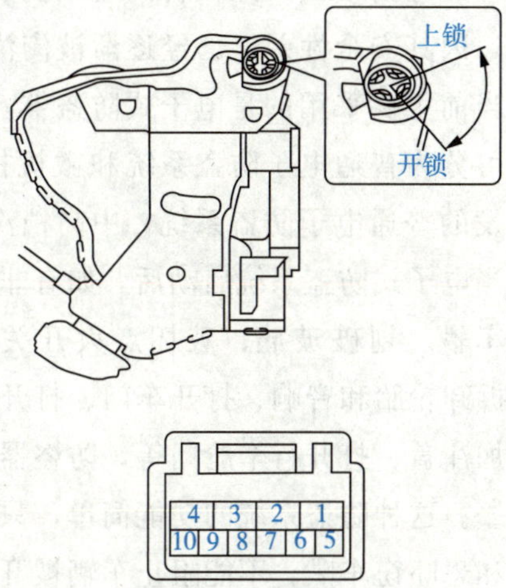

图 7-41　门锁总成端子和开关的检查

表 7-7　门锁总成端子的检查

端子号	门锁位置	标准状态
7 和 9	上锁	导通
—	OFF	—
7 和 10	开锁	导通
7 和 8	上锁	不导通
	开锁	导通

(3) 遥控门锁的检查。凯越遥控门锁故障或报警指示的检查：在按发射器开锁按钮后，控制模块/接收器将使驻车灯闪烁，指示遥控门锁和防盗系统信息。

① 正常条件：如果既没有侵入，也没有检测到故障，当按开锁按钮时，控制模块/接收器将发出状态正常信号。驻车灯将闪烁两次，每次闪亮 0.5 s，两次闪烁之间的间隔也是 0.5 s。

② 故障指示：如果遥控门锁和防盗系统有故障，当按开锁按钮时，控制模块/接收器将发出故障信号。驻车灯将闪烁两次，每次闪亮 1 s，两次闪烁之间的间隔是 0.5 s。

③ 报警指示：如果自上次按锁闭按钮后有人侵入，则在按开锁按钮时，控制模块/接收器将发出有人侵入信号。驻车灯将闪烁两次，每次闪烁 0.5 s，两次闪烁之间的间隔为 1.5 s。

④ 发送锁闭信息后，发射器下次启用控制模块/接收器时，将消除报警和故障信息。

二、汽车防盗系统的检修

1. 汽车防盗系统概述

汽车防盗器可分为机械式和电子式，机械式防盗器是用机械的方法对油路、变速杆、转向盘、制动器等进行控制，如变速杆锁将变速杆锁住使其不能移动、转向盘锁（又称拐杖锁）挂在转向盘和离合器踏板之间等方法，虽然费用低，但是使用不便，因其安全性差，已经逐渐被淘汰。

汽车防盗系统

当前主要采用的是电子式防盗器，按系统中是否使用微机处理系统，电子防盗系统可分为普通电子防盗系统和微机控制防盗系统。目前，中低档汽车上所采用的防盗系统多为振动触发的普通电子防盗系统，中高档汽车采用的防盗系统多为微机控制的电子钥匙式发动机防盗。

当电子式防盗系统启动后，如有非法移动车辆、划破玻璃、破坏点火开关锁芯、拆卸轮胎和音响、打开车门、打开燃油箱加注盖、打开行李舱门等，防盗器立刻报警。这种防盗系统的功能简单，只能报警和恐吓窃车贼，不能阻止车辆被开走或搬走，所以人们又从两个方面入手来加强防盗系统的功能：一是使中央门控锁功能增强，例如测量门锁钥匙电阻、加装密码锁、遥控器增加保险功能等。二是加强汽车的锁止功能，例如使启动机无法工作、使发动机无法工作、使发动机电脑处于非工作状态等。

2. 电子防盗系统

电子防盗系统的组成有三个部分：开关和传感器、防盗 ECU、执行机构，图 7-42 为防盗系统组成。

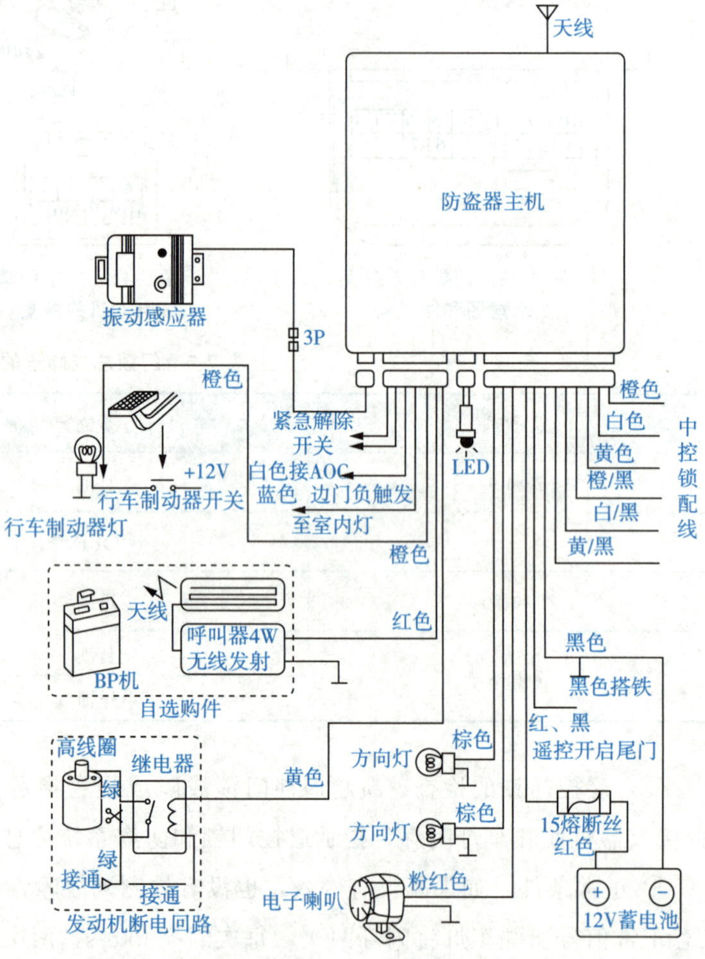

图 7-42　防盗系统组成

电子防盗系统主要有防盗器电脑和天线、振动传感器、报警喇叭、点火系统切断电路、转向灯控制电路、防盗指示灯、遥控器、制动控制电路、中控门锁控制电路。当用钥匙锁好车门时，系统进行自检，防盗灯点亮，30 s 后防盗灯开始闪烁，表明系统启动进入警戒状态。当第三方试图开启门锁或打开车门时，系统则发出警报。

防盗控制电脑的主要输入信号由遥控模块、左右车门锁芯开关和 4 个车门微开开关提供。如果有人非法开启车门，使车门微开开关接通并将此信号送给防盗控制电脑，而遥控模块和车门锁芯开关并没将开门信号送给防盗控制电脑，所以防盗控制电脑即判断为非法进入，于是接通防盗扬声器和报警灯的电路。

3. 凯越车型防盗系统

（1）入侵防盗

① 组成

入侵防盗可以感测对车辆的侵入并触发报警（声光报警），如图 7-43 所示，由遥控门锁控制模块接收器即防盗控制模块/接收器、安全指示灯、行李舱开启开关、行李舱锁固开关、前门锁固开关（锁固开关与锁芯连接，移动锁芯可启用锁固开关）、车门接触开关、中央门锁继电器、转向信号灯灯泡、报警器、发动机舱盖开启开关等组成。

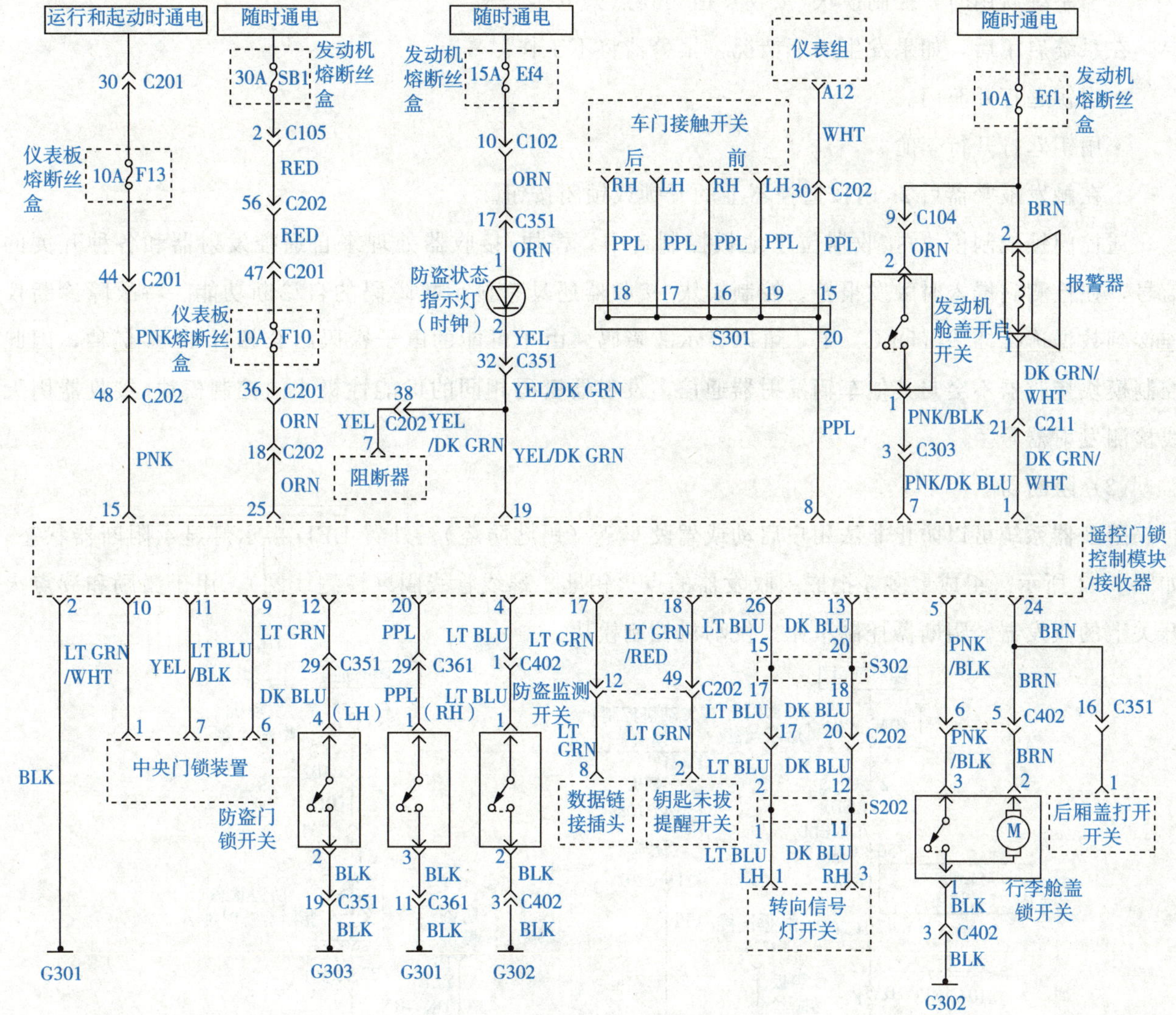

图 7-43　凯越防盗系统控制电路（1）

② 工作过程

当安全防盗系统启用时，若遥控门锁接收器（RCDLR）（防盗控制模块/接收器）检测到未授权的进入时，系统将使报警器响起，车外灯闪烁。未授权的进入包括下列情况：车门打开、强行进入行李舱、强行进入发动机舱、点火开关从锁止位置转换。

当有如下操作可关闭防盗系统：接到来自发射器的开锁信息。锁固开关检测到钥匙操作。

如果在出现如下状况前，控制模块/接收器检测到点火电压，将触发报警。接到来自发射器的开锁信息。锁固开关指示钥匙操作。

当点火开关关闭时，如果接收来自发射器的锁闭信息，遥控门锁系统启用。当系统启用时，如果发生如下情况，将触发报警器并闪烁转向信号灯 28 s。

• 关闭所有车窗。

• 将点火钥匙拧到 LOCK（锁定）位置并拔出钥匙。

• 让所有乘客下车。

• 关闭所有车门、发动机舱盖和行李舱盖。

• 当系统启用时，控制模块/接收器检测到点火电压。

在系统启用后，如果发生如下情况，报警器将不工作。

• 用钥匙打开车门。

• 用钥匙打开行李舱。

• 在触发报警器后 2s 内按遥控器上的开锁或锁闭按钮。

遥控门锁控制模块/接收器位于地板控制台中。模块/接收器处理来自遥控发射器和各种开关的信号，在检测到侵入时触发报警。控制模块/接收器还具有显示故障码的自诊断功能。将故障诊断仪连接到数据连接插头（DLC）上，可以显示故障码。由于可能的电子密码组合超过 40 多亿种，因此控制模块接收器不会与其他车辆发射器通信。发射器密码相同的可能性极小。控制模块/接收器用天线检测发射器号。

(2) 阻断器

阻断器系统可以防止非法用户启动或驾驶车辆（钥匙防盗）。外置 LED 指示灯显示阻断器状态，如图 7-44 所示。组成最多 5 把嵌入收发器的点火钥匙。螺线管线圈（检测线圈），用于激励和读点火开关上的收发器。阻断器控制单元。发动机控制模块。

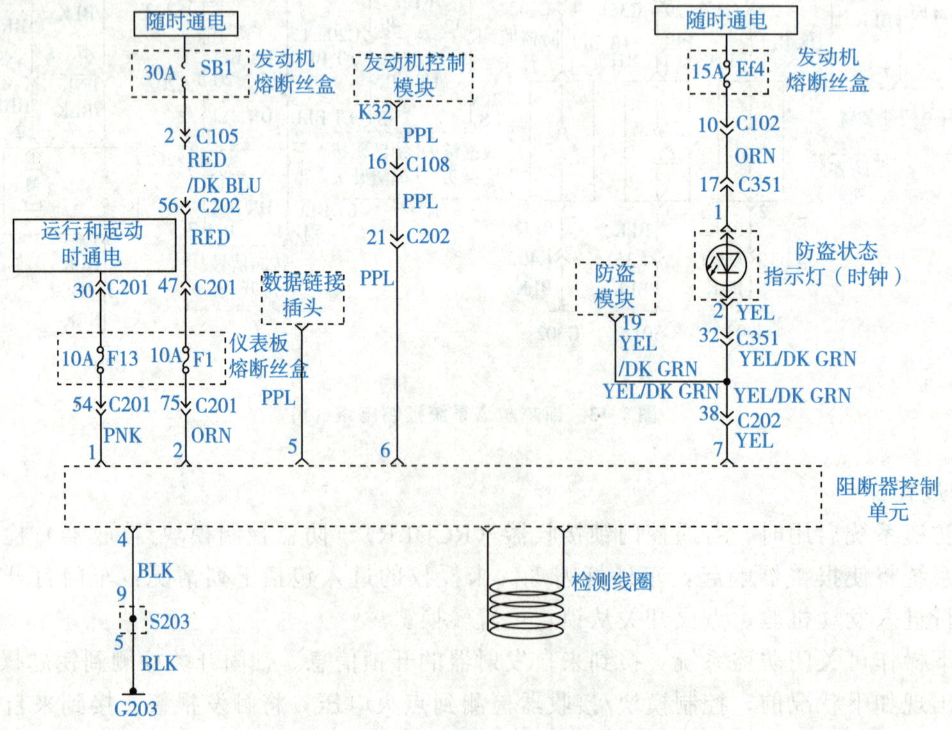

图 7-44　凯越防盗系统控制电路（2）

① 电子编码钥匙。每个有效点火开关钥匙有一个内部读/写收发器。收发器的加密算法具有 96 位用户可配置密钥（存储在 EEPROM 中），通过调制电磁场振幅与阻断器控制单元进行数据通信，接收数据和指令。

② 检测线圈。螺线管线圈安装在锁芯前部的点火开关中。与线圈壳体上固定的、具有 4 端子插接器的阻断器控制单元连接，负责检测钥匙编码。

③ 阻断器控制单元。阻断器电子控制单元（ICU）的作用如下。

- 读取输入信息“点火开关接通/关闭”。
- 控制状态指示灯。
- 控制收发器读/写进程（调制、解调、解码、将代码与有效钥匙代码比较）。
- 在点火开关接通后与发动机控制模块通信（接收发动机控制模块请求和发送开释信息）。
- 计算和处理车辆识别号的特殊功能。

④ 发动机控制模块（ECM）。发动机控制模块向阻断器控制单元请求车辆识别号。只要发动机控制模块接收两个与车辆识别号相同的连续正确通信帧，发动机控制模块即将其读入。在电源锁定阶段结束时，车辆识别号存储在非挥发性存储器中，发动机控制模块进入“学习”模式。在点火开关接通后，发动机控制模块将按正常启动和运行方式控制发动机，同时等候来自阻断器的解除响应信息。

⑤ 基本原理。当点火开关接通时，阻断器防盗系统测试钥匙。当阻断器控制单元读取钥匙代码时，并与阻断器控制单元存储器中保存的钥匙代码进行比较。如果检测钥匙有效，阻断器控制单元将向发动机控制模块（ECM）发送一条串行数据开释信息，汽车启动。

任务四　电动后视镜的检修

为了便于驾驶员调整后视镜的角度，许多轿车安装了电动后视镜（又称自动后视镜），驾驶员坐在座椅上通过电动机就可以方便快捷地对左右后视镜的后视角度进行调节。

一、后视镜的电动控制功能和结构

（1）后视镜位置调整功能。通过位置的调整让驾驶员能更全面地观察汽车周围的路况。后视镜位置的调整因人而异。

（2）后视镜的电动伸缩功能。后视镜折叠能节省很大的空间，同时也可避免汽车受“断耳”之痛。

（3）后视镜的加热功能。后视镜的加热功能主要用于冬季和雨天。

1. 电动外后视镜

电动后视镜由调整开关、电动机、镜片等组成，如图 7-45 所示。电动后视镜的调整开关因车而异。

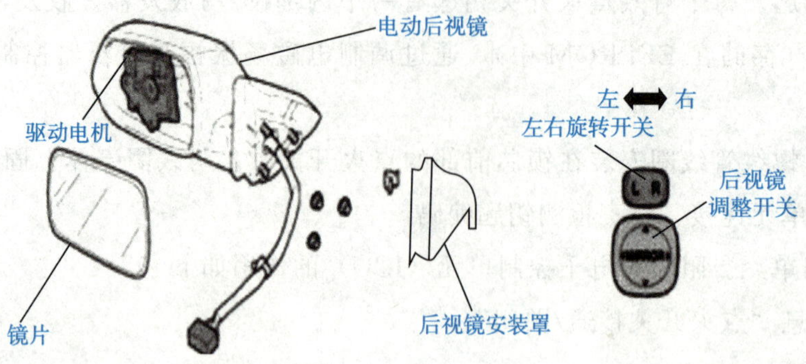

图 7-45 电动后视镜的组成

2. 防眩目内后视镜

防眩目内后视镜为一种液晶，其结构概述：在 CH 液晶里面放置偏光板，玻璃板被放置在经过真空镀铝的反光镜后面。当液晶间无电场时，入射光的垂直偏光被液晶染料部分吸收，而反射到反光镜上。反射光的直线偏光在液晶晶粒内进一步被染料吸收，透过的光被着色后反射出来。当液晶间加上电场时，则液晶及色素分子在长轴方向整齐排列，不能由染料进行光吸收，透过光量增加，反射率提高 35%～42%。

防眩目或非防眩目交替切换不用人工操作，自动进行操作的装置已实用化。反光镜本体的一部分装有光敏二极管的照度传感器，能检测后随车辆的前照度进行切换控制。

液晶防眩目反光镜的主要特点：防眩目或非防眩目时，反射面是同一的，所以视野不偏离。防眩目时不发生双重形象，能够自由选择反射率（非防眩目时反射率：棱镜式约为 4%，液晶式约为 10%）。

有些汽车的后视镜还带有存储功能，即在该后视镜控制系统装有驱动位置存储器、复位开关和位置传感器等，在进行此功能的操作时，可将后视镜的调整位置存储起来，需要时可以自动回复到原来所调整的位置。

二、电动后视镜的工作原理

1. 普通电动后视镜的控制电路

图 7-46 为桑塔纳 2000 轿车电动后视镜控制电路。M_{11} 为左或右选择开关，M_{21} 为左右调整开关，M_{22} 为上下调整开关。具体工作过程如下。

(1) 调整左侧后视镜左转。先将左右选择开关（M_{11}）拨至“L”，再按调整开关（M_{21}）“L”。

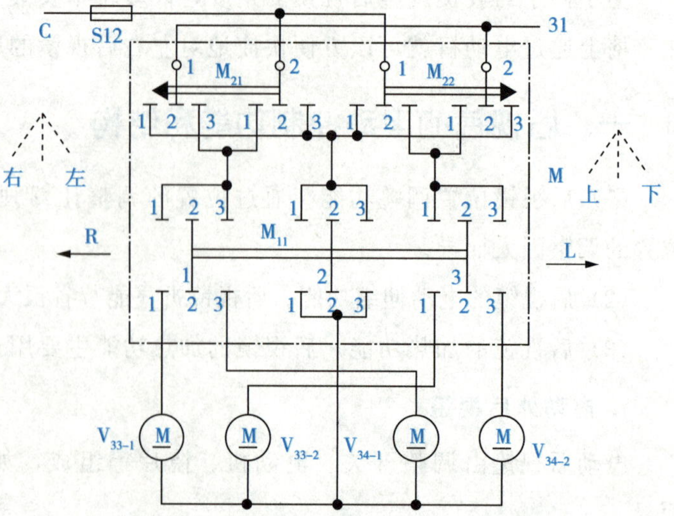

图 7-46 桑塔纳 2000 轿车电动后视镜控制电路

电流由蓄电池“+”→点火开关→熔断丝→M_{21} 接线柱 2（上）→3（右）→M_{11}（图中间）3（上）→ M_{11}（图中间）3

（下）→左侧左右电机→M_{11}（图左）3（下）→M_{11}（图左）3（上）→M_{21}（中间）3→M_{21}（上）1→搭铁→蓄电池“－”，形成电流回路，使左侧镜面左转动。

（2）调整左侧后视镜右转。先将左右选择开关（M_{11}）拨至“L”，再按调整开关（M_{21}）“R”。

电流由蓄电池“＋”→点火开关→熔断丝→M_{21} 接线柱 2（上）→1（左）→M_{11}（图左）3（上）→M_{11}（图左）3（下）→左侧左右电机→M_{11}（图中）3（下）→M_{11}（图中）3（上）→M_{21}（图左）1→M_{21}（上）1→搭铁→蓄电池“－”，形成电流回路，使左侧镜面右转动。

（3）调整左侧后视镜上转。先将左右选择开关（M_{11}）拨至“L”，再按调整开关（M_{22}）“上”。

电流由蓄电池“＋”→点火开关→熔断丝→M_{22} 接线柱 1（上）→1（右）→M_{11}（图中）3（上）→M_{11}（图中）3（下）→左侧上下电机→M_{11}（图右）3（下）→M_{11}（图右）3（上）→M_{22}（图右）1→M_{22}（图右）2→搭铁→蓄电池“－”，形成电流回路，使左侧镜面上转动。

（4）调整左侧后视镜下转。先将左右选择开关（M_{11}）拨至“L”，再按调整开关（M_{22}）“下”。

电流由蓄电池“＋”→点火开关→熔断丝→M_{22} 接线柱 1（上）→3（右）→M_{11}（图右）3（上）→M_{11}（图右）3（下）→左侧上下电机→M_{11}（图中）3（下）→M_{11}（图中）3（上）→M_{22}（图右）3→M_{22}（图右）2→搭铁→蓄电池“－”，形成电流回路，使左侧镜面下转动。

同理，右侧后视镜的调整与上方法相同，只要将左右选择开关（M_{11}）拨至“R”即可。

2. 带电动伸缩功能的电动后视镜的控制电路

带电动伸缩功能的电动后视镜的控制电路如图 7-47 所示。

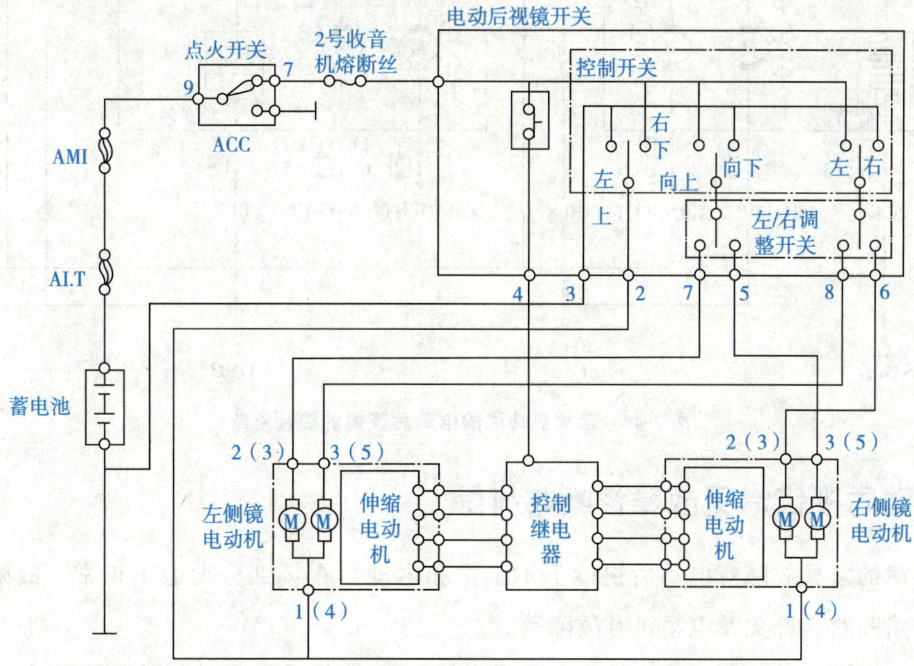

图 7-47　带电动伸缩功能的电动后视镜的控制电路

3. 带加热功能的电动后视镜的控制电路

带加热功能的电动后视镜的控制电路如图 7-48 所示。

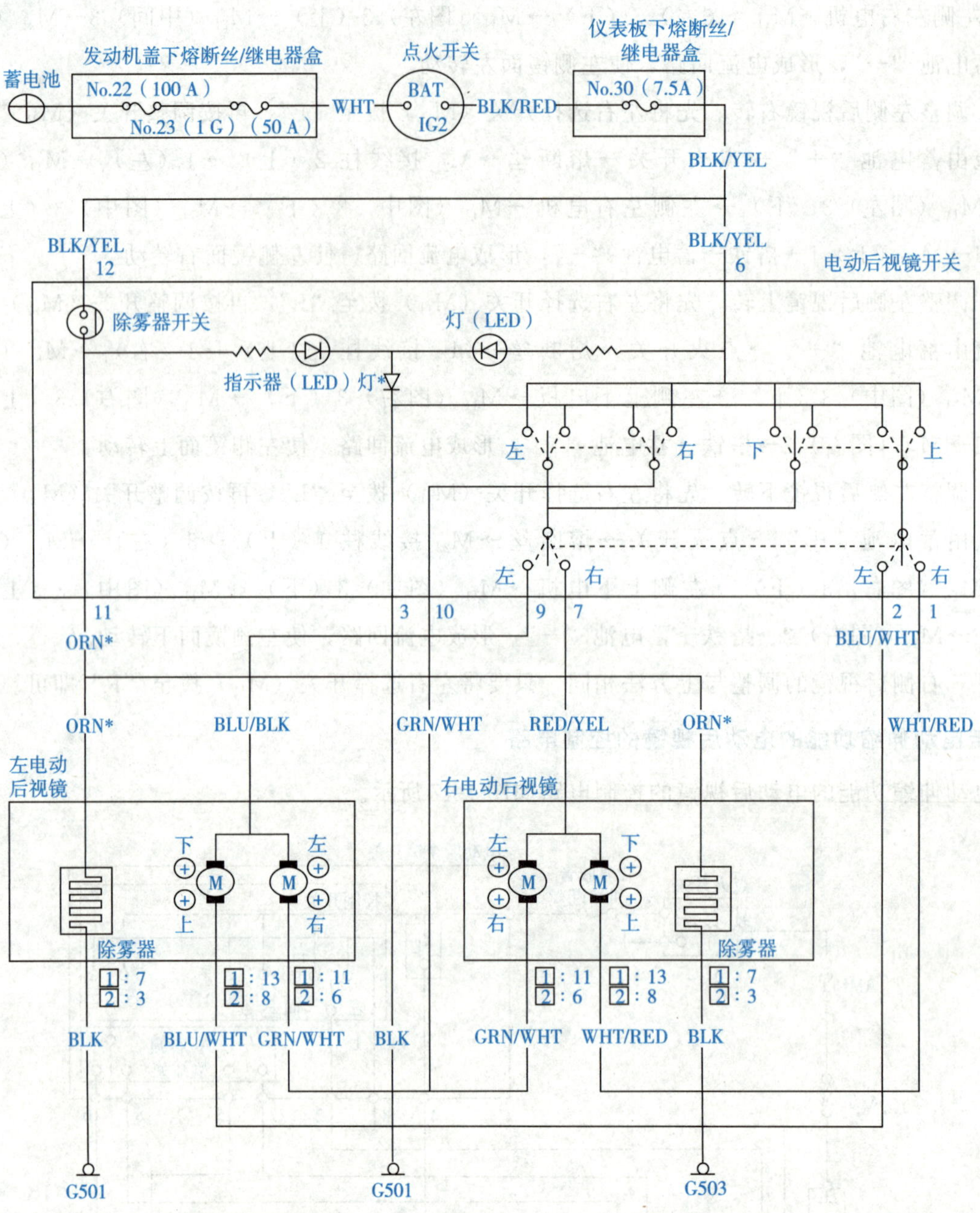

图 7-48 带加热功能的电动后视镜的控制电路

三、电动后视镜常见故障诊断与排除

电动后视镜的常见故障有电动后视镜都不工作和电动后视镜部分功能不正常。故障主要原因有保险装置及线路断路、开关及电动机有故障等。

如果电动后视镜都不工作，往往是由于保险装置或电源线路、搭铁线路断路引起，也可能是控制开关有故障。可以先检查保险装置是否正常，然后检查控制开关线头有无脱落、松动，电源线路或搭铁线路是否正常，最后检修控制开关。

如果电动后视镜部分功能不正常，往往是由于个别电动机及控制开关对应部分有故障，或对应线路断路、接触不良等引起。可以先检查线路连接情况，再检查开关和电动机。

任务五　汽车空调的检修

一、汽车空调系统功用及组成

1. 汽车空调系统的功用

（1）调节车内温度。汽车空调在冬季利用其采暖装置升高车内温度，夏季利用制冷装置降低车内温度。

（2）调节车内湿度。利用制冷装置冷却降温，去除空气中的水分，再由采暖装置升温以降低空气的相对湿度。

（3）调节车内的空气流速。夏季空气流速稍大有利于人体散热降温，冬季气流速度过大影响人体保温，因此夏季舒适风速一般为 0.25 m/s，冬季的舒适风速一般为 0.20 m/s。

（4）过滤净化车内空气。由于车内空间小，乘员密度大，车内极易出现缺氧，而车外道路上的粉尘等又容易进入车内造成空气污浊，影响乘员的身体健康，因此要求空调必须具有补充车外新鲜空气、过滤和净化车内空气的功能。

2. 汽车空调系统的组成

一般的汽车空调系统是由制冷系统、暖风系统和通风系统组成的，除此之外，还有空气净化系统和控制系统。

（1）制冷系统。如图 7-49 所示，制冷系统主要由压缩机、冷凝器、储液干燥器、膨胀阀、蒸发器、鼓风机、风扇、高低压管路、控制装置等组成。制冷系统的作用是对车内的空气或由外部进入车内的新鲜空气进行冷却或除湿，是车内的空气变得凉爽舒适。

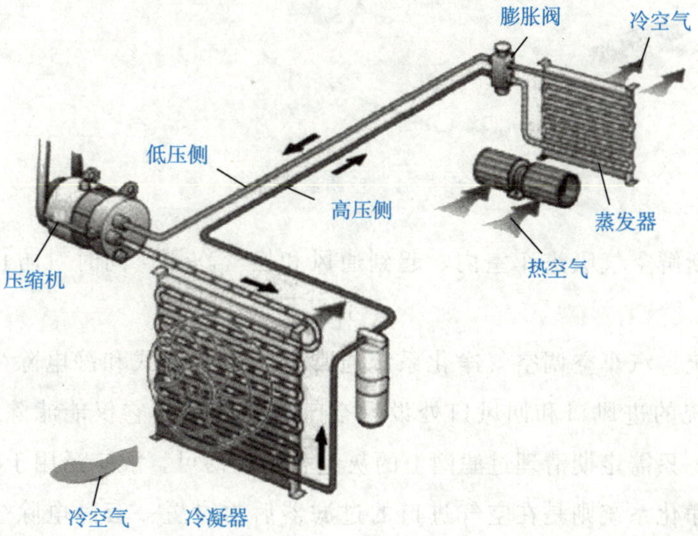

图 7-49　空调制冷系统

(2) 暖风系统。如图 7-50 所示，暖风系统由暖风散热器和导风管等部分组成。暖风系统主要用于取暖，对车内的空气或由外部进入车内的新鲜空气进行加热，达到取暖、除湿的目的。

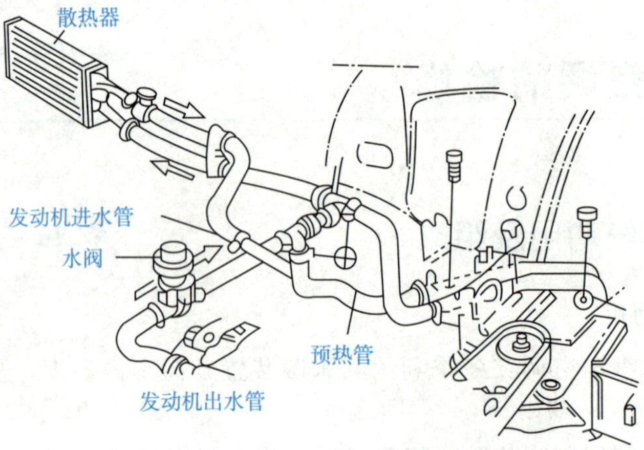

图 7-50　空调暖风系统

汽车空调的供暖工作过程是：水泵使发动机冷却水经暖风散热器循环流动，流经暖风散热器的冷却水将热量传递给暖风散热器附近的空气，通过鼓风机的作用将暖风送入车内取暖或用于风窗除霜。

(3) 通风系统。空调通风系统如图 7-51 所示，该系统主要是由鼓风机、空气进气口、配气出风口、送风管道等组成的。

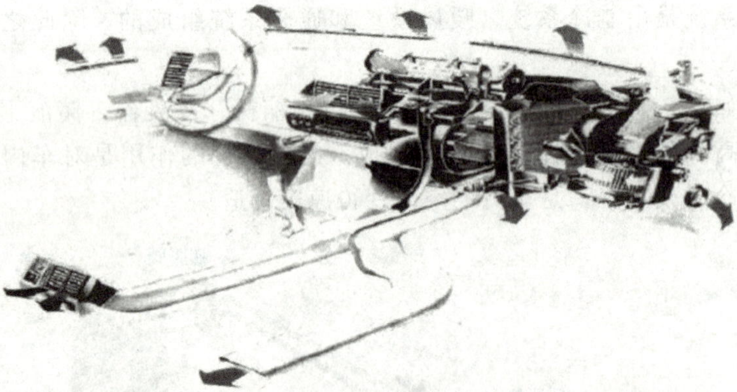

图 7-51　空调通风系统

通风系统将外部新鲜空气吸进车室内，起到通风和换气作用。同时对防止风窗玻璃起雾也有着重要的作用。

(4) 空气净化系统。汽车空调空气净化系统通常有空气过滤式和静电除尘两种。空气过滤式空气净化系统在空调系统的进风口和回风口处设置空气滤清装置。它仅能滤除空气中的灰尘和杂物，结构简单，工作可靠，只需定期清理过滤网上的灰尘和杂物即可，故广泛用于各种汽车空调系统中。

静电除尘式空气净化系统则是在空气进口的过滤器后再设置一套静电除尘装置或单独安装一套用于净化车内空气的静电除尘装置。

(5) 控制系统。控制系统是由温度传感器、控制单元、进气执行器、电磁离合器等组成。其作用是对制冷系统和暖风系统的温度、压力进行控制，同时对车内空气的温度、风量、流向进行控制，完善了空调系统工作。图 7-52 为汽车空调控制系统示意图。

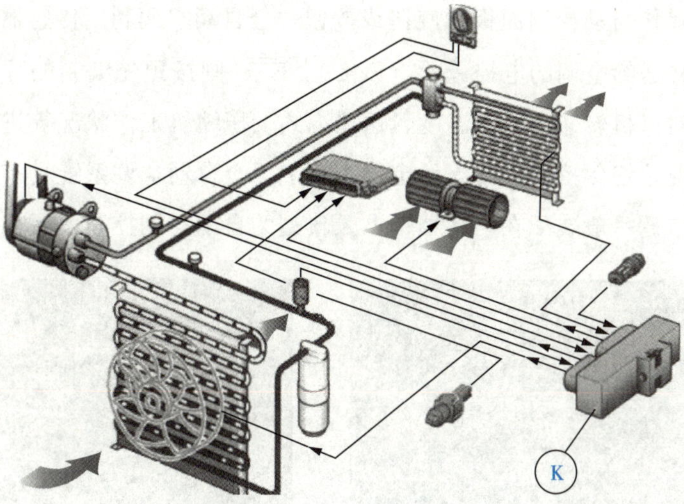

图 7-52　汽车空调控制系统示意图

二、汽车空调的分类

汽车空调按照控制程度可分为手动空调、半自动空调和自动空调三种。

1. 手动空调

在电子控制的手动空调系统中，进气源、空气温度、空气分配及鼓风机速度等功能都是驾驶员通过操纵手动控制面板的旋钮、按钮和拨杆，借助拉索进行调节手动选择的。大多数经济型轿车都采用旋钮式的手动空调。典型的手动空调控制面板如图 7-53 所示。

图 7-53　典型的手动空调控制面板

手动空调的优点：成本低廉，机械式操纵机构简单、可靠、操作简单。

手动空调的缺点：操纵频繁，手感差。乘员主观感受空调效果差，对环境变化无响应，无法精确、恒温控制。与高档车内饰不协调。机械故障率高，塑料控制件容易变形导致控制错位卡死，风门漏风严重。

2. 半自动空调

所谓半自动空调，就是乘员操纵电动控制面板的旋钮和按钮，再将操纵指令转换成电信号通过线束输送至 HVAC 总成各风门的微型电动执行器，控制风门动作，完成进气、送风温度、空气分配的调节这样一个半自动控制系统。半自动空调可以设定温度值，电脑自动保持恒温，但是风速是手动调节的，半自动空调一般装配在中档轿车上。图 7-54 为半自动空调控制面板。

半自动空调的优点：操纵负载小，手感佳。外形简洁、美观，操作简单。独立式电动执行器控制可靠、到位，风门漏风大为改善。成本适中。

半自动空调的缺点：乘员主观感受空调效果较差，对环境变化无响应，无法精确、恒温控制。

3. 自动空调

自动空调就是乘员操作自动控制面板的旋钮或按钮，全自动空调利用传感器随时检测车内外温度的变化，并把检测到的信号送给空调的电控单元（ECU）。ECU 则按预先编制的程序对信号进行处理，并通过执行元件，不断地对风机转速、出风温度、送风方式及压缩机工作状况等进行调节，从而使车内温度、空气湿度及流动状况始终保持在驾驶人设定的水平上。全自动空调系统具有自诊断功能，可以及早发现故障隐患。全自动空调一般装配在中高档车上。典型的自动空调控制面板如图 7-55 所示。

图 7-54　半自动空调控制面板

图 7-55　典型的自动空调控制面板

自动空调的优点：智能化恒温控制，空调舒适性极佳。人性化交互界面，操作和运行可视化。操控面板与中控台融为一体，协调美观。操纵负载小，手感佳。

自动空调的缺点：成本高。可维修性差，即维修难度增大。

三、汽车空调制冷系统的工作原理

如果想了解制冷系统的工作原理，首先需要掌握制冷剂在循环系统内工作过程，它们分别为：压缩—冷凝—膨胀—蒸发。制冷系统的工作过程如图 7-56 所示。

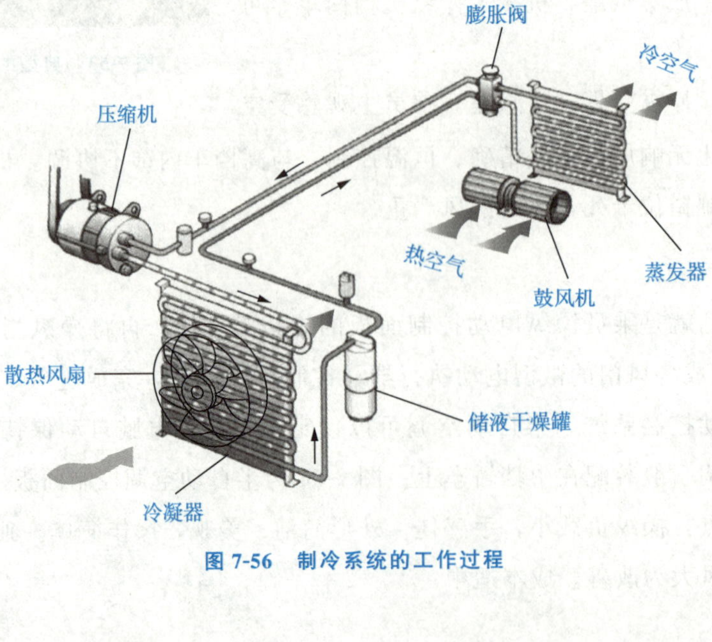

图 7-56　制冷系统的工作过程

1. 压缩过程

压缩过程由压缩机来实现。压缩机是制冷剂循环系统中的动力来源，通常由发动机曲轴驱动带轮转动。压缩机工作时从蒸发器出口的低压回路吸入气态制冷剂，加压后经高压管送到冷凝器中进行冷却。当气态制冷剂被压缩时，其温度和压力会升高，压缩机入口处的制冷剂温度为 0～3 ℃，压力约为 150 kPa。被压缩后其温度可达约 80 ℃，压力约 1 800 kPa，此时制冷剂形态为高温高压的气态。

2. 冷凝过程

冷凝过程主要在冷凝器内实现，制冷剂在冷凝器释放热量，由气态变成液态。进入冷凝器中的气态制冷剂，在冷却风扇的作用下，经外部空气进行冷却，温度下降至沸点以下，制冷剂由高温高压气体转变为中温高压的液体。

3. 膨胀过程

冷凝后的中温高压液体被入节流元件。节流元件的进口空间小（即截面积小），出口空间大（即截面积大），具有节流降压作用。从节流元件出来的制冷剂所处的空间会迅速变大，压力和温度也随之降低。由于其压力已降低，沸点已经低于环境温度以下，部分液态制冷剂开始沸腾，由液态变为气态，吸收热量，使周边空气温度降低。但是，节流元件出口处的大部分制冷剂仍为液态。

4. 蒸发过程

经节流元件节流降压后，进入蒸发器的液态制冷剂实现汽化，通常称之为蒸发过程。蒸发过程需要吸收热量，会使蒸发器表面温度下降，在鼓风机的作用下，空气不断流过低温的蒸发器表面，被冷却后再送进车厢内达到制冷的目的。

在蒸发过程中，液态制冷剂经过蒸发器吸收热量汽化，变成低温低压的气体。气态制冷剂又经蒸发器出口以及低压管路回到压缩机，进入下一个制冷循环过程。

蒸发工作原理图如图 7-57 所示，空调压缩机把低温低压（约 0 ℃，0.15 MPa）气态制冷剂（冷媒）压缩成高温高压（约 80 ℃，1.5 MPa）气态后进入冷凝器，使其能在冷凝器内将热量释放给车外的空气，失去热量的气态制冷剂在冷凝器内冷凝成中温高压（约 40 ℃，1.0～1.2 MPa）的液态制冷剂，液态的制冷剂在通过节流装置时，又转变成低温低压（约－5 ℃，0.15 MPa）的液态制冷剂，然后进入到蒸发器中在低压下汽化，由于制冷剂在蒸发器内汽化时的温度低于蒸发器外空气的温度，因此能吸收将被强制送入车厢内的空气中的热量，使进入车厢内空气降低温度，产生制冷效果。从蒸发器中出来的制冷剂又变成低温低压（约 0 ℃，0.15 MPa）的气体，再次进入压缩机中去重新工作。

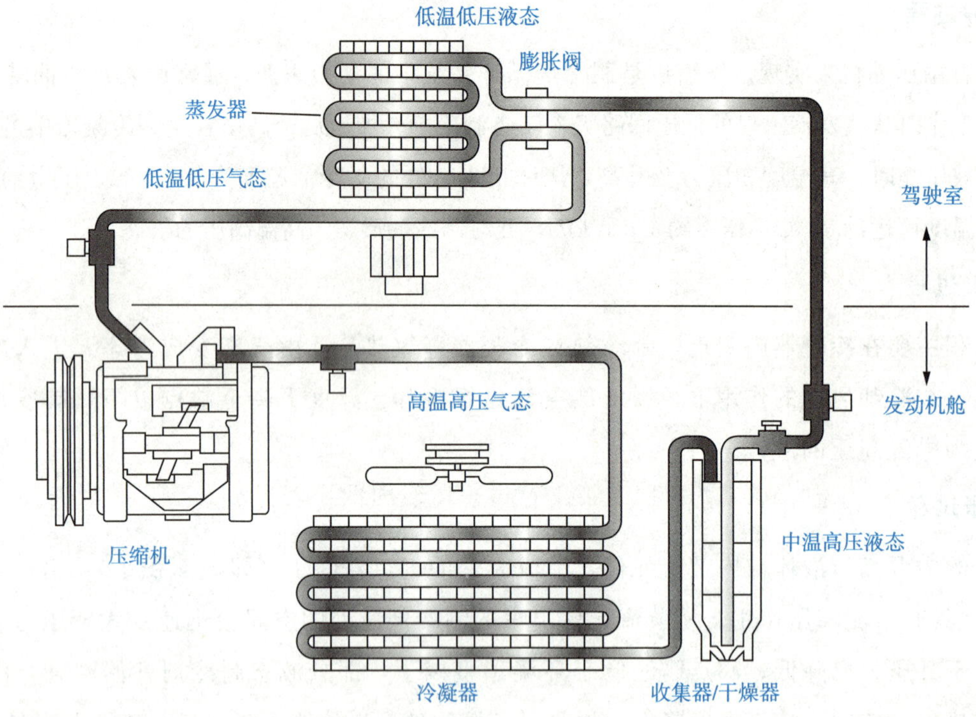

图 7-57　蒸发工作原理图

四、空调系统故障诊断

空调系统故障包括暖风系统故障、制冷系统故障、通风系统故障等。其中暖风系统和通风系统故障主要表现为无暖风或暖风不足，检查时只需检查风道是否堵塞、暖风水路是否正常、风道中各种风门工作是否正常，故障部位比较直观。制冷系统故障较为复杂，故障的表现主要是不制冷或制冷不足，故障的原因可以分为制冷循环系统故障和电气控制系统故障，下面分别介绍。

1. 利用歧管压力表诊断制冷循环系统故障

制冷循环系统故障基本上都可以用歧管压力表进行诊断，在系统无泄漏及压缩机电磁离合器能够吸合的情况下，将歧管压力表按前述的方法与制冷系统的维修阀连接，启动发动机，运转空调系统，检查系统高压及低压侧的压力。

系统正常的情况下，高压侧的压力应为 1.4～1.6 MPa。低压侧的压力应为 0.15～0.25 MPa，如图 7-58 所示。

如果空调制冷不足，歧管压力表的高低压表指示的压力均低（图 7-59），同时视液镜中可以看到大量气泡，这说明系统中制冷剂不足。此时应检查系统是否有泄漏的地方，在排除了泄漏故障后，将制冷剂补足。

歧管压力表的高低压表的指示均过高（图 7-60），视液镜中看不到气泡，甚至在低转速下也看不到气泡，造成这种现象的原因是系统中制冷剂过量或冷凝器冷却不足。排除时要将制冷剂量调整合适，清洁冷凝器，同时还要检查车辆的冷却系统。

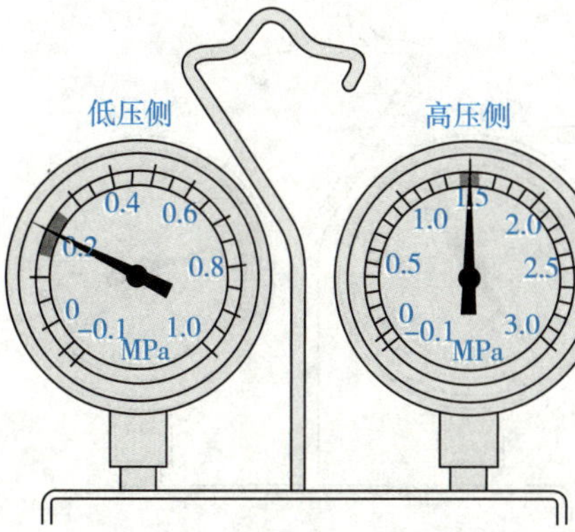

图 7-58　制冷循环系统的正常压力

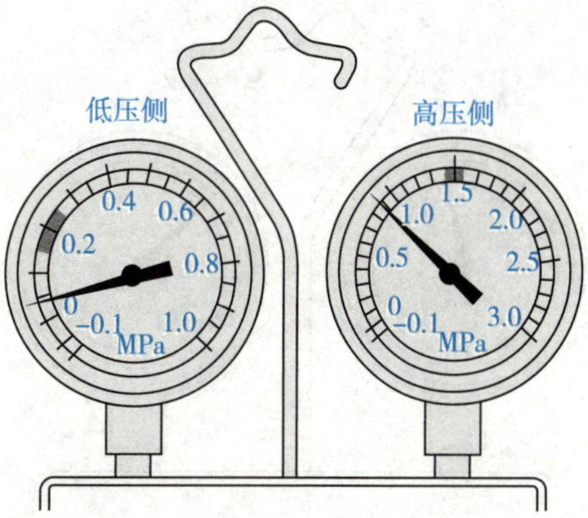

图 7-59　高低压表指示均低

制冷时有时无，压力表在空调启动时正常，过一段时间低压表指示真空，高压表的压力也降低很多，过几秒到几分钟，表的指示又恢复正常（图 7-61），如此循环。造成这种现象的原因是系统中有水分，当系统正常制冷温度下降时，水分在膨胀阀处结冰造成冰堵，制冷循环不能进行，温度上升后，冰融化使得循环又正常进行，温度下降后又造成冰堵，如此反复。遇到这种情况应更换储液干燥器，系统抽真空后重新加注制冷剂。

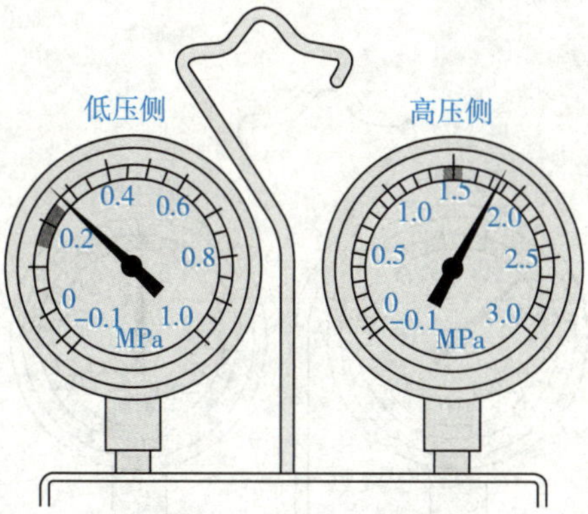

图 7-60　高低压表指示均高

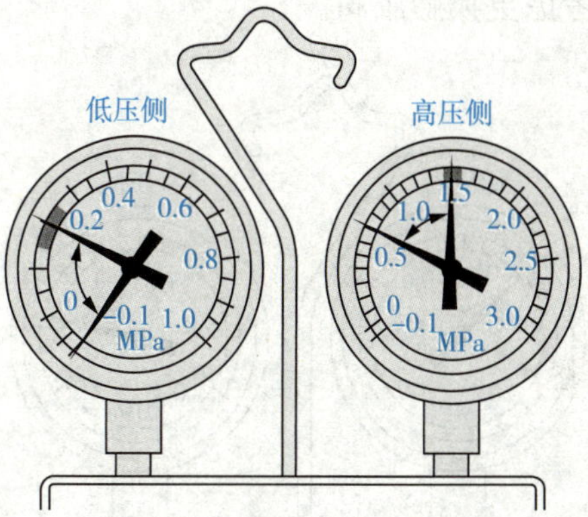

图 7-61　系统中有水分时的压力表显示

如果高压表指示过低，低压表指示过高（图 7-62），关闭空调后，高低压表指示很快趋于一致，触摸压缩机，压缩机的温度也不高，这说明压缩机的效率不高，此时应更换或修理压缩机。此外，冷凝器冷却不足也可能造成高压表指示过低，低压表指示过高。

如果制冷循环系统内制冷剂不能循环，低压表可指示真空，高压表的压力也比正常压力低（图 7-63），造成这种情况的主要原因是制冷循环系统内有堵塞情况。如果系统完全堵塞，开启空调时，由于制冷剂不循环，低压表即刻显示真空。如果未完全堵塞，低压表在开启空调时将逐渐指向真空，在堵塞部位的前后还将出现温差。堵塞的部位常发生在膨胀阀、EPR 阀及管路较细的部位。膨胀阀的感温包漏气也可能使膨胀阀不能开启而造成这种情况。排除时要查明堵塞的原因，更换堵塞的部件，彻底清理制冷循环管路。

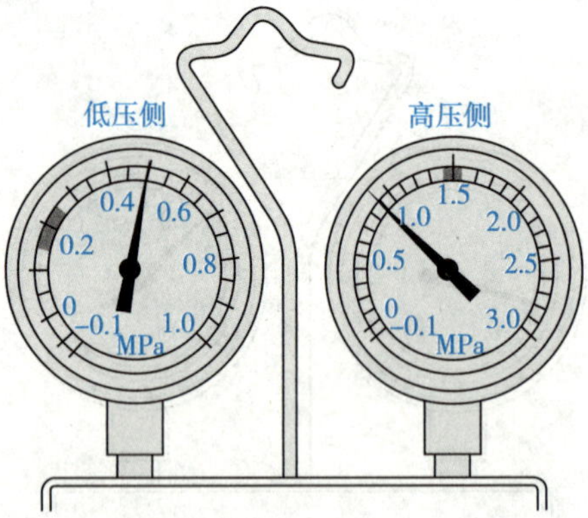

图 7-62　高压表指示过低，低压表指示过高

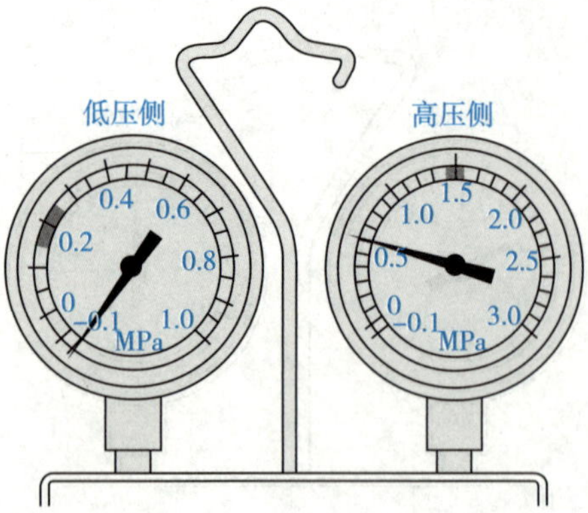

图 7-63　高压表指示过低，低压表指示真空

在制冷剂数量正常的情况下，如果高低压表的压力均指示高于正常值（图 7-64），说明制冷循环系统中有空气进入，其通常表现为低压指示越高，制冷效果就越差。出现这种情况时，应更换制冷剂并对系统进行抽真空，排除系统中的空气。

如果低压表指示过高、高压表指示正常（图 7-65），低压管路结霜且制冷效果下降，这种情况往往是由于膨胀阀开度过大造成的，维修时要重点检查膨胀阀热敏管的安装情况，在热敏管正常的情况下，应考虑更换膨胀阀。

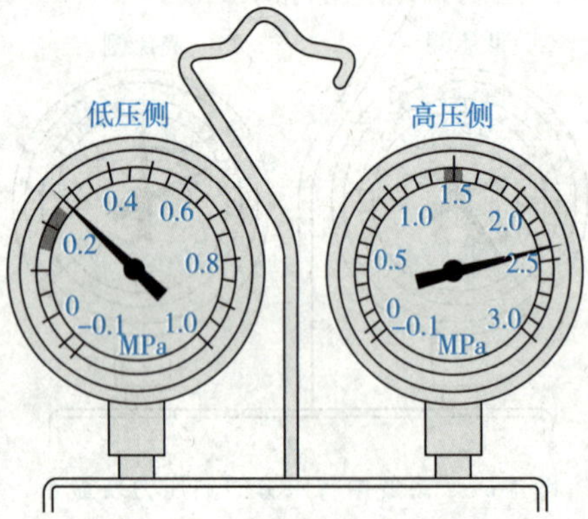

图 7-64　高、低压表均过高

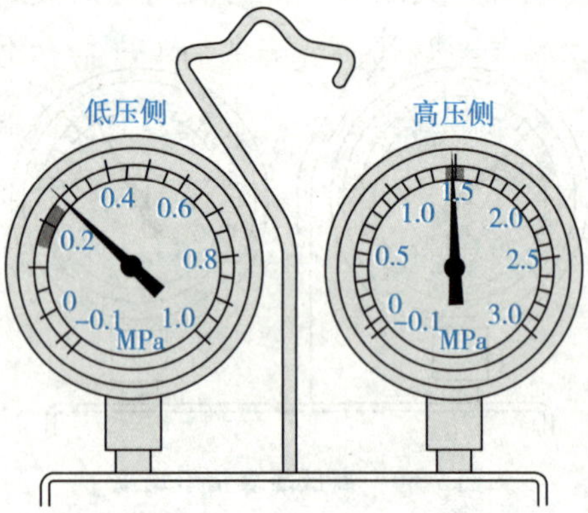

图 7-65　高压表指示正常，低压表指示过高

2. 空调系统控制电路的故障诊断

汽车空调制冷系统电路控制部分因车型不同而异，其电路原理及组成也有所不同。因此，在检修汽车空调电路时，应首先理解空调的电路原理，之后才可动手检查和修理。另外，在检修汽车空调电路故障时，还应结合制冷系统综合考虑。

汽车空调控制电路的故障主要表现为系统不工作或系统中某一部分不工作，在检查时首先要研读空调控制电路的电路图，再根据电路图用万用表或试灯等工具检查电路，找出故障所在，下面以丰田某车型的空调控制电路为例说明控制电路的检查方法。

图 7-66 为空调系统电路图，从图中可以看出，控制电路中所包含的电器元件有空调放大器。执行元件有电磁离合器及真空电磁阀等。传感器及开关有双重压力开关、转速检测传感器、点火器、热敏电阻、空调开关、点火开关、鼓风机开关等。继电器包括电磁离合器继电器、暖风继电器，保险

装置包括断路器、仪表熔断丝、空调熔断丝。

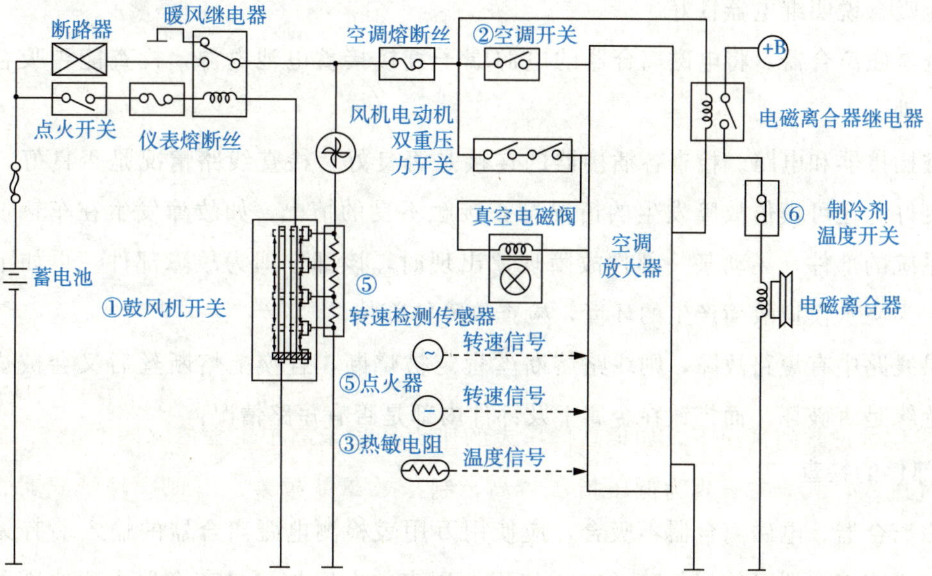

图 7-66　空调系统电路图

研读电路图后可以发现，空调压缩机电磁离合器电路在下述情况下会被切断。

（1）鼓风机开关断开。此开关断开后暖风继电器断开，控制系统电源被切断。

（2）空调开关断开。放大器的电源被切断。

（3）蒸发器温度过低。蒸发器表面温度低于某一设定值时，放大器会切断电磁离合器电路。

（4）双重压力开关断开。在制冷循环系统中压力过高或过低时，压力开关断开，空调放大器会切断电磁离合器电路。

（5）压缩机锁止。当压缩机转速与发动机转速的差值超过一定值时，空调放大器将做出压缩机已锁止的判断，从而切断电磁离合器电路。

（6）制冷剂温度过高。当压缩机内制冷剂的温度过高时，温度开关会切断压缩机电磁离合器电路。

（7）断路器、仪表熔断丝、空调熔断丝和暖风继电器损坏。空调放大器无供电，电磁离合器断电。

（8）电磁离合器继电器。该继电器损坏会切断电磁离合器的电路。

3. 检查电路

（1）检查电源电路。在接通鼓风机开关和空调开关后，检查空调放大器电源端有无 12 V 电压，检查电磁离合器继电器线圈处有无 12 V 电压，如有 12 V 电压，则表明电源电路正常，否则应按照电路图逐一检查空调开关、空调熔断丝、暖风继电器、仪表熔断丝、断路器和鼓风机开关能否工作正常。

（2）检查各传感器和开关电路。用万用表检查蒸发器热敏电阻、点火器、压缩机转速检测传感器、压力开关到空调放大器的电路是否导通，按照维修手册规定的要求检测各传感器的电阻是否符合要求，检查各开关是否能在规定的情况下导通。

（3）检查电磁离合器继电器。将继电器的空调放大器控制端直接搭铁，看压缩机电磁离合器是否吸合，如能吸合说明继电器良好。

（4）检查电磁离合器。将电磁离合器的电源端子直接接蓄电池电源，检查能否吸合，如能吸合说明离合器正常。

（5）检查插接器和电路。检查各插接器的连接是否良好，检查线路情况是否良好，检查各搭铁点接触是否良好。还可模仿故障发生的情况检查接触不良的情况，如故障发生在车辆振动时，可逐一晃动空调系统的部件，晃动某一部件故障现象出现时，该部件即为故障部件。再如下雨时出现故障，可通过人为浇水模拟故障产生的环境，检查故障的部位。

（6）如果线路中有短路故障，则线路熔断丝肯定被烧断，且换上熔断丝后又会被烧断。此时应检查各连线绝缘是否破坏，而搭铁在金属上及部件内部是否有短路情况。

4. 系统部件的检查

（1）电磁离合器。电磁离合器不吸合，应使用万用表检测电磁离合器的输入端有无 12 V 电压，如果有电压，说明离合器可能损坏，此时应使用万用表的电阻挡测量离合器电磁线圈的电阻，应符合要求，否则应予以更换，最后还要检查离合器的机械部分是否有异常。

（2）鼓风机。鼓风机不转，应解体检修鼓风机。拆下鼓风机线路，将蓄电池 12 V 电压接在电动机上，看电动机是否能平稳转动，且在空载下转速应能达到 7 000 r/min 左右。如不正常，应检查电刷接触是否良好，轴及轴承是否被卡死，电动机是否被烧坏。

（3）控制继电器。控制继电器一般为触点常开型，其故障多为继电器线圈烧坏（线圈短路或断路），触点烧蚀、粘连、动触点卡死等。在正常情况下，当继电器线圈通电时，应能听到其触点动作的轻微声音，否则说明继电器有故障，可把它从线路上拆下，用万用表测量其线圈是否良好，如线圈完好，再用万用表测量其常开触点的电阻应为∞，否则说明粘连。如为∞，可给线圈通电后进一步检查。线圈通电后，常开触点应闭合，触点回路电阻应为零，否则说明触点烧蚀或卡死，应检修或更换。

（4）压力开关。压力开关的检查应在制冷系统完好的情况下进行。其检查方法是：歧管压力计接到制冷系统高低压检修阀上，用纸板盖在冷凝器散热通道上，以恶化冷凝器的冷却效果，这时冷凝压力会逐渐升高，当压力表压力达到 2.1 MPa 左右时，电磁离合器应断电，然后拿开纸板，待高压表压力降到 1.9 MPa 时，压缩机应恢复工作。如不符合上述规定，则说明压力开关已失灵，应予更换。

（5）鼓风机电阻及挡位开关。鼓风机电阻烧坏或鼓风机挡位开关接触不良，将会造成鼓风机不转动或无法调速等故障现象。检测时，可拆下鼓风机电阻及鼓风机挡位开关组件，用万用表测量各挡位电阻值。

（6）空调放大器。空调放大器的故障主要有温度控制失灵，发动机怠速控制失灵，放大器输出继电器线圈烧坏、触点烧蚀和粘连等。空调放大器的检测应在制冷系统及其他电路及元器件完好的条件下进行。最简单的方法是代换法。检查放大器时可先检查放大器内部的输出继电器线圈和触点，如线圈和触点正常，再根据线路检查各元器件是否正常。

项目实训

检测电动座椅

一、实训准备

1. 扳手、旋具、万用表。

2. 翼子板护裙、转向盘护套、变速杆护套、座椅护套和脚垫。

3. 调节电动机、调节开关。

4. 广州本田雅阁轿车维修手册。

二、实训过程

1. 规范地检查电动座椅调节开关

(1) 拨出调节开关的按钮，拆下开关罩，拔下调节开关的两个插头，从开关罩上拆下调节开关，如图 7-67 所示。

(2) 调节开关端子如图 7-68 所示。用万用表电阻挡检查调节开关（前后移动调节开关）的导通情况，见表 7-8。如果符合要求，则表明调节开关正常。如果不符合要求，则表明调节开关损坏，应更换调节开关。

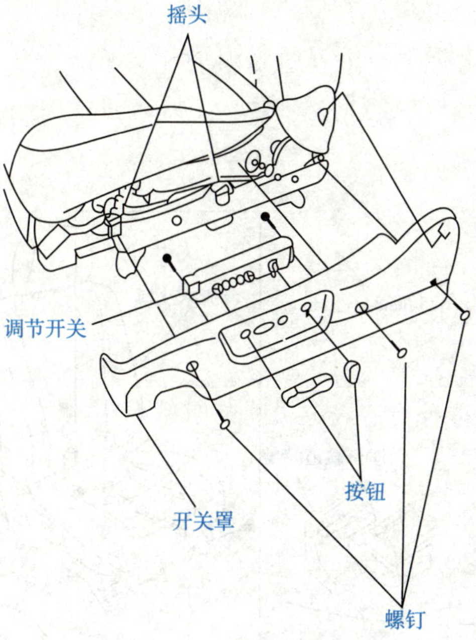

图 7-67　拆下调节开关

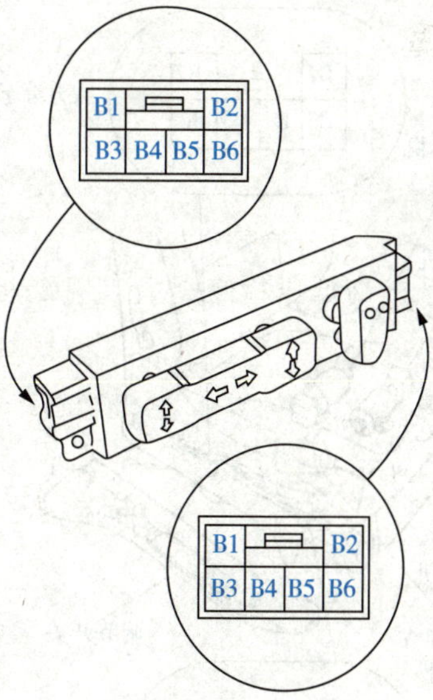

图 7-68　调节开关端子

表 7-8　检查调节开关导通情况

调节开关位置	调节开关对应端子	是否导通
接通向前移动调节	A1—B5、A5—B2	导通
接通向后移动调节	A1—B5、A5—B5	导通

（3）插上电动座椅调节开关插头，检查电动座椅前后调整是否恢复正常。如果仍不能调整，则检查调节开关至前后移动调节电动机之间线路或前后移动调节电动机。

（4）装上调节开关、开关罩和按钮。

2. 规范地检查电动座椅调节电动机的运转情况

（1）拆下调节开关罩，拔下调节开关的两个插头。

（2）调节电动机插头端子如图 7-69 所示。用蓄电池直接向前后移动调节电动机供电，检查前后移动调节电动机运转情况，见表 7-9。如果符合要求，则表明前后移动调节电动机工作正常。如果前后移动调节电动机不运转，则检查前后移动调节电动机或前后移动调节电动机与调节开关之间的线路故障。

表 7-9　检查调节电动机运转情况

接蓄电池正极端子	接蓄电池负极端子	前后调节电动机是否运转
A5	A1	是（向前）
A1	A5	是（向后）

（3）拆下驾驶人座椅轨道端盖，拧下驾驶人座椅的固定螺栓（图 7-70 中黑三角），拆开座椅线束和线束夹，拆下驾驶人座椅，如图 7-70 所示。

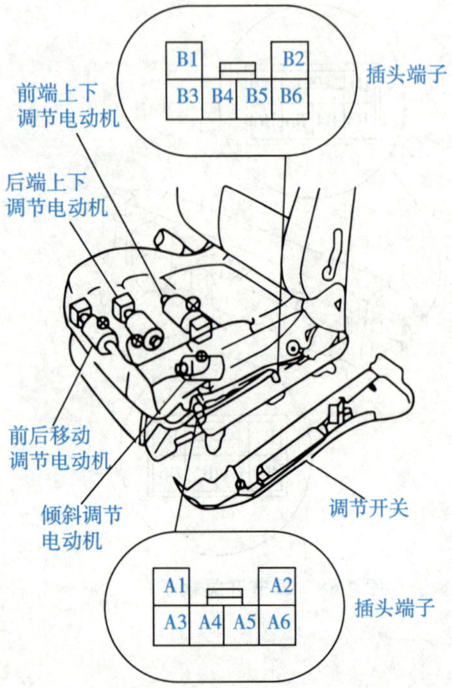

图 7-69　调节开关插头端子

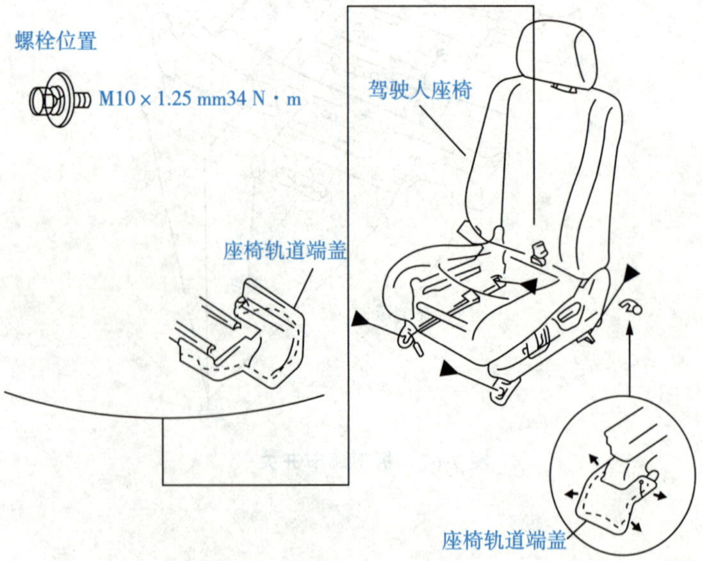

图 7-70　拆下驾驶人座椅

（4）拔下前后移动调节电动机插头，检查前后移动调节电动机工作是否正常。如果前后移动调节电动机损坏，则更换前后移动调节电动机。如果前后移动调节电动机工作正常，则检查前后移动调节电动机与调节开关之间导线是否断路。

（5）装上驾驶人座椅（螺栓拧紧力矩为 34 N·m）。

（6）装上调节开关罩。

三、评价反馈

对本学习任务进行评价，评价项目见表 7-10。

表 7-10　评分表

考核项目	评分标准	分数/分	学生自评	小组评价	教师评价	小计/分
活动参与	是否积极主动	5				
安全生产	有无安全隐患	10				
现场 5S	是否做到	10				
任务方案	是否合理	15				
操作过程	（1）电动座椅调节开关检查 （2）电动座椅调节电动机检查	30				
任务完成情况	是否圆满完成	5				
工具和设备使用	是否规范、标准	10				
劳动纪律	是否违反	10				
工单填写	是否完整、规范	5				
总分		100				
教师签名：				年　　月　　日	得分	

典型任务

汽车电动车窗不工作故障检修

工作情境

某客户的威朗汽车电动车窗不工作来站维修，你作为机电组维修人员，需在规定时间内按专业要求对电动车窗进行检查，确认故障现象，检测相关电路及部件，维修更换损坏部件，要求达到相关法规要求，并作好过程记录，期间要做好与公司各部门及客户的协调与沟通，修复车辆检验合格后交付客户。

学习地点：一体化教室。

汽车电动车窗不工作故障检修评分表

班级：________　　组别：________　　组长：________　　组员：________

学习任务名称：汽车电动车窗不工作故障检修							
类别	考核内容	配分	评分标准	(分值)	考核记录	考核方式	得分
工作过程知识（自评＋师评）	汽车电动车窗组成及各部件功用	10 分	能指认电动车窗组成名称、功用	5 分			
			能描述电动车窗各组成部件的名称和功用	5 分			
	电路识读与构建的方法	10 分	能识读电路图中种符号和标注，并能描述电动车窗工作过程	5 分			
			能根据电动车窗电路图列出电路构建的步骤	5 分			
	电动车窗常见故障分析	10 分	能说出电动车窗常见故障	5 分			
			能说出电动车窗线路常见故障	5 分			
	分析故障原因制定诊断计划	10 分	能分析出故障的可能原因	4 分			
			能制定出科学合理的诊断计划	6 分			
工作过程实践技能（师评）	电动车窗检查	10 分	能正确使用和检查电动车窗，确认现象，规范维护和更换。	10 分			
	电动车窗电路构建与测量	10 分	能拆绘电动车窗电路，构建和测量电动车窗电路，按技术规范查找和测量各部件及线路，并判断是否完好	10 分			
	线路修复、损坏部件更换	10 分	能按技术要求规范地拆装、维修、更换损坏部件	10 分			
	电动车窗解体检测	10 分	能正确规范使用检测仪器进行电动车窗检查操作	10 分			
			能正确判定电动车窗是否损坏	5 分			
职业素养（组评）	职业素养	20 分	安全规范操作	5 分			
			工具使用与摆放、5S	5 分			
			沟通、交流、合作	5 分			
			到勤、纪律	5 分			
合计		100 分			得分		

项目总结

本项目主要介绍了汽车辅助电气系统检修的相关知识。首先介绍了电动座椅的检修；其次介绍了电动车窗和电动天窗的检修；最后介绍了中控门锁和防盗系统的检修。通过本项目的学习，帮助读者掌握汽车辅助电器系统维修的各项操作流程与标准，能够快速地找到问题所在，并且提高排除故障的成功率。

思考练习

一、填空题

1. 电动车窗主要由＿＿＿＿＿、＿＿＿＿＿、＿＿＿＿＿、＿＿＿＿＿、＿＿＿＿＿（主控开关、分控开关）等组成。

2. 中控门锁系统一般包括＿＿＿＿＿、＿＿＿＿＿、＿＿＿＿＿、＿＿＿＿＿及＿＿＿＿＿等。

3. 电动后视镜由＿＿＿＿＿、＿＿＿＿＿、＿＿＿＿＿等组成。

4. 电动后视镜的电动控制内容有＿＿＿＿＿、＿＿＿＿＿和＿＿＿＿＿3 个。

5. 电动座椅主要由＿＿＿＿＿和＿＿＿＿＿等组成。

6. 汽车空调系统按驱动方式分类可分为＿＿＿＿＿和＿＿＿＿＿两种。

二、简答题

1. 如果所有车门都无法正常开启，可能出现的原因是什么？

2. 简述电动后视镜的常见故障及原因。

3. 简述六向电动座椅前部下降的控制原理。

4. 电动刮水器的工作原理及过程是什么？

参 考 文 献

[1] 郭建，曹勇．新能源汽车电子电气检查与维护［M］．北京：化学工业出版社，2024.

[2] 吕丕华．汽车电气设备检测与维修［M］．北京：中国劳动社会保障出版社，2023.

[3] 方斌．汽车电气设备检修［M］．北京：化学工业出版社，2022.

[4] 王子晨，陈昌建，王忠良．汽车电气设备与维修［M］．西安：西安电子科技大学出版社，2022.

[5] 黄启敏．汽车电气设备构造与维修一体化教材［M］．北京：电子工业出版社，2022.

[6] 王婕．汽车电器设备构造与检修（汽车维修职业技术基础教材）［M］．北京：机械工业出版社，2022.